Stefanie Vetter
*Nächster Halt: Wildnis*

## Über die Autorin

*Stefanie Vetter* wurde 1984 in Süddeutschland geboren, wuchs in Baden-Württemberg und Schleswig-Holstein auf, verbrachte als Schülerin ein Jahr in Washington State und ging nach dem Abitur ein halbes Jahr als Au-pair nach Italien, um die Sprache zu lernen. Nach ihrem Studium der Germanistik, Anglistik und Sportwissenschaften in Kiel zog es sie erneut immer wieder ins Ausland. 2013 hat sie einen Sommer in einem Dorf in Kenia verbracht. Seit 2011 lebt sie in Hamburg und unterrichtet Deutsch, Englisch und Sport an einem Gymnasium.

Stefanie Vetter

# NÄCHSTER HALT

## WILDNIS

Wie eine Auszeit in Südafrika mein Leben
und meinen Glauben veränderte

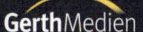
GerthMedien

*Ich entdeck dein Herz in allem, was du schufst.*
*Jeder Stern, der strahlt, ein Zeichen deiner Gunst.*
*Wenn die Schöpfung dir dein Lob singt, dann auch ich.*

(aus „Dann auch ich", Hillsong)

# Inhalt

# Prolog

Ich halte den Atem an und spähe durch das Netz hindurch aus meinem Zelt in die Dunkelheit. Aus der Ferne trägt die kühle Morgenluft das Brüllen eines Löwen zu uns herüber. Es ist 4:30 Uhr in der Frühe und das Blut pulsiert mir fröhlich pumpend in den Adern. Ich kann es kaum erwarten, bis der Tag beginnt. Zum Schlafen bin ich schon viel zu aufgewühlt, denn diese Realität ist besser als jeder Traum. Keine bunte Kinderfantasie kann diesen Ort aufregender zeichnen. Mein Herz schlägt für diese Tageszeit unangemessen viele Purzelbäume und verweigert mir den Snooze-Knopf. Ich gebe zu, mein Schlafsack ist etwas zu dünn für September in der Savanne, und vielleicht hat die Kälte auch ein wenig dazu beigetragen, dass ich gleich Richtung Feuerstelle herauskrieche. Aber einen Augenblick warte ich noch, lausche. Hinter meiner Zeltwand höre ich flauschige Nyala-Antilopen grasen und ein entferntes Schmatzen identifiziere ich

als das Nashorn, das sich mal wieder in unser Camp geschlichen hat. Es wird sich vom Acker machen, sobald ich auch nur den leisesten Mucks von mir gebe, aber allein seine unmittelbare Gegenwart ist atemberaubend.

Die letzten Lichter des Mondes lassen die staubige Buschpiste in vielversprechendem Silber erscheinen. Heute wird ein aufregender Tag. Gleich werde ich mir mit Kaffee und Keksen den Sonnenaufgang anschauen, bevor ich dann eilig wie ein Hund, der Angst hat, nicht mitgenommen zu werden, in den Land Rover springe und entdecken darf, was der Tag uns Neues über den Busch lehren wird. Konfetti in meinem Kopf. Ich öffne den Reißverschluss meines Zeltes und atme den holzig-staubigen Duft des brezelbraunen Busches ein. Die Erde riecht nach einem Versprechen, das bald eingelöst werden wird. Meine Zehen bohren sich in den Boden und fühlen die nächtliche Kühle, die sich über den weichen Sand gelegt hat. Ich weiß, dass uns die Impala-Antilopen gleich um die Ecke erwarten, wenn wir aus dem Camp fahren. Sie werden ihr Fell aufgestellt haben, um der morgendlichen Frische zu trotzen. Vorfreude auf den Tag steigt in mir auf wie Heliumballons in den hellblauen Himmel.

Es ist seltsam: Ich fühle mich wie ein Gast, der nach langer Zeit zurückgekehrt ist, obwohl ich vorher nie einen Fuß auf dieses magische Stück Erde gesetzt habe. Südafrika hat mich in seinen auf der Haut kribbelnden Bann gezogen. Seit meiner Ankunft fühle ich mich wie frisch verliebt. Jeder einzelne Tag ist erfüllt und abenteuerlich. Manchmal laufe ich Gefahr, vor Aufregung fast zu explodieren. Ich nehme mir Zeit, um genau dieses Gefühl zu genießen. Es ist, als hätte sich meine zuvor gefährlich schnell tickende Lebensuhr auf ein angenehmes Tempo heruntergeschraubt. Ich schwinge sanft und langsam auf ihrem Zeiger mit. Ich werde versuchen, jede Sekunde bewusst wahrzunehmen, denn ich weiß jetzt schon, dass es die beste Entscheidung war, für meine Auszeit einen Field-Guide-Kurs in Südafrika zu buchen.

## Gedanken einer Schiffbrüchigen im Ozean des Alltags

Wir bauen uns schöne Schiffe, aber verpeilen, den Kompass mitzunehmen. Schwindel auf dem Aussichtsturm, sehen nichts als eine schwarze Wand, nicht die eigene Hand vor Augen. Spüren nur Regentropfen, die unsere Poren verstopfen, spüren nur Kälte statt abenteuerlichem Herzklopfen.

Wir bauen die schönsten Häuser mit den wärmsten Öfen und kältesten Herzen und verpassen, darin zu leben. Kämpfen uns Woche für Woche durch die Woche für das Ende dieser, enden erschöpft auf der Couch und Montag kämpfen wir wieder.

Unsere Aufstiegschancen erweitern sich, unsere Arterien verengen sich, mehr Geld auf dem Konto, weniger Reichtum im Herzen, auf höchster Position mit der Motivation am Ende des Tages auf dem Tiefstand kriechen wir aufs Sofa, wo der Screen aufblitzt, Verdrängung des Alltags, der Tag ist geschafft und wir auch. Die Seele erstickt unter dem Smog des Alltags, weil uns der Kopf permanent raucht.

Wir haben Ansehen gewonnen, aber die Eigenschaft verloren, uns gegenseitig anzusehen, haben vergessen, zum Himmel zu schauen, und dabei unseren Horizont beschränkt. Termine und To-do-Listen haben sich listig als Herrscher der Herzen über uns etabliert und schwingen ihr Zepter, ziepen an unseren Fäden, die uns die Hände binden.

Wir zerstören das Geheimnisvolle der Dschungel und Wälder, walten ohne Gnade über Meere und Felder. Streben nach Größe und Herrschaft und begreifen nicht, dass jemand mehr schafft, der auch mal nichts macht. Wer alle Wunder nur durchdringen und nicht bestaunen kann, raubt der Seele ihre Seele.

Such sie, die gänsehauterregenden Schönheiten dieser Erde, die darauf warten, dass wir unsere Augen auf sie legen, weil sie unsere Herzen bewegen. Mach dich frei und schau zum Horizont, denk mal quer, schau nach oben, zieh los. Oft gesagt, nie gewagt.

Lass den Stapel links liegen, der kann warten, dein Leben nicht. Trau dich, durch die Gitter des Gedankengefängnisses des Alltags zu brechen, mit Gott und dir selbst über deine Träume zu sprechen. Rauf aufs Schiff mit dem Kompass, den du einmal zu lesen vermochtest. Steh ein für deine großen Gedanken und Träume. Und wenn sie dir keine Angst machen, dann sind sie wohl noch nicht groß genug.

# Wenn Träume deinen Alltag stören

Suchend blicke ich in den Hamburger Himmel. Die grauen Beton-blöcke um mich herum nehmen mir die Sicht. Jetzt bin ich 32, unterrichte seit einigen Jahren Sport, Deutsch und Englisch an einem Gymnasium und habe in diversen Ferien in Hängematten in Zentralamerika gechillt, Berge in Sri Lanka bestiegen, mir das Herz frei und die Füße auf Jakobswegen wund gelaufen, in Lehmhütten auf Dörfern in Kenia nachts den Ratten zugehört, Wale im Pazifik bestaunt und die Toskana durchradelt. Ja, ich habe das Reisen schon immer geliebt. Vielleicht ist es das Gefühl der Restauration, das ich unterwegs empfinde, was das Reisen so besonders für mich macht. Es mag unheimlich klingen, aber auf meinen Trips durch die Welt habe ich schon manches Mal gedacht, dass es nicht schlimm wäre, heute zu sterben, weil ich mitten im Strom war, das Leben im Über-fluss gespürt habe. Reisen ist die Chance, abseits vom Druck der Gesellschaft ehrlich mit mir selbst zu sein, fernab von Konventionen, die vorgeben, Teil deines Lebenskonzepts zu sein.

Ein Traum, dem du heute nicht nachgehst, kann dich den Rest deines Lebens verfolgen, heißt es. Und ich träume davon, diesen wei-ten Horizont wiederzufinden.

Das Fernweh hat bei mir die Eigenart, in Wellen zu kommen, und in den letzten Monaten fühlt es sich an, als würde ich darin ertrinken. Das Leben rauscht wie ein rasender ICE an mir vorbei.

Der Tag hat zu wenig Stunden für all die Aufgaben, die bearbeitet werden wollen. Draußen hinter dem grauen Papierstapel eine bunte Welt, deren Einladung ich mit erneuter Aufschiebung vertröste. Kann jemand kurz den schnell rotierenden Globus anhalten, bevor mir in meinem kleinen Mikrokosmos, im Betondschungel, die Lampen durchknallen? Der Tag wird zum Zeitbrei, in dem die Klumpen der To-do-Listen stecken, die ich nicht mehr auslöffeln kann, weil sie sich wie von Zauberhand vermehren. Die Stunden überschlagen sich. Mir fehlt Zeit, Zeit für Menschen, Zeit zum Innehalten.

„Veränderung!", schreit mein Herz. „Routine!", tickt die Uhr verdutzt zurück und vernebelt die Wahrnehmung, lässt jede Stunde von acht bis siebzehn Uhr so rasch vergehen, dass sich weder Empörung noch Erstaunen einen Weg bahnen können. Irgendwo auf dem Weg von A nach B habe ich verlernt, die Welt zu lesen, habe verlernt, wahrzunehmen.

Meine Familie und meine Freunde bedeuten mir alles, mein Job ist ein Segen, ich bin gesund. Eigentlich ist alles gut. Und dennoch ist da dieses subtile, aber nicht mehr länger zu verleugnende Gefühl, gerade nicht am richtigen Ort zu sein. Ich bin mir nur über eins im Klaren: Ich muss raus. „Wo ist die Schönheit?", fragt mein Herz und die Augen schauen suchend umher. „Wo ist die Ruhe?", fragt der erschöpfte Kopf und spinnt das Gedankenrad weiter. „An mir liegt's nicht!", flüstert das Herz. „Ich könnte los!"

Ich habe Heimweh nach einem Ort, an dem ich noch nie war. Und ich weiß, es gibt diesen Ort, an dem ich das wiederfinde, was ich hier irgendwie verloren habe.

Träume – jeder von uns hat sie, auch wenn man sie häufig ganz unwillkürlich in die „Irgendwann-mal-Akte" einsortiert. Dabei sind Träume unser innerer Motor. Sie geben uns ein Ziel und die Hoffnung, dass sich das lang Ersehnte irgendwann noch erreichen lässt. Gleichzeitig machen sie uns Angst, weil sie Veränderung erfordern. Wir werfen sie über Bord, wenn sie uns nicht realisierbar erscheinen, und sie versinken wie eine kleine silberne Kette auf dem Meeresgrund. Was bleibt, sind Leere und der fortwährende Wunsch nach etwas anderem, nach mehr. Und damit können wir auf genau zwei

Arten umgehen: Ich kann der Veränderung in meinen Gedanken Raum geben, damit sie sich einen Weg bahnen kann, oder aber ich muss dem Raumschiff der Träume zuschauen, wie es langsam im All der Bedeutungslosigkeit verschwindet, bis der Anblick aus dem Fenster nicht mehr wehtut. Ich bin immer nur genau eine Entscheidung weit weg von Veränderung.

Zugegeben – es fällt mir schwer, langfristig zu planen und mich festzulegen. Aber die Wahrheit ist, dass andere unser Leben verplanen, wenn wir es nicht selbst tun. Also beginne ich mich bewusst zu fragen: Was macht mich unruhig? Was brauche ich jetzt? Wovon träumt mein Herz schon lange und wie finde ich das wieder, was mir abhandengekommen ist?

Solange ich mich erinnern kann, waren für mich Wälder und Felder meine geheimen Zufluchtsorte, an denen ich Gott am nächsten war, an denen ich Kraft getankt und mich behütet gefühlt habe. Und sosehr ich meine Heimat Hamburg liebe, hier und jetzt fühle ich mich von alldem separiert, meine Verbindung zu Gott und zu mir selbst ist so verloren wie ein schwacher Funkspruch mitten im Sturm. Es zeichnet sich in meinem unruhigen Herzen allmählich immer deutlicher ab: Mich verlangt dringend nach Wildnis.

Und so nimmt meine Sehnsucht Form an: Ich erwäge, mir ein halbes Jahr Auszeit zu nehmen, lange schon habe ich von so viel Zeit zum Bereisen von Afrika und Südamerika geträumt. Aber was wird es mich kosten?

Und schon rücken sie vor, die unzähligen Ratten des Zweifels, kriechen aus ihren dunklen Löchern und nagen an ebendiesem Traum. Die Angst, dass alles Wahnsinn ist. „Du übertreibst mal wieder!“, höre ich eine verächtliche Stimme in meinem Kopf. „Und überhaupt, um dich herum werden emsig Nester gebaut und Hochzeiten gefeiert. Und du willst jetzt weg?“, nervt sie mich weiter. „Einfach so gegen den Strom? Arbeit auf Eis legen, Wohnung kündigen, deine Familie und Freunde verlassen? Jetzt noch? Das ist doch einfach zu weit, zu spät, zu abgefahren!“

„Vorsicht“, lenkt eine andere Stimme ein, „Angst ist nie ein guter Berater!“ Ja, Angst kommt immer am Ende unserer Komfortzone. An dem Punkt, an dem unsere Prägung vom größtmöglichen

Sicherheitsbedürfnis einsetzt und der Kopf die Idee als Verrücktheit einsortiert. Es ist wahr: Nur weil man gedanklich einen Weg eingeschlagen hat, ist man noch lange nicht frei von Zweifeln. Im Gegenteil, auf der Party meines Kopfes befinden sich ungeladene Gäste. Zwei Typen besetzen seit geraumer Zeit die Räume. Der eine, Zweifel sein Name, plündert den Kühlschrank meiner Träume. Der andere, faul neben ihm rumhängend, heißt Sorge. Er starrt betrübt an die Wand und frisst nichts außer Zeit. Keiner von beiden zahlt Miete und trotzdem fordern beide, dass ich ihnen den ganzen Tag zuhöre. Statt ihrem niemals enden wollenden Geschwafel weiter Beachtung zu schenken, stelle ich jetzt ein paar Fragen. Und zwar mir selbst. Wie lange noch will ich zulassen, dass mein Innenleben eine WG ist, in der die beiden sich dreist bedienen und ich dafür zahle? Es ist an der Zeit, sie rauszuschmeißen. Es ist an der Zeit, konkrete Schritte einzuleiten.

> *Wer sitzt auf deiner Couch und bedient sich*
> *unerhört am Kühlschrank deiner Träume?*

Ich bin alles andere als gut darin, Entschlüsse zu fassen, aber den Glauben zu aktivieren setzt eine Energie frei, die Zweifel überkommt. Und es gibt ein paar Schritte, die es mir erleichtern, eine wichtige Entscheidung zu fällen.

Erstens: Ich habe gelernt, dass man eine Entscheidung nicht erst treffen sollte, wenn man sich hundertprozentig sicher ist, sonst macht man niemals den ersten Schritt.

Zweitens: Längerfristige Entscheidungen auf Basis temporärer Gefühle zu treffen, wäre ebenso falsch. Aber auch das kann ich ausschließen, denn mein Wunsch nach Wildnis liegt nun schon mehr als nur eine kleine Weile fest wie ein Anker am Hafen meines Herzens.

Drittens ist es mir wichtig, Entweder-oder-Szenarien bei Entscheidungsfindungen zu vermeiden. Denn es gibt selten nur Schwarz-Weiß, selten nur zwei Wege. Wenn ich jetzt tatsächlich freigestellt werde und gehen darf, bedeutet das nicht, dass ich alles für immer aufgebe, es bedeutet nicht, dass mein Leben hier dann vorbei ist. Und selbst wenn ich keine Erlaubnis erhalte, jetzt zu gehen, dann gehe ich vielleicht zu einem anderen Zeitpunkt. Aber den Weg sollte ich trotzdem schon einmal einschlagen, um mich zumindest ein paar Schritte näher an meinen Traum zu bringen. Ich möchte das

Ziel nicht aus den Augen zu verlieren, sonst wächst der Graben, der sich mit der Zeit vergrößert und mich von meinem Traum mehr und mehr separiert, sodass die Überquerung bald unmöglich erscheint.

Ein vierter Schritt besteht darin, eine Außenperspektive einzunehmen. Was würde ich einem Freund raten, der mich mit diesen Träumen konfrontiert und um Hilfe bei deren Realisierung bittet? Ein Perspektivwechsel erhöht die Objektivität meiner Entscheidung, er entkoppelt mich von meinen Emotionen.

Ein fünfter wichtiger Schritt ist es, mir einen realistischen zeitlichen Rahmen für die Entscheidungsfindung zu setzen, der weder Zeitdruck noch Vernachlässigung zulässt.

Und schließlich gibt es da noch einen weiteren gewichtigen Faktor, der mir schon seit frühen Kindertagen immer wieder Orientierung gegeben hat: mein Glaube. Ich glaube an einen Gott, der sich für mich und mein Leben interessiert, der einen guten Plan für mich hat und in Entscheidungssituationen der beste Ratgeber ist. Und ich glaube, dass dieser Gott meine Gebete hört, auch wenn sich das nicht immer unmittelbar so anfühlt. Also spreche ich mit Gott. Und ich weiß: Wenn er spricht, wird aus Chaos Ordnung, aus Dunkelheit Licht, aus Zweifel Zuversicht. Glaube bewirkt eine aktive Veränderung meiner Perspektive. Er bedeutet, fest mit etwas zu rechnen und mutig eine Entscheidung zu treffen. Die besten Geschichten beginnen mit Mut. Und es wäre nicht Mut, wenn Angst dabei keine Rolle spielte.

Mit Gottes Hilfe wage ich an einem kalten Februarmorgen im Jahre 2017 den ersten kleinen Schritt auf meinen großen Traum zu: Ich nehme all meinen Mut zusammen und gehe ins Büro meiner Chefin. Tausende Male habe ich mir überlegt, wie ich das Gespräch am besten beginne. Ich fange gerade an, zu erklären, dass ich mir gerne sechs Monate lang eine Auszeit nehmen möchte. „Machen Sie doch", fällt sie mir da ins Wort und nimmt mir die Erklärungsnot. Wirklich? Davor hatte ich Angst? Ein Gefühl der Dankbarkeit überwältigt mich. Mein Herz hat ganz deutlich den Startschuss gehört.

Es gibt neben mir selbst weitere Personen, die bei der Realisierung eines Traums eine Rolle spielen. Es ist wichtig, dass ich die richtigen Menschen um mich schare. Menschen, die glauben, dass alles, ja, alles, möglich ist. Menschen, die ehrlich sind, die meinen Glauben wachsen lassen. Ich nenne sie meine „Traumfänger".

In vielen Gesprächen mit Freunden und meiner Familie hole ich mir Rat, um meine soeben amtlich gewordene Auszeit zu konkretisieren. Seit meiner frühen Kindheit haben meine Eltern mir Gottes Gegenwart in der Natur offenbart und nie aufgehört, über jeden Baum, jeden Hügel, jedes Tier wie ein Kind zu staunen und über jedes flauschige Eselsohr zu lachen. Sie werden mich verstehen.

Ich weiß inzwischen, dass ich die Tierwelt im südlichen Afrika kennenlernen möchte und danach noch ein paar Monate Spanisch in Südamerika lernen will. Nebenbei könnte ich ja dort als Lehrerin weiterarbeiten und hätte damit sogar noch eine produktive Aufgabe, dachte ich mir, und wusste selbst nicht genau, wie ich das gemeint hatte. Das ist ein mir bekanntes Muster: viele Ideen, die den Kern meines Traums aber noch nicht ganz erfassen. Und weil wir auch bei der Planung unserer Träume nicht aus unserer eigenen Haut, geschweige denn aus alten Denkmustern rauskommen, kann uns der Erfahrungshorizont anderer in dieser Phase so gut helfen. Deshalb sitze ich ein paar Tage nach dem ersten Schritt mit meinen Freunden und Afrika-

experten Horst und Beate an einem Tisch und lasse mich beraten. Immer wieder habe ich den beiden mit großen Augen und aufgeregt pochendem Herzen zugehört, wenn sie von ihrer Zeit als Tourguides in Namibia, Südafrika und Botswana erzählt haben. Jahrelang sind sie gemeinsam durch die Savanne gezogen, haben eine Ausbildung zum Safariguide gemacht und etliche Freunde und Gäste in den Bann des Busches gezogen. Wenn sie vom Busch erzählen, dann strahlen ihre Augen, als wären sie erst gestern dort gewesen. Es ist, als würde ein Vorhang aufgehen, während die beiden sich nun gemeinsam an die Zeit erinnern, als sie zu Guides ausgebildet wurden. Irgendwann bekomme ich das Gefühl, ich säße selbst mit den beiden am Ende eines aufregenden Tages zitternd am Lagerfeuer und sei gerade noch dem Nilpferd und dem Krokodil vom Unterkiefer gesprungen, als der Einbaum im Okavangodelta plötzlich umkippte.

Im Gespräch mit ihnen wird mir klar, dass mein Plan, in meiner freien Zeit auch wieder zu unterrichten, mich zu einer anderen Art Auszeit führen wird, als ich sie mir eigentlich vorgestellt habe. Ihre Geschichten kribbeln mir auf der Haut und ich merke, wie meine Gedanken sich überschlagen. In derselben Nacht rennt mein Browser heiß mit Ergebnissen von Organisationen zur achtwöchigen Field-Guide-Level-I-Ausbildung in Südafrika. Die beiden haben mir gerade Starthilfe beim Querdenken gegeben. Wie wertvoll Menschen sind, die dir ein anderes Fernglas geben, das deine Sicht erweitert!

*Traust du dich, deinen eigenen Plan*
*über den Haufen zu werfen?*

Jetzt muss ich unbedingt noch meine Eltern konsultieren. Mama sieht sowieso in mein Herz, sie brauche ich gar nicht zu fragen. Ich kenne niemanden, der so gütig und geduldig ist wie sie. Sie erträgt die Launen ihrer vier Kinder mit einer überirdischen Kraft. Sie fühlt jeden Schmerz mit und hat bewundernswerterweise gelernt loszulassen. Sie hat mir genau das gegeben, was Eltern ihren Kindern geben sollten: Wurzeln und Flügel. Es ist fast schon unheimlich, dass ich manchmal wie ein offenes Buch für sie bin. Aber ich bin eben ihre Tochter.

Doch ich will auch wissen, was Papa von meinen Plänen hält. Er hat mir sein Weltentdecker-Gen vererbt. Wir sind uns viel zu ähnlich, weshalb wir uns auch häufig in die Haare kriegen, wenn wir zu lange auf einem Fleck zusammen sind. Es gibt niemanden, der mich so aufregen kann wie mein Papa. Und gleichzeitig gibt es niemanden, der mich so versteht in all meinen Abenteuern und Träumen und der mich so bedingungslos unterstützt. Er selbst würde so gerne einfach monatelang unbeschwert reisen, aber er ist zu pflichtbewusst, um sich loszureißen. Als schließlich selbst Papas schwäbischer Kopf meinem Projekt zustimmt, gibt mir das Sicherheit.

Ein paar Tage später lasse ich mir auf der 62er-Fähre über die Elbe den Kopf durchpusten. Ich stehe am Oberdeck und genieße das Spiel der Möwen am Hafenhimmel, während mein Bauchgefühl immer

eindeutiger wird. Ich nehme die U3 von den Landungsbrücken zu meinem geliebten Globetrotter-Shop in Barmbek. Beim Stöbern stoße ich auf Gesa Neitzels Buch „Frühstück mit Elefanten" und habe den Klappentext noch nicht einmal zu Ende gelesen, da bringe ich es schon zur Kasse. Schwer zu glauben, dass dieses Buch mir jetzt tatsächlich zufällig in die Hand gefallen ist. Und überhaupt, an Zufälle habe ich noch nie geglaubt. Daheim fange ich direkt an zu lesen – und ich verschlinge es. Die Autorin spricht mir in so vielen Dingen direkt aus dem Herzen. Wahnsinn, diese Frau ist der Hammer! Ich bin dankbar, dass sie mich zu diesem Zeitpunkt so sehr inspiriert. Für mich steht nun endgültig die Entscheidung fest, ab Sommer das südliche Afrika zu bereisen, im Herbst im Busch einen Kurs zum Safariguide zu belegen und im Anschluss nach Südamerika zu gehen.

Auf geht's! Nächster Halt: Wildnis!

# Nächster Halt: Wildnis

Bevor ich ins Flugzeug steige, sitzen Mama, Papa, meine zwei Schwestern und ich bei Oma und Opa. Opas große, schwere Bibel ist beim 91. Psalm aufgeschlagen. Die Worte legen sich wie eine Schutzschicht auf meine Haut, hüllen mich ein. Wir singen ein paar alte Kirchenhymnen zusammen. Die Tränen mehrerer Generationen fließen an diesem Nachmittag im Juli zu einem beruhigenden Strom zusammen, in dem wir uns von Gemeinsamkeit, Halt und Dankbarkeit treiben lassen. Opa spricht einen Segen für mich und verabschiedet mich mit seinen strahlend blauen, feuchten Augen. „Tja, Schatzichen, ob wir uns wiedersehen, weiß alleine der Heiland."

Die Worte meines Großvaters bedeuten mir viel. Wenn ich von Gottvertrauen rede, dann spreche ich aus einer friedlichen Welt heraus, mit einem Job, einem Dach über dem Kopf, spreche von zu bewältigenden alltäglichen Schwierigkeiten inmitten einer lieben-den Familie und treuen Freunden, die stets hinter mir stehen. Wenn aber Opa und Oma erzählen, wie sie ihrem Heiland stets vertrauen konnten, dann wissen sie, wovon sie reden. Es sind Wunder, die meinen Verstand bei Weitem übersteigen. Es ist Glaube, der der Not, Heimat-losigkeit und der Verzweiflung hun-gernder Mütter und Großmütter mit Kindern entsprungen ist, die getragen wurden durch Flucht, Ver-gewaltigung, Hungersnot und Todes-

angst. Wie viele Male hätten sie sich abwenden können von Gott. Aber ihr Glaube lehrt mich, dass Vertrauen und eine Beziehung mit Gott bedeuten, im Angesicht der Angst und selbst des Todes seinem Gott zuzutrauen, dass er alles in der Hand hält und dass uns alle Dinge zum Besten dienen werden. Es bedeutet, darauf zu vertrauen, dass jemand größer ist als wir, der uns im Sturm erfüllt mit einem inneren Frieden, der von Menschenhand nicht herzustellen ist.

❋

„Haste denn auch alles?", fragen meine Freundinnen mich, bevor wir uns für mindestens zwei Monate ohne Kontaktmöglichkeit verabschieden. Sie haben mich am Ende unserer gemeinsamen mehrwöchigen Tour durch Südafrika, Namibia und Botswana mit allerlei Mückenspray, Tabletten und Salben vollgehäuft. Ihre letzten Blicke, bevor sie mich hier allein zurücklassen, sind Lippen-aufeinandergepresst- und Augenbrauen-hängend-besorgt. Meine Freunde (diejenigen, die glauben, dass ich überlebe) erwarten mich mit dreckigen Fingernägeln, staubiger Haut, vielleicht um ein paar Gliedmaßen leichter, zumindest aber geschwächt von Malaria und mit abgebrochenen, ausgetrockneten Haarstoppeln und durchlöcherter Kleidung zurück. Vielleicht habe ich mir mal wieder naiverweise zu wenig oder gar keine Gedanken gemacht über das, was potenziell alles passieren könnte: Schlangenbisse, Skorpione im Zelt, Malaria, Ringwurm oder sonst was.

Ein guter Freund sagt immer, zum Reisen braucht man eine gesunde Portion fröhliche Naivität. Check – hab ich. Jetzt werde ich kurz vor dem Beginn meines Abenteuers doch noch unruhig. Was ist, wenn meine besorgten Freunde mit ihrer festen „Vielleicht-wird-das-unsere-letzte-Umarmung", die ich mit einer abweisenden „Ach-was-Handbewegung" ungläubig abgetan habe, doch recht haben und ich in zwei Wochen mit Malaria, einem Schlangenbiss oder einem für einen Löwensnack draufgegangenen Unterschenkel weniger im Krankenhaus liege?

Kurz bevor ich ins erste der zwei Camps nach Selati in das südafrikanische Lowveld aufbreche, gehe ich in Johannesburg gefühlte hundertsiebenunddreißig Mal einkaufen, bin mir unsicher über die Menge Mückenspray, Shampoo und Spülung, die ich die zwei Monate brauche.

Ich decke mich mit Batterien, Snacks, Stiften und Blöcken ein. Das muss jetzt reichen, schließlich gibt es dort fließend Wasser, eine funktionierende Küche und ab und zu auch Strom vom Generator. Schwer bepackt wie ein Esel schleppe ich mich zurück ins Hostel, von dem aus es morgen früh losgeht.

Noch am Abend vor der Abreise lerne ich Katie und Lisa im Gästehaus kennen. Katie ist Abenteuer und Veränderung gewohnt. Sie ist zwar in Südafrika geboren, dann aber hat ihr Vater einen Job in Südamerika angenommen. Zum Studieren ist sie nach Australien gegangen und jetzt lebt sie in London. Ihre runden Bäckchen, das breite Lächeln und die kugelrunden, schokofarbenen Augen und glänzenden langen braunen Haare verraten ihren portugiesischen Hintergrund. Sie sieht meine grüne Jacke und identifiziert mich sofort als Ecotraining-Student. Volltreffer. Wir sitzen am Pool des Gästehauses und entladen unsere heiße Aufregung in buntem Geplapper und konfusen Mutmaßungen über das, was wohl die nächsten Monate kommen mag. Wenn Katie redet, stößt sie kleine, geflüsterte Noten der Begeisterung mit aus. Das ist ansteckend. Lisa hat uns von ihrem Zimmer aus reden hören und gesellt sich in ihren erdfarbenen Leinenhosen und ihrem Khaki-Shirt zu uns. Mit dem verblassten Strassstein auf den Zähnen und ihren erdfarbenen Klamotten sieht sie aus wie jemand, der sich sonst schminkt und jetzt alternativ geworden ist. Ein Esel nennt den anderen Langohr, pfeifen mir die Vögel von oben auf mein Outfit herab. Und aus irgendeinem Grund nehme ich an, dass sie sonst auch ein Nasenpiercing trägt und bestimmt einmal filzige blonde Dreadlocks hatte. Der erste Eindruck ist mal wieder falsch – richtig ist genau das Gegenteil. Ich weiß zwar nicht, was das Gegenteil von Dreadlocks und Nasenpiercing ist, aber jedenfalls ist Lisa weder alternativ noch würde sie jemals filzige Haare tolerieren.

Sie ist, wie sich herausstellt, ein seltener Fund und wird mir bald unentbehrlich. Lisa ist knapp 1,80 m groß, 30 Jahre alt und wohnt eigentlich in Frankfurt. Sie trägt eine Kette mit einem Anhänger in der Form Afrikas um ihren Hals, wobei ein Loch an der Stelle Südafrikas eingestanzt ist. Das Loch ist auch in ihrem Herzen eingestanzt, das sehe ich jetzt, wo sie von ihren Urlaubserlebnissen hier erzählt. Und jedes Mal, wenn sie Südafrika nach einem Besuch verlassen hat, hat das eingestanzte Loch ein wenig mehr gebrannt. Umso mehr freut sie sich auf die hart erkämpfte Auszeit.

Ein Gefühl der Erleichterung macht sich in uns breit, als wir schon ein erstes kleines Bündnis schließen. „Wenn eine morgen früh hier nicht auftaucht, wird an der Tür gerüttelt, bis einer aufmacht. Hier winkt keine den anderen im Pyjama zu", stellt Lisa gleich in der fürsorglich strengen, keine Widerrede duldenden und von einem Hauch Sarkasmus geprägten Art klar, die mir für die nächsten Monate viel Amüsement verspricht.

Um Punkt sieben am nächsten Morgen stehen wir planmäßig am Kleinbus. Als wir endlich nach fünf Stunden Fahrt die Tore zum Selati Game Reserve erreichen, durchfährt uns das Adrenalin, und wir funkeln uns gegenseitig mit weit aufgerissenen Augen an.

Fragen schwirren in unseren Köpfen umher wie Bienen um den Honig. Ob wir wohl gleich schon wilde Tiere sichten werden? Wie sieht eigentlich dieses Camp aus, in dem wir wohnen werden, und, vor allem, mit wem werden wir das Zelt teilen?

Etwa eine halbe Stunde vom Gate entfernt, am Rande des derzeit trockenen Flussbetts, umrahmt von Büschen und Bäumen, liegt unser neues Zuhause für die nächsten Wochen. Einzelne Zelte verteilen sich wie Bauklötze in einem Kinderzimmer über das Lager. Das Camp ist nicht umzäunt. Das heißt, die Tiere können uns jederzeit einen unerwarteten Besuch abstatten. Das Erste, was

wir im Camp zur Begrüßung erfahren, ist, dass letzte Nacht Löwen an unseren Zelten vorbeigeschlichen sind. Die Spuren sind auf dem Boden eingekreist. Mit meinen schnell stapfenden Schritten zertrample ich sie tollpatschig. Weiß ich ja nicht, wie die aussehen, und außerdem schaue ich meistens nach vorn, wenn ich gehe, und nicht nach unten, sonst werde ich

womöglich auf der Straße angerempelt. Mein Hirn hat das Update Busch.1 noch nicht mitbekommen, denn auf dieser Software spielen weder Ampeln noch Asphalt eine Rolle. Mein Blick muss sich also in den nächsten Wochen ändern. Ich lache verlegen, entschuldige mich und fühle mich, als sei ich beim ersten Flugversuch aus dem Nest geknallt.

Die zweite Information ist ebenso enttäuschend wie meine Ungeschicklichkeit: Ich habe ein Zelt für mich alleine und Lisa wohnt mit Sara und Katie mit Shira zusammen, die beide aus Südafrika stammen. Wir sind eine Truppe von insgesamt 17 Leuten, elf davon absolvieren den Ganzjahreskurs und haben sich schon vor einer Woche für den Erste-Hilfe-Kurs hier versammelt, unter anderem die beiden uns nett zulächelnden Mädels Tadjara und Maria, die sich auch ein Zelt teilen. Wir neu Dazugestoßenen sind heute für den offiziellen Beginn des Field-Guide-Level-I-Kurses angereist.

Also gut, ich wohne alleine, dann werde ich wohl auch alleine vom Löwen gefressen. Oder viel besser, vielleicht werden die anderen zuerst verspeist, in deren Zelten ist schließlich mehr drin. Hoffentlich weiß der Löwe das auch. Ansonsten hört man das bestimmt beim Schütteln. So ähnlich wie bei einem Überraschungsei, stelle ich mir vor.

Das Camp zieht sich einige Hundert Meter durch den Busch und ist durch die Küche, den offenen Klassenraum und die Feuerstelle in der Mitte geteilt. Die Seite der Jungs wird die „wilde Seite" genannt, denn um die Zelte herum ist es durch das viele Gestrüpp genauso wüst wie in den Zelten und man muss sich seinen Weg schier hindurchkämpfen. Die Löwen und Nashörner bevorzugen seltsamerweise diese Seite, wie sich bald herausstellt. Mitten im Flussbett ist ein Volleyballnetz gespannt. Mein Sportlehrerherz rastet kurz aus vor Freude.

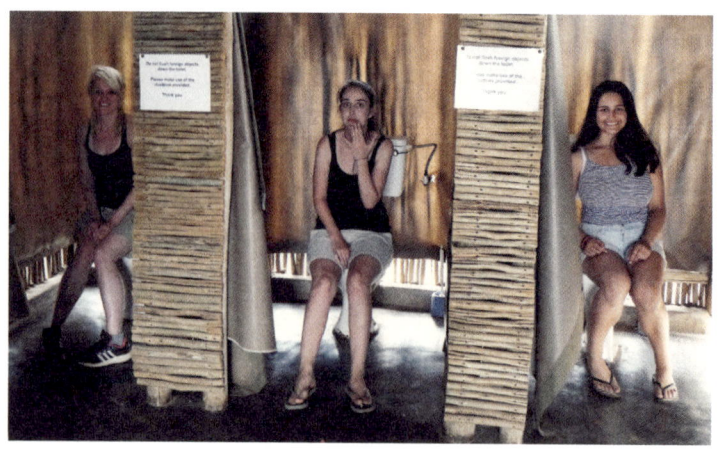

Das Bambusbadezimmer, das gar nicht so übel ist, wie ich es mir vorgestellt habe, relativiert die Wildnis hier: Spültoiletten, Duschen mit Vorhängen und drei Waschbecken. Die Domzelte, in denen Lisa nicht stehen kann und ich gerade so eben, sind mit zwei Matratzen und einem Plastikkorb als Regal ausgestattet. Nicht viel Platz für meinen Rucksack, wie üblich zu explodieren.

Nachdem wir unsere Zelte bezogen haben, versammeln wir uns am Nachmittag zu ein paar zentralen Ansagen am Feuerplatz. Ein paar Warnungen werden durchgegeben. Unsere Ausbilder Vaughn, Sean, Steve und Co-Ausbilder Mateo informieren uns darüber, dass letzte Nacht eine Hyäne im Bad der Mädels war. Jetzt finde ich unser Bad doch nicht mehr so komfortabel. Und dann zeigt Sean uns die Schlangenspuren direkt davor.

Hier sitzen wir also im Kreis bei 27 Grad im Schatten und beäugen einander argwöhnisch. Als wir das Organisatorische geklärt haben und die erste seltsame Vorstellungsrunde gelaufen ist, frage ich Sean aufgeregt, wie ich mich verhalten soll, wenn ich eine Schlange oder Hyäne im Bad treffe. „Du verhältst dich ganz normal wie immer, wenn du eine Schlange siehst, keine hektischen Bewegungen und abwarten, bis sie Leine zieht", sagt er ganz unaufgeregt zu mir. Ich warte ab und schaue ihn unsicher an, denn ich warte darauf, dass er lacht. Fehlanzeige. Verzieht keine Miene. Meint er vollkommen ernst. Tadjara blickt schulterzuckend mit derselben Verwirrung zu mir herüber. Wir schmunzeln. Der ist wohl nicht in Deutschland aufgewachsen.

Nach all den Informationen leuchte ich am Abend des ersten Tages den Weg zu meinem Zelt gründlich ab und schließe dieses ebenso sorgfältig, wie ein Juwelier seinen Laden schließt. Auch die Ecken werden mit der Taschenlampe ausgeleuchtet, um keine Pyjamaparty mit uneingeladenen Skorpionen feiern zu müssen. Noch einmal schüttele ich meinen Schlafsack, krieche barfuß hinein und warte einen Augenblick, um sicherzugehen, dass jetzt kein Skorpion an meinem Zeh knabbert. Einatmen, ausatmen, Augen öffnen und kurz klarkommen: Ich bin jetzt tatsächlich eine ganze Weile im südafrikanischen Busch im Lowveld.

Durch das dünne Zeltnetz schaue ich in die Nacht in die funkelnde Milchstraße. So, hier bist du jetzt, sagt das Schmetterlingsherz zum Raupenherz. Flieg. Und ich fühle mich unsicher und gleichzeitig hungrig auf das soeben begonnene Abenteuer. „Solange du da bist ...", flüstere ich rückversichernd in den Himmel und der Himmel zwinkert mir wissend zu.

Die erste Nacht schlafe ich unruhig. Tausend Geräusche umtänzeln mein Zelt, Gelenke knacken, etwas schmatzt, grast da jemand? Da schleicht ganz bestimmt etwas um mein Zelt! Ich komme schon noch dahinter, wer mir nachts so alles auf der anderen Seite meiner dünnen Zeltwand Gesellschaft leistet. Morgen werde ich erst einmal die große Abdeckung an der Seite hochklappen. Bei Mondlicht lässt sich so einiges durch das Netz aus dem Zelt heraus erspähen. Die Nächte um Vollmond herum werden im Busch auch Poacher's Moon genannt, weil der Busch in so hellem Silberlicht erscheint, dass man ganz ohne zusätzliches Licht hindurchwandern kann. Leider ist dieser Umstand ein Vorteil für die Wilderer, die auf der blutigen Suche nach Nashörnern oder Stoßzähnen sind.

# Alltag und Geräusche im Camp

Unsere ersten Tage im Lowveld sind heiß, staubig und trocken. So wie die Tiere auf Regen warten, so gespannt sind wir auf das, was in den nächsten Wochen auf uns zukommt. Weil Sara noch in der ersten Woche aus familiären Gründen das Camp verlassen muss, zieht

Lisa nun in mein Zelt. Aus diesem Umstand formt sich „Team Germany", wie man uns fortan nennt, welches ab jetzt in allen Angelegenheiten eng zusammenarbeiten wird. Mein neuer „Tentie" und ich bilden eine fabelhafte Einheit, die sich ideal ergänzt.

Im Camp stellt sich eine Routine ein, sofern man im Busch überhaupt von einer solchen reden kann, denn jeder Tag ist wie ein Überraschungsei. Die Alltagsschokolade des afrikanischen Buschs ist stets „lekker" (Afrikaans für „cool") und manchmal findet man auch etwas ganz Seltenes und Besonderes beim Erkunden. Süchtig macht der Busch in jedem Fall.

Was unsere Dienste betrifft, gibt es jedenfalls eine Routine. Jeden Tag ist ein anderes Zeltteam für Pflichten im Camp eingeteilt. Das bedeutet zum Beispiel, um 4:30 Uhr für alle anderen heißes Wasser, Rusks (südafrikanischen Frühstückszwieback), Kaffee und Tee bereitzustellen und um Punkt 5 Uhr alle in den Zelten zu wecken, damit wir gemeinsam eine Stunde später mit den beiden Land Rovern zur morgendlichen Pirschfahrt starten können. Zweimal am Tag erkunden wir den Busch. Wenn wir nicht laufen, fahren wir mit zwei Autos und je 9 Leuten pro Auto auf die Pirsch. Bepackt mit Blöcken und Stiften hüpfen wir in freudiger Erwartung gepaart mit nervöser Aufregung auf die Wagen für unsere ersten Touren.

Unsere Ausbilder führen uns in den ersten Tagen durch den Busch, wie Expeditionsleiter Neuankömmlinge in eine bisher ungesehene Welt führen. So muss es sich angefühlt haben, als Darwin unbekanntes Terrain betrat und ständig Neues entdeckte. Aufmerksam lauschen wir ihren Erzählungen, denn wir wissen ja, dass wir bald selbst anfangen müssen, eine Pirschfahrt für unsere Mitschüler zu leiten – das ist das Ziel. Lisa schiebt schon jetzt Panik wegen ihrer Englischkenntnisse und ich mache mir Sorgen um mein Siebhirn.

Auf den ersten Fahrten trifft uns die Informationsflut unserer Instruktoren hart. Wir kritzeln im Sekretärinnentempo, während unsere Stifte auf dem Papier qualmen wie Schlote. Einer nach dem anderen geben sie den Geist auf und die Jagd auf herrenlose Stifte im Camp hat begonnen. Die Notizblöcke füllen sich mit nicht mehr wiedererkennbaren Zeichnungen und hektischen Buchstaben.

Ich bin aus der Lehrer- in die Schülerrolle geschlüpft und befinde mich in einem Open-Air-Klassenraum. Es ist amüsant zu sehen, dass Guides und Lehrer schon ein paar Gemeinsamkeiten haben. Auch sie sollen ein „All-in-one-Paket" abgeben und am besten die Eierlegende Wollmilchsau sein: Lehrer, Guide, Berater, Bespaßer und Psychologe in einem. Und wie Lehrer sind nicht alle in jeder der Aufgaben gleich gut.

Aber auch die Schülerrolle ist in der Tat kein Kinderspiel. Wir versuchen ja schon, wie Schwämme alles aufzusaugen. Ich weiß nicht, wie es den anderen geht, aber ich fühle mich eher wie ein Schweizer Käse und viele Informationen plumpsen einfach durch mich hindurch. Ungefähr sieben Stunden sind wir jeden Tag draußen im Busch und zwischendurch gibt es noch eine Vorlesung.

„Ich weiß gar nicht, womit wir beginnen sollen", gestehe ich Lisa beim Mittagessen. „Neue Umgebung, neue Gruppe, neuer Lebensinhalt. Sollen wir erst einen Platz in der Gruppe finden, uns akklimatisieren oder lieber gleich stur lernen, weil man sonst den Anschluss an den Lernstoff verliert?", frage ich sie verzweifelt. Lisa schiebt Panik, das sehe ich an ihren blitzenden grünen Augen. „Die Wörter im Englischen sind einfach zu komplex, das ist alles passives Vokabular", verzweifelt sie und deutet mit dem Kopf auf das Lehrbuch im Klassenzimmer. „Eigentlich bin ich zum Spaß hier und jetzt kriege ich schon meinen ersten Nervenzusammenbruch", zetert sie weiter.

Mich beschäftigt auch die Gruppendynamik. Die Grundstimmung ist etwas angespannt, weil wir uns noch viel zu wenig kennen und noch niemand so richtig seinen Platz in der Gruppe gefunden hat.

Ich komme mit meinem Harmoniebedürfnis nicht ganz damit klar. Es fühlt sich ungewohnt an, wie eine Mensch-ärgere-dich-nicht-Figur geschmissen und an den Startpunkt zurückgesetzt zu werden. Ich weiß endlich wieder ganz genau, wie meine Schüler sich fühlen, wenn sie in eine neue Klasse kommen: unsicher, orientierungslos und blöd. Wie schnell wir doch in eine bequeme Routine gelangen und vergessen, wie es sich anfühlt, ganz am Anfang zu stehen, neu kämpfen zu müssen, so ganz ohne den Rückhalt unserer Freunde und Familie.

So wie wir die Tiere beobachten, könnten diese gleichermaßen ihre Ferngläser herausnehmen und unser Menschenrudel beobachten. Es muss ein amüsantes Schauspiel sein, wie wir versuchen, uns in der Gruppe zu orientieren.

Das Sagen unter den Jahresschülern haben, sofern ich bisher beobachten konnte, zwei Männer aus Miami: Chris und Jake, beide Ende zwanzig. Sie könnten auch Knastbrüder sein. Ein bisschen erinnern sie mich an Terence Hill und Bud Spencer. Der eine ist muskulös und tätowiert. Sein Schweigen am Feuer ist laut. Jake, der andere, ist bärtig, hochgewachsen, schlank und hat immer einen Spruch auf den Lippen. Jake und Chris sind natürliche Alphatiere. Ihre nicht unangenehme Dominanz tut dem Camp gut. Wenn hier jemand außer den Guides der Gruppe eine Ansage machen wird, werden es die beiden sein, schätze ich. Ich finde die Konstellation gar nicht übel. Irgendwie fühle ich mich in ihrer Gegenwart sicher und mir ist klar, dass sie den Testosteronspiegel der Jüngeren hier unter Kontrolle halten werden, ebenso wie die erfahreneren und älteren Elefantenbullen die jüngeren in Zaum halten. Tatsächlich hat man in einigen Reservaten die Erfahrung gemacht, dass junge Elefantenbullen eine Menge Unsinn anstellen, wenn die weisen, älteren Bullen in dem Bullen-Zusammenschluss fehlen. Einige junge Elefantenbullen haben dann willkürlich Nashörner angegriffen. Als man ihnen ältere, erfahrene Elefantenbullen an die Seite stellte, wurden sie schnell wieder friedlicher und ließen die Nashörner in Ruhe.

Chris und Jake haben das Herz am richtigen Fleck, wie ich schon in den ersten Tagen herausfinde. Wenn die meisten bereits ins Bett gegangen sind, sitzen Lisa, Jake, Chris und ich noch ein wenig länger am Feuer und genießen die Gemeinschaft miteinander. Wir schwatzen über aktuelle Campvorkommnisse und schon bald haben wir ein vertrautes freundschaftliches Quartett gebildet, was uns allen etwas Halt gibt.

Aber dann gibt es da noch die neue Umgebung. Ahnungslos wie ein Fisch, dem gerade Beine gewachsen sind, versuche ich, mich in einem Labyrinth aus neuen Geräuschen und Gerüchen zurechtzufinden. Gefühlte dreihundertsiebenundachtzig Vögel singen jeden Morgen gleichzeitig, dazu knattert ein Eichhörnchen, das wild vor Aufregung im Baum herumhüpft und meinen Zustand spiegelt. Außerdem sind unzählige für mich noch unentschlüsselbare Nachrichten über Nacht in den Sand geschrieben worden. Sie häufen sich übereinander, sind verweht und schwierig zu lesen, aber: Bitte schön, fordern unsere Guides uns schon auf den ersten Fahrten auf, jetzt alle einmal Nase auf den Boden und Spuren lesen! Komplette Überforderung durch Mangel an Erfahrung. Dabei gibt es hier doch weder Verkehr noch digitale Reizüberflutung. Ich muss wohl neu lesen lernen.

Spuren eines Breitmaulnashorns

# Die Kunst des Spurenlesens

Die ersten zwei Wochen auf Pirsch vergehen wie im Flug. In den nächsten zwei Monaten gilt es, 17 Themenbereiche abzudecken und diese am Ende in den eigenen Drive zu integrieren. Den ganzen Tag lang machen und verarbeiten wir unsere Notizen. Heute Morgen sind wir zum ersten Mal mit Vaughn auf einem Game Drive. Ebenso wie die Lehrer einer Schule hat jeder Ausbilder seinen eigenen Stil, Wissen zu vermitteln und uns an der Umgebung wachsen zu lassen. Ich erinnere mich gut daran, dass das Erste, was Vaughn zu uns am Lagerfeuer gesagt hat, war, dass wir neben all dem Lernen auch genießen und vor allem nicht nur mit dem Verstand lernen sollen. „Den Geist zu trainieren, ohne das Herz zu fördern, ist gar keine Bildung", zitiert er Aristoteles. Und das lebt er auch. Vaughn ist Ende zwanzig, hat dunkelbraunes, dichtes Haar und große braune Augen. Sein Vollbart versteckt seine Grübchen.

Als Vaughn zum ersten Mal unser Instruktor auf einem Drive ist und ich seine Methodik beobachte, rastet mein Lehrerherz vor Freude kurz aus. Die Informationsflut der letzten Tage erhält endlich einen Filter. Er ist kreativ in seinen Arbeits- und Sozialformen. Er führt Rollenspiele während der Drives durch, um uns auf verschiedene Stereotypen von Gästen vorzubereiten, testet uns regelmäßig systematisch im Spurenlesen und gibt uns immer wieder Rätsel, die uns kognitiv ankurbeln.

Zwischen den Lehreinheiten leitet Vaughn uns immer wieder zum Nachdenken an. Er nimmt uns am Nachmittag ins Flussbett und fordert uns auf, einen einsamen Platz auf einem warmen Felsen zu suchen, um nur die summende Stille und das friedliche Flüstern des Busches wahrzunehmen. Für einen Augenblick lang nichts außer der Weite dieser neuen Welt im Hier und Jetzt aufzunehmen.

Es mag verrückt klingen, aber für so manchen ist es in unserer digitalisierten Welt eine Herausforderung, den Sonnenuntergang alleine auf einem Felsen ohne jegliche Ablenkung zu beobachten und nichts als der Stille zu lauschen und den Geruch des Busches Südafrikas einzuatmen. So sehr sind wir an Geräusche und permanente Ablenkung gewöhnt, dass einige nach 45 Sekunden anfangen, sich nervös umzuschauen, ihre Sitzposition zu verändern, unruhig wie nach dem nächsten, interessanteren Video suchend die Gegend zu

scannen. Glücklicherweise haben wir so gut wie keinen Empfang, an Serien oder Filme ist nicht zu denken und schon gar nicht fehlen sie, im Gegenteil. Buschkino wird nie langweilig. Ich habe mein Zeitgefühl verloren und will es vorerst auch nicht wiederfinden.

Der milde Wind pustet mir friedlich ins Gesicht, während ich das Flussbett anlächele. Die so selten gewordenen Momente der Stille sind hier eine tägliche Oase. Und plötzlich überkommt mich das überwältigende Gefühl, die Wildnis endlich wiedergefunden zu haben. Aber was genau bedeutet Wildnis?, frage ich mich selbst an diesem Abend im Busch. Und hat sie für jeden eine andere Bedeutung?

Für mich ist es mitunter das Gefühl, diesen urzeitlichen Geist der wüsten Erde zu spüren, der friedlich über der Oberfläche schwebt. Ich atme eine tiefe Prise Busch ein. Diese Luft, die dir Leben einhaucht und dich mit Geborgenheit umgibt in einem Moment, in dem alle Elemente um dich herum tanzen, dich an die Hand nehmen und zu einem Ort der Zuflucht führen, wie einen Durstigen zu einem Wasserfall, an dem du mit Frieden getauft wirst. Ich lasse meinen Blick über das Flussbett schweifen. Das hier sieht aus wie etwas, das man Heimat nennen könnte. Das Gefühl von Zugehörigkeit überfällt mich wie ein lang ersehnter Regen.

Ich bin dankbar, dass Vaughn uns hilft, dieses Gefühl wiederzuentdecken. Das ist genau das, was ein guter Guide erreichen möchte.

Mit den Guides durch den Busch zu laufen, ist ein bisschen so, als gehe man mit einem geheimnisvollen Orakel spazieren. Jede Spur, jeder Stein und Baum wirft neue Fragen auf und alles hängt auf wundersame Weise zusammen, sodass das Entdecken niemals langweilig wird. Wir wissen trotzdem, dass die in ein paar Tagen anstehenden, von uns angeleiteten Drives kein Zuckerschlecken werden.

Schon jetzt werden wir auf Herz und Nieren getestet. Ich bin immer ein bisschen aufgeregt, wenn wir losfahren. Lisa bringt aus ihren Urlauben in Afrika schon ein gutes Vorwissen über Spuren mit. Auch Jake ist schon erfahren im Spurenlesen und hilft mir zwischendurch immer wieder, wenn ich rein gar nichts sehe. Ich habe mich auch noch nie zuvor gefragt, wie wohl die Spur eines Nashorns oder Elefanten aussieht. Jetzt aber brenne ich darauf, das zu erfahren. Lektion eins: Lesen und Betrachten.

Hyäne und Impala

Jeder Anfang ist bekanntlich nicht nur zauberhaft, er ist auch schwer. Wenn wir auf einem Drive aus dem Auto hinaussteigen, um unsere Umgebung zu lesen, fixiere ich die Abdrücke im Boden, aber ich erkenne einfach nichts. Ein buntes Wirrwarr aus Abdrücken von Hufen und Pfoten zieht sich durch die Piste. Es sieht aus, als hätte ich Teig ausgerollt, würde Kekse ausstechen und hätte alle Formen übereinandergepresst. Meine Familie würde lachen, denn so backe ich tatsächlich Kekse und treibe meine Oma damit in den Wahnsinn.

Aber die Buschpiste kann ich nicht kneten und essen, und ich kann sie auch nicht wie ein Spielbrett vom Tisch fegen, wie es Kinder machen, wenn sie gerade verlieren. Es ist frustrierend und macht mich unsicher. Zum Glück geht es nicht nur mir so.

Vaughn bemerkt unsere Unsicherheit und fängt mit uns noch einmal bei null an. Er geht nicht davon aus, dass jeder die Struktur einer Pfote oder eines Hufs gleich erkennt. Also ruft er uns ganz dicht zusammen, um eine Spur zu inspizieren. Als Erstes kreist er sie mit seinem Stock ein. Er instruiert uns, so nah heranzugehen, dass die Nasenspitze beinahe den Boden berührt, wenn wir die Spur genau betrachten. Er lässt uns lange scannen, was vor uns liegt, bis wir tatsächlich etwas erkennen. Dabei folgen wir dem winzigen, die Spur nachmalenden Ast in seinen Fingern genauestens. „Sieht jeder diese Einkerbung?", geht er mehrmals sicher, indem er jeden Einzelnen mit einem prüfenden Blick scannt. Langsam lernen wir, wie wir an Spuren herangehen müs-sen. Er zeigt uns eine Hyänenspur und hebt dabei deutlich hervor, dass man zwei Bögen am Ballen der Pfote erkennt, während der Löwe in sei-ner Spur drei hinterlässt. Außerdem stehen die Zehen bei Hyänen dichter zusammen und sehen beinahe wie Bohnen aus. Bei Hyänen sind Krallen zu erkennen, welche sie, anders als

Löwen, nicht einziehen können. Vaughn bricht die Details für uns auf und füttert uns häppchenweise, sodass wir uns die Dinge gut einprägen können. So langsam bringt er Struktur in mein Wirrwarr.

„Es gibt ein paar goldene Regeln, die ihr beim Spurenlesen stets beachten solltet", lässt Vaughn uns wissen. Unsere Stifte sind in Position, das Papier des Notizblocks wartet weiß glänzend auf die nächsten Einträge. „Erstens", beginnt er und schon schreiben wir, „die Spur sollte stets zwischen euch und der Sonne sein, damit ihr sie optimal lesen könnt. Zweitens", fährt er fort und wir kritzeln hörbar schnell. „Schaut euch das Gesamtbild an und folgt den Spuren ein paar Meter nach vorn und zurück. Drittens", fügt er direkt hinzu, „bezieht euer Wissen über das Verhalten des Tieres mit ein. Wollte es vielleicht zum Wasser? War es auf Nahrungssuche oder auf der Jagd oder gar auf der Flucht?"

Und dann nimmt er seinen Stock und umkreist die Spur eines Gnus. „Einkreisen. Ganz einfach. Das hilft euch, zu fokussieren. Die Spur des vorderen Fußes ist in den meisten Fällen größer, denn sie trägt mit dem Kopf mehr Gewicht. Im Fall des Gnus ist der vordere Huf auch etwas quadratischer und boxenartig geformt“, erklärt er. „Also schaut immer sorgfältig hin, insbesondere“, betont er und zeigt dabei mit einer klassischen Lehrerpose mit dem Stock in die Luft,

„und damit komme ich zum nächsten Punkt, wenn die Spur schwer zu lesen ist: Dann solltet ihr die Spur nicht nur einkreisen, sondern sie auch in alle möglichen Richtungen verfolgen: links, rechts, geradeaus. Das ist die Kleeblattmethode.“

Mein Handgelenk schmerzt schon vom schnellen Schreiben und ich bezweifle, dass meine Hieroglyphen später noch zu entziffern sind. Zeichnen konnte ich ohnehin noch nie. Wenn ich eine Katze an die Tafel male, behaupten meine Schüler, sie sähe aus wie ein Schwein. Ich gucke einfach später auf Lisas Zeichnungen. „Lest die Spuren wie einen Roman“, rät er uns. „Ihr braucht das richtige Licht und müsst die Buchstaben zu einem großen Ganzen zusammenfügen. Wenn ihr eine Passage nicht versteht, seht näher hin, blättert nach hinten und nach vorn und dann ergibt das Geschriebene schon eher einen Sinn.“

Mit ein wenig Geduld gelingt es Vaughn, uns zu lehren, Huf- und Pfotenabdrücke zu inspizieren und zu deuten. Um uns herauszufordern, sollen wir bald auch das Geschlecht, die ungefähre Größe des Tieres und die Richtung, in die es ging, bestimmen. Himmelsrichtung, versteht sich. Wir scheitern daran, dass wir überhaupt nicht wissen, wo Norden ist.

Wenn es um Elefanten geht, macht Vaughn keiner etwas vor. Er erklärt uns die Unterschiede zwischen dem ovalen hinteren Fuß und dem runden, vorderen Abdruck, der den schweren Kopf mit den Stoßzähnen trägt. Elefantenspuren sehen fast tränenförmig aus, weil sie in der Vorwärtsbewegung leicht ein wenig Sand nach vorne aufwerfen, sodass der schmale Part der Träne den vorderen Rand und damit die Richtung angibt. Bei normalem, entspanntem Tempo landet der hintere Fuß wie bei vielen Tieren direkt auf dem vorderen, sodass man nur noch den hinteren Part des Vorderfußes in der Spur sieht. Die Spuren der Nyalas, Buschböcke, Kudus, Tsessebes und Zobelantilopen sind so schwierig zu unterscheiden wie gleiche Tassen in einem Schrank. Und wenn ich noch länger draufschaue, fehlen mir bald einige meiner Tassen im Oberstübchen. Wie schafft er es nur, all diese verschiedenen Hufe der Antilopen mit nur einem kurzen, sicheren Blick zu identifizieren?

Wirft man lediglich einen kurzen Blick auf die Spuren, sehen sie schlichtweg chaotisch aus. Veränderte man aber die Perspektive und flöge das Spurennetz mit einer Drohne ab, so stellte sich schnell heraus, dass sich ein ausgeklügeltes Netz aus Pfaden ergibt, die ein bestimmtes Ziel haben. Tiere folgen einander und orientieren sich untereinander. Jäger folgen anderen Jägern, um an Nahrung zu gelangen. Hyänen folgen Leoparden und Schakale den Löwen und so weiter. Und dann gibt es regelrechte „Impala-Autobahnen". Einige ebnen für andere den Weg zum Wasser, der das Überleben sichern kann.

Was, wenn das mit unserem Leben genauso ist? Oft erkennen wir auf den ersten Blick kein Muster in all den Schritten, den Wegen, die wir beschreiten. Wir fragen uns, warum wir bestimmte Wege überhaupt zurücklegen müssen. Was aber, wenn der Weg, von dem du aus deiner Perspektive nur einen winzigen Abschnitt siehst, dich zum Wasser führt, zur „Quelle des Lebens"?

Ich stelle mir vor, wie Gott wohl jede unserer witzigen, individuellen Fußformen im Sand auseinanderhält und wie er sich freut, wenn er unsere typischen Merkmale herausliest. Ich kann mir sein Lachen vorstellen, wenn er erkennt, wie wir getanzt haben, gehüpft oder gerannt sind, wie er uns anfeuert, wenn wir seinen Spuren folgen. Ich stelle mir seine stützende Hand vor, wenn er uns humpeln sieht, seine guten Gedanken und seine Hoffnung für uns, wenn er sieht, wie wir uns manchmal verirren. Ganz bestimmt stellt er Wegweiser auf, an denen wir manchmal blind in die Gegend schauend vorbeiziehen. Er hilft uns auf, wenn wir fallen, nimmt uns bei der Hand und stellt uns die Wegweiser direkt in den Weg. Vielleicht muss er uns mehrmals darüber stolpern lassen. Vielleicht muss er sogar eine Straßenbarrikade aufbauen, damit wir merken, dass wir eine andere Richtung einschlagen sollen.

Wie sehen die Spuren unseres Lebensweges aus? Irren wir im Kreis oder folgen wir einer bestimmten Route? Bin ich bereit, meine geplante Route zu ändern, wenn sie mich in den dicksten Schlamm führt, oder gehe ich blind weiter, nur weil ich mir in den Kopf gesetzt habe, diesen Weg zu gehen? Begleite ich andere, nehme Umwege, um dahin zu kommen, wo ich hingelangen möchte? Sind unsere Spuren ein Zeichen von Gemeinschaft und Miteinander oder ein egoistisches Auf- und Abrennen unseres Territoriums? Wem möchtest du folgen? Und wem begegnest du auf der Route, der ihren Verlauf womöglich beeinflussen mag und darf?

 *Was lässt sich aus deinen Spuren lesen?*

Gleichzeitig werde ich nicht nur daran erinnert, welche Spuren wir hinterlassen, sondern auch, wie wichtig es ist, die Spuren der anderen zu sehen und zu verstehen.

Das Spurenlesen ist, als würde man eine Geheimsprache entziffern. Es lehrt uns, das Verhalten anderer zu betrachten, zu verstehen. Es zwingt uns, Fragen zu stellen.

Ist er vor etwas weggelaufen? War er verletzt? War er allein? Hat er sich verlaufen? Wir gelangen beim Spurenlesen in den Kopf eines anderen Geschöpfes und damit weg von uns selbst. Jede einzelne Markierung auf dieser staubigen Piste erzählt eine Geschichte, die es wert ist, dass man ihr nachgeht.

Spuren von Leopard und Zibetkatze

# Nächtlicher Besuch

„Am wichtigsten ist es, die Geräusche von den anderen zu isolieren und zu erkennen, welcher Gesang zu welchem Vogel gehört", lehrt uns Vaughn und, ja, das versuchen wir, aber es ist wirklich äußerst schwierig. Das morgendliche Ritual an der Campfeuerstelle um 5:17 Uhr ist folgendes: Alle schweigen sich müde an, drehen laut die Kaffeetasse in der Hand, starren mit zerknitterten Gesichtern ins Feuer und sind erleichtert, wenn die Vögel wieder rufen und die Stille brechen. Dann folgt die Frage: „Welcher Vogel ruft?" Tadjara und ich werfen uns wissende Blicke zu und dann holen wir uns ganz unauffällig neuen Kaffee und Kekse. Die ersten zwei Wochen ignorieren alle diese Frage und vermeiden den Augenkontakt mit einem der Ausbilder.

Eine Ausnahme bilden unsere Weckervögel: der Schopffrankolin und der Natalfrankolin. Die schrillen Rufe dieser beiden kennen wir bereits nach dem ersten Morgen, und das nicht unbedingt zu unserer Freude. Lisa verabscheut ihre Rufe mit inniger Leidenschaft. „Wieso kann man die nicht auf Snooze stellen?", ärgert sie sich jeden Morgen neu und haut ihnen in Gedanken mit voller Wucht auf den Kopf. Es bedeutet schon einen fortgeschrittenen Grad an Wachheit, wenn Lisa morgens ihre ersten Worte spricht. Normalerweise erhalte ich maximal ein tiefes Ausatmen zur Antwort, wenn ich ihr einen guten Morgen wünsche, bevor ich zum Duschen das Zelt verlasse.

Die Vögel aber rufen in einer Lautstärke, dass dir die Haare zu Berge stehen, wenn du in deinem Schlafsack liegst und einfach gerne noch ein paar Minuten Ruhe hättest. Sie wecken in dir die unmoralische Energie, wie ein Irrer durch das Camp zu rennen und ihnen den Hals umzudrehen.

Nach einiger Zeit macht das Vogelraten allerdings Spaß. Identifiziert man einen Ruf richtig und vor allem früher als ein anderer, freut man sich wie ein Kind, das jemanden mit einer Wasserbombe trifft.

Steve imitiert häufig den Ruf des flauschigen Perlkauzes. Er hört sich an wie ein Funken versprühender Feuerkörper, der erst kleine und dann größere Leuchtwerke mit einem Pfeifen in die Luft feuert. Bei den kleineren Vögeln erzeugt diese Melodie eine typische Reaktion: Sie versammeln sich in großer Schar um ihren großen Räuber herum im Baum und trotzen ihm; Sicherheit durch Überzahl. Diese Reaktion wird Mobbing genannt: Dabei steuern sie aggressiv im Sturzflug ihren Räuber an und tanzen ihm regelrecht auf der Nase herum, um ihn zu vertreiben. Wie ausgeklügelt. Wenn es brenzlich wird, gilt es, sich nicht zu isolieren, niemanden allein zu lassen, sondern in großer Schar mit vereinten Kräften die bösen Stimmen anzusteuern und sie aktiv zu verjagen.

Eine der schönsten Stimmen der Nacht im Busch hat die Hyäne. Ein unverwechselbarer „Whooooouuup"-Konktaktruf, auf den wir oft geradezu warten, um uns in den Schlaf zu wiegen.

Fast jede Nacht hören wir auch die Löwen rufen. Das ist ein so mächtiger Ruf, dass er dir sofort den Atem verschlägt und den Busch in einen Freeze versetzt. Man kann ihn über mehrere Kilometer hören. „Whoooooooose land is this? Whoooooooose land is this? It's myyyy land, myyyy land, myyyy land", brüllt der Löwe, wie unser Junior-Ausbilder Mateo erzählt. Er brüllt, um sein Revier zu verkünden. Löwen brüllen meist erst spät nach Einbruch der Dunkelheit bis zum frühen Morgen. Schließlich schlafen sie circa zwanzig Stunden pro Tag.

Was auch immer nachts um dein Zelt schleicht, lässt sich meist am frühen Morgen an den Spuren ablesen. Es gibt aber auch andere Indizien. Regelmäßige Besucher im Camp sind unsere Nyalas. Wenn du merkst, dass jemand an dein Zelt pinkelt, dann ist es wahrscheinlich ein Nyala. Wenn es aber pinkelt und dabei lallt, ist es wahrscheinlich kein verzaubertes Nyala, sondern eher einer der Jungs, die sich schlaftrunken im Camp verirrt haben. Meistens machen sie sich aber nicht die Mühe, so weit zu gehen, sondern öffnen maximal den Zelt- und Hosenreißverschluss.

Eines Nachts liegen Lisa und ich im Zelt und wir wachen auf, als wir in den Sand sinkende Hufe scheinbar direkt vor unserem Zelt hören. Die Schritte klingen schwerer als die eines Nyalas. Lisa und ich setzen uns leise auf und blinzeln in die Dunkelheit, in der Hoffnung, etwas entziffern zu können. Direkt neben unserem Zelt erstrecken sich vier endlos lange, dürre Beine im braun-weiß gefleckten Fellkleid. Eine klebrige Zunge klettert behutsam zu den Ästen hinauf. Wortlos und mit vor Aufregung weit geöffneten Augen blicken wir uns an. Jetzt bloß keine lauten Bewegungen, denn die durchschnittlich fünfeinhalb Meter großen Giraffen sind scheu und schreckhaft.

Hier in Selati gibt es circa 1000 Giraffen und wir sehen sie fast jeden Tag. Trotzdem ist jede Begegnung mit diesen großen Tieren geheimnisvoll. Besonders aufregend ist, dass gerade viele Kälber zur Welt kommen. Wir haben Glück, denn durch den zunehmenden Mond ist die Nacht recht hell, sodass wir sogar die dichten, langen Wimpern beobachten können, die die Giraffe beim Fressen an den Blättern ihrer heiß geliebten dornigen Akazien beschützen. Ihre Essensgeräusche sind gleichmäßig und beruhigend. Ihre Beine berühren beinahe unsere Zeltwand. Ein paar Minuten lang sitzen Lisa und ich unter ihren Stelzen wie eingefroren. Gemächlich geht sie weiter, denn wie wir gerade erst gelernt haben, speisen Giraffen immer nur ein paar Minuten an einem Baum, der dann einen „Warnstoff" an die anderen Akazien sendet, um Überweidung zu verhindern. Deshalb fressen Giraffen auch nie in Windrichtung, sondern äsen in die entgegengesetzte Richtung, wo die Meldung vielleicht erst später ankommt und die Bäume noch nicht so viele Bitterstoffe zur Abwehr gebildet haben.

Nachdem die Giraffe sich entfernt hat, flüstern Lisa und ich noch ein wenig, bis unsere Aufregung wieder von einer nebeligen Müdigkeit abgelöst wird, die uns langsam in einen traumlosen Schlaf einlullt. Als wir am nächsten Morgen aus dem Zelt kriechen, inspizieren wir die Spuren um uns herum. Ich liebe diese neue Angewohnheit der Umgebungswahrnehmung nach dem Aufstehen. In Hamburg laufe ich aus dem Haus und renne zur Bahn. Hier wird erst mal geschaut, was in der vergangenen Nacht abgelaufen ist. Die Giraffenspuren sind überall deutlich zu erkennen. Sie sind relativ leicht zu lesen. Giraffen sind Paarhufer und kein anderes Tier hat einen solchen ovalen Fußabdruck in der Größe.

Auf dem Weg zu den Toiletten stellen wir außerdem fest, dass sie unsere Wäscheleine heruntergerissen hat, als sie auf dem Weg zu unserem Zelt war. Sie ist uns also an die Wäsche gegangen. Lisa und ich sammeln die sandigen Klamotten vom Boden auf. Anders als die Elefanten sind die Giraffen, die unser Camp besuchen, nicht an unserem Wasser interessiert, denn Giraffen sind extrem intelligente Wiederkäuer, die alle Nährstoffe aus ihrer Nahrung saugen. Es ist ein Vergnügen, ihnen beim Essen zuzusehen: Der Essensknäuel rollt sich den langen Hals hoch und runter wie eine Billardkugel über den Tisch.

Da sie so wenig trinken, ist Giraffendung auch so trocken. Außerdem sind die Hinterlassenschaften unverkennbar über eine kleine Strecke auf dem Boden verteilt, weil sie aus einer nicht unwesentlichen Höhe herunterplumpsen.

Nach dem Morgendrive gibt es erst einmal ein üppiges Frühstück, sodass wir uns um elf Uhr gestärkt in die Vorlesung begeben können. Dass man zum Frühstück bereits Hackfleisch essen kann, lernt man auch in Südafrika. Mir glüht der Schädel wie eine heiße Lampe, wenn die Vorlesung vorbei ist. Neben all dem, was wir auf den Fahrten so entdecken, gibt es im Klassenraum neuen Lernstoff. Fakten über Steine, Sterne, Säugetiere, Bäume, Amphibien, Reptilien, Geschichte und so weiter kreisen wirr durch meinen Kopf wie Müll im All. Außerdem haben wir Hausaufgaben, die wir immer bis zur nächsten Vorlesung erledigen sollen. Lisa ist besonders gewissenhaft damit. Nach jeder Vorlesung bleibt sie sitzen und füllt ihr Workbook aus. Wenn der Himmel bedeckt ist, rennen ein paar von uns hinunter zum Volleyballfeld und entladen den Stress erfolgreich mit dem Ball im Sand. Nach dem Mittagessen um zwei geht es um drei Uhr schon wieder in den Busch. Wenn wir um sechs, halb sieben wiederkommen, ist es oft schon dunkel. Wie hungrige Hunde stürzen wir uns aufs Abendessen, das vom diensthabenden Zelt präsentiert wird. Um acht sitzen wir erledigt und glücklich am

Feuer und schauen entspannt in die lodernden Flammen, während wir die Ereignisse des Tages Revue passieren lassen. Noch, lassen uns die Ausbilder wissen, ist es recht entspannt. Noch haben wir „nur" den Lernstoff, der in unsere Köpfe muss. Aber nächste Woche fangen wir bereits mit dem Guiden an. Dann muss einer von uns die Gruppe durch den Busch fahren, über die Bäume, die Tiere, die Landschaft erzählen, und zwar so, dass das ganze Auto zufrieden ist. Lisa und ich werfen uns bei dem Gedanken daran ängstliche Blicke zu. Aber eins nach dem anderen, jetzt können wir erst einmal noch lernen.

So langsam geht es auch mit der Gruppendynamik voran. Von Tag zu Tag gewöhnen wir uns mehr aneinander, trauen einander und Freundschaften bilden sich. Die Lektionen hier betreffen längst nicht nur die kognitive Ebene. Etwas wird mir hier besonders bewusst: dass man endlich wieder Zeit für die Menschen um sich herum hat, Zeit, Fragen zu stellen. Wenn Menschen unter Stress und Zeitmangel stehen, benehmen sie sich automatisch egoistischer. Ein Faktor, von dem ich mich zum ersten Mal seit Langem befreit fühle.

Nach einem Abend mit langen Gesprächen mit Tadjara und Katie am Feuer schlüpfe ich leise in den Schlafsack. Lisa schläft bereits. Sie ist momentan in den Runden ums Feuer noch sehr ruhig, aber auch sie hat sicherlich eine Geschichte zu erzählen. Wie spannend Menschen doch sind. Jeder Einzelne hat eine Geschichte, die unseren Horizont erweitert. Und wie wenig wir manchmal verstehen können, weil uns die Zeit fehlt, zu fragen.

# Herz über Buch?

Bereits in den ersten Tagen im Camp haben wir gelernt, dass ein Ausflug mit unserem Ausbilder Steve ein Synonym für Abenteuer ist. Steve ist Mitte vierzig und sieht mit seiner gebräunten Haut, seinem hellblonden Haar und den stechend blauen Augen mit dem scharfen Blick aus wie eine jüngere Version von Robert Redford. Dessen Kühnheit und Coolness besitzt er sicherlich dreifach. Er hat nur noch neun von zehn Fingern, einen verlor er vor einigen Jahren bei einem Schlangenbiss. Die dazugehörige Narbe erstreckt sich von seinem Handrücken bis hinauf zu seiner Brust – der Biss einer Puffotter. Steve hat sicherlich eine Armee von Schutzengeln und ganz bestimmt mehr Leben als eine waghalsige Katze.

Eine Fahrt mit Steve gleicht einem Ausbruchsversuch aus einem komplexen Gefängnistrakt. Dabei ist es durchaus möglich, fünfeinhalb Stunden statt drei unterwegs zu sein. Vielleicht musst du über elektrische Zäune klettern oder dich untendrunter durch den Sand buddeln, um auf die andere Seite zu kommen. Das Abenteuer mit Steve bedeutet, einen Perspektivwechsel und eine Horizonterweiterung zu erfahren. Auf seine ganz persönliche Art und Weise lehrt er uns, über die von Menschen gesetzten Grenzen hinauszudenken, sie anzuzweifeln, zu überqueren.

Haben wir nicht auch schon an vielen Zäunen gestoppt und uns gewundert, warum es nicht weitergeht? Manche Zäune sind nicht für dich, sondern für jemand anderes aufgestellt worden. Manche Grenzen sind nicht deine Grenzen. Menschen haben sie für sich gesehen und sichtbar gemacht, um sich zu erinnern, dass sie hier nicht weiterkommen. Das bedeutet aber nicht, dass du auch dort anhalten musst.

Manchmal akzeptieren wir Zäune, die uns in unserer Persönlichkeit und unserem Freiheitsdenken ganz und gar widerstreben. Weil ein Pfad, der vorgezeichnet ist, immer leichter zu beschreiten ist. Man hat sich daran gewöhnt, wie man sich an eine neue Mode gewöhnt, die einem erst furchtbar unpassend erscheint und die man dann doch adaptiert, weil alle, die darin herumlaufen, überzeugt sind, dass man damit genau im Trend liege. Doch wir sind gemacht, um Grenzen zu überschreiten.

*Wo bleibst du unnötig stehen?*

✳

Ein neuer Tag im Busch. Wir sind schon eine Weile durch das Reservat gefahren, als ein Wasserloch in einiger Entfernung vor uns liegt. Es ist ein heißer Tag und das Wasser hat sich mittendrin zu einem dicken Schlick verdickt. Nur am Rande lassen sich noch ein paar Tropfen abzwacken. Entschieden parkt Steve den Landie hinter dem erhöhten Damm, sodass wir uns von hinten heranschleichen können, denn wir haben bereits mit bloßem Auge gesehen, dass sich mehrere Tiere dort gerade um die letzten Tropfen zanken. Steve lädt sein Gewehr und gibt uns ein Zeichen, ihm leise zu folgen. Wir stehen an der Dammmauer, klettern ein bisschen an ihr hinauf, sodass wir gerade über sie hinüberspähen können. Mit unseren Ferngläsern erkunden wir das Geschehen vor uns. Ein Gnu und ein Warzenschwein streiten um den besten Platz, als Steve plötzlich gestikuliert. Er will unsere Aufmerksamkeit scheinbar noch auf etwas anderes lenken. Wir legen unsere Ferngläser erneut an und scannen präzise das Wasserloch.

Unsere Blicke schweifen langsam hin und her und dann wieder zurück zu einem zunächst scheinbar unbedeutenden hellen Punkt im Schlamm. Und da erblicken wir es: Was bis eben noch wie ein Ast aussah, ist das Horn eines Impalabocks in der zähen, schlickrigen Schlammmasse inmitten des Wasserlochs. Ungefähr das Gleiche haben wir bereits letzte Woche beobachtet. Ein einsames Impala, das im Schlick des Wasserlochs verendet war, und nur die Hörner ragten noch aus dem

Schlamm. Doch Steves Gesicht verrät uns, dass noch etwas anderes los ist. Er starrt konzentriert auf den Impalabock.

Wir inspizieren noch einmal genau den Punkt, auf den er sich konzentriert, und dann sehen auch wir es: Der Impalabock bewegt sich noch, öffnet die Augen. Es sind letzte, verzweifelte Bewegungsversuche eines sterbenden Gefangenen. Der Bock scheint extrem geschwächt zu sein. Er muss in den letzten Stunden fortwährend versucht haben, sich freizustrampeln. Es ist ein tragischer Kampf mit dem Tod, bei dem der Sieg bereits klar zu sein scheint. Locker 90% seines Körpers sitzen fest im zähen Schlick. Steve winkt uns vom Damm zu sich heran. Wir versammeln uns in der Hocke, formen einen Kreis wie bei der Halbzeitbesprechung eines Footballmatches. „Alle haben jetzt gesehen, dass sich ein Impalabock im Schlamm befindet, der noch lebt, richtig?", flüstert Steve uns zu. Wir

nicken bestätigend. „Was sagt das Buch, was man in einer solchen Situation tun soll?", fragt er weiter leise in die Runde und wir sind nicht ganz sicher, worauf er hinauswill. „Lass die Natur ihren Lauf nehmen", antworten einige von uns buchgetreu. „Ok, und jetzt sagt mir, was euer Herz euch sagt." Wir werfen uns wissende Blicke zu.

Ohne zu zögern, sind wir uns unserer Sache einig. Der Impalabock soll heute noch eine zweite Chance erhalten. „Ran an die Arbeit!", bestätigt Steve uns motivierend und wir schreiten langsam zum Wasserloch voran, um den Impalabock nicht noch mehr in Panik zu versetzen. Steve inspiziert noch einmal die Umgebung, bevor er uns weiter vorgehen lässt. Die Tiere haben sich bei unserer Ankunft zurückgezogen. Los geht's! Im nächsten Moment schon stehen vier von uns bis zur Unterhose im dicksten grützegrünbraunen, nach Schwefel stinkenden Schlamm. Chris geht voran, er ist der stärkste von uns allen und hat in den letzten sieben Jahren regelmäßig ehrenamtlich Tieren in Not geholfen. Er startet den Versuch, den Impalabock an den Hörnern etwas aus der verschlingenden Masse herauszuheben.

Vergeblich, dieser erstickende Schlamm ist in der Tat tödlich. Der Impalabock hat weit aufgerissene Augen und fürchtet unsere Gegenwart. Jetzt müssen wir schnell sein. Chris steckt seine Hand tief in die Masse unter dem Bauch des Tieres, die andere legt er erneut an den Hörnern an. Mit ein paar geschickten Griffen hievt er den Körper mit einem großen Kraftaufwand aus dem Schlamm. Tadjara und Luke packen sofort Vorder- und Hinterläufe und helfen Chris, den Bock aus der Mitte an den trockenen Rand des Wasserlochs zu transportieren.

Der Weg hinaus ist extrem rutschig und das Tier scheint dermaßen erschöpft, dass Chris' erster Eindruck ist, dass der Bock es nicht schafft. „Das scheinen seine letzten Atemzüge zu sein. Aber wir versuchen, was wir können. Bringt mir schnell Wasser!", fordert er uns auf. Wir befreien die verkrusteten Augen des Tieres vom Schlick und kratzen die obere Schicht von seinem Körper. Wir entleeren vorsichtig unsere Wasserflaschen über das dehydrierte, geschwächte Geschöpf, das in diesem Moment noch nicht einmal seinem Fluchtinstinkt zu folgen vermag. Hier ist es, von Menschenhand aus dem Schlamm ins Trockene gelegt, theoretisch in der Lage fortzulaufen.

Doch er macht keine Bewegung, nur schwache Atemzüge, die zu schwinden drohen. Wir spülen sein Gesicht weiter frei und versuchen, ihm Wasser in sein Maul zu träufeln. Erfolglos. „Lasst ihn ruhen. Vielleicht schafft er es, aber wir müssen uns entfernen, denn es wird ihn nur mehr Kraft kosten, vor uns abhauen zu wollen."

Jetzt machen wir uns daran, uns gegenseitig mit Stöcken die dicke Schlammschicht vom Körper zu kratzen. „Gut gemacht, Leute. Schön seht ihr aus, wie Shreks Familie. Wir fahren gleich an die nächste Tränke", sagt Steve sichtlich amüsiert. Es dauert eine Weile, bis wir den groben Teil der klebrigen grünen Masse einander von den Beinen gekratzt haben. Als wir nach einer Viertelstunde in den Landie springen, geschieht plötzlich ein Wunder. In dem Moment, als der Motor startet, erhebt sich der Impalabock und geht mit wackeligen, aber steten Schritten in den Busch zurück. „Seine Zeit ist wohl doch noch nicht gekommen", zwinkert Steve uns zu. Auf unseren Gesichtern breitet sich ebenfalls ein zufriedenes Lächeln aus. Wir fahren zur nächsten Tränke, in der Chris genüsslich wie ein Elefantenbaby im Flussbett mit dem Wasser herumspritzt. Auch die anderen Schlammretter baden mehr oder weniger freiwillig in der künstlich angelegten Tränke. Halbwegs sauber und um ein großes Abenteuer reicher kommen wir wieder im Camp an.

Der Impalabock ist für mich eine lebendige Manifestation von Gnade. Die Wahrscheinlichkeit, dass jemand aus dem Nichts kommt und das Tier, das selbst längst aufgegeben hatte, aus dem dicken, stinkenden Schlamm zieht, war mehr als gering. Aber genau so ist Gott. Wenn selbst du die letzte Hoffnung aufgegeben hast, macht er das Unmögliche möglich.

# Ein Hauch von Verwesung

Wir sind gerade mit Steve auf einer Pirschfahrt, als uns mal wieder ein starker Kadavergeruch entgegenweht. Steve stellt den Motor ab und parkt den Landie neben der Sandstraße an der Seite. Meistens muss man dann nur in den Himmel schauen, um den Kadaver genauer lokalisieren zu können. Die Geier umkreisen ihn beständig wie Flugzeuge in einer Warteschleife. Sie sind ein wichtiger Teil des Ökosystems in der Savanne, denn sie putzen den Busch fleißig, indem sie ihn von totem Material befreien. Jeder einzelne hier hat seine ganz besondere Aufgabe. Ihre langen Hälse und spitzen Hackschnäbel gelangen besser als jeder Staubwedel in die entlegensten Winkel eines leblosen Körpers. Ihre Mägen verfügen über Säfte, mit denen sie totes und verfaultes Fleisch bedenkenlos verzehren können. Ohne sie würde das System zusammenbrechen, der Busch an seinem fauligen Material ersticken.

Der Gestank ist pervers. Katie rümpft ihre Nase und versteckt das halbe Gesicht in ihrem Pulli. Ich ziehe ebenfalls mein Bufftuch übers Gesicht. Steve hingegen hält seine Nase wie ein schnüffelnder Hund nach oben in den Wind. Er weiß, der Kadaver kann nicht weit sein. „Auf geht's", weist er an und wir folgen ihm. Nur ein paar Schritte gehen wir, als wir hinter ein paar Sträuchern die Geier bereits vor uns auf dem Boden lungern sehen. Sie fliegen weg, als wir näher kommen. Vor uns präsentiert sich ein trauriger Anblick. Ein totes Giraffenkalb, ein großer Teil des Fells noch ganz flauschig, ruht auf dem Boden.

„Ein paar Monate alt", schätzt Steve. Kopf und Augen und Kieferbereich sind schon fein säuberlich von den Geiern ausgehackt worden, während der Körper noch jede Menge Nahrung bietet. „Wahrscheinlich hat ein größeres Raubtier gestern Nacht den Anfang gemacht und wurde gestört" ist Steves Vermutung. Er schaut sich um, inspiziert den Tatort. In etwa hundert Metern Entfernung späht eine ausgewachsene Giraffe nervös in unsere Richtung.

„Shame, dort hinten steht die Mutter des toten Kalbs", lenkt Steve unsere Blicke nun auf die verzweifelt dreinblickende Mutter. Ihr langer Hals ragt zwischen den kahlen Sträuchern und Bäumen der trockenen Savanne verloren hervor. Sie wendet ihren Blick nicht eine Sekunde von dem Schauplatz ihres Grauens ab und wird warten, bis Schüler, Geier, Jäger sich davongemacht haben, um wieder bei ihrem

Kalb zu sein. Es ist ein trauriger Anblick, aber auch das gehört zur Wildnis.

Giraffenkälber haben nur eine Überlebenschance von maximal 50%. Das ist besonders tragisch, denn die Giraffe hat eine Tragzeit von 15 Monaten und damit die längste aller Huftiere. Die Kälber wiegen bereits bei ihrer Geburt ungefähr 80-100 Kilogramm und sind eine angreifbare, nicht unerhebliche Beute für Löwen und andere Räuber. Die Giraffe ist einzigartig, denn sie gebärt im Stehen, wobei sie ihre Beine nur ein wenig spreizt. Die Genialität des

Schöpfers wird für mich im der Giraffe besonders offenbar. Bei der Geburt fällt das Kalb aus knapp 2 m Höhe. Würde, wie bei den meisten anderen Säugetieren, das Kalb mit dem Kopf voraus kommen, bräche es sich das Genick beim Aufprall. Ebenso wäre es, wenn der Kopf als Letztes aus dem Geburtskanal käme. Also sind die hinteren Hüften schmaler als die vorderen und der Kopf exakt so groß, dass er auf den hinteren Hüften ruht, wenn das Kalb herauskommt. Die Vorderbeine kommen also als Erstes heraus. Die kleinste Verschiebung dieser Maße hätte fatale Folgen. Das Kleine vermag schon ein paar Minuten nach der Geburt zu stehen und nach einer Stunde kann es bereits laufen.

Dieses Kalb konnte leider nicht schnell genug weglaufen. Die Sonne erhitzt den leblosen Körper, und bevor wir erneut die Kadaverbrise einatmen, stapfen wir zum Wagen zurück.

Kadavergeruch beherrscht auch unser Camp. Und dieses Mal sind es nicht die Jungs, die den vierten Tag hintereinander vergessen haben, sich unter die Dusche zu stellen. Es geht noch schlimmer. Katie und Shira werden von den vorbeiwehenden Brisen Nacht für Nacht in den Schlaf genebelt. Auch beim Abendessen weht der Geruch zu uns herüber. Muss irgendwo aus dem Flussbett kommen. Wir gehen flussaufwärts auf und ab, aber können die Quelle des Übels nicht lokalisieren.

Einige Tage später unterbricht Sean am Nachmittag unsere Lernzeit und fordert uns auf, ihm für eine ungewöhnliche Entdeckung zu folgen. Wir gehen vorbei am Mädchencamp in Richtung Steves Zelt, wo er die letzten Tage mit Fieber flachlag. Er führt uns zum Hang des Flussbettes, an dem, an einen Baum gepresst, mit gebrochenem Genick ein prächtiger Kudubulle mit langen Hörnern und aufgeblähtem Bauchraum liegt. „Das hat also seit Tagen so gestunken", stellt Shira intelligent fest. „Die Löwen müssen ihn vor ein paar Tagen hier im Camp gejagt und ihn dann wegen der Unruhe hier liegen gelassen haben", vermutet Sean. „Auf geht's, Leute. Wir brauchen ein Seil und einen Truck. Wir können ihn nicht vor Steves Zelt verrotten lassen. Steve hat genug mit seinem Fieber zu tun."

Ich habe in den letzten Tagen öfter gedacht, dass eine Team-Building-Aufgabe die gruppendynamischen Prozesse positiv vorantreiben könnte. Hier präsentiert sich unsere höchst authentische Gelegenheit: ein stinkender Kudukadaver, dessen Darm zu zerplatzen droht und der die Gesundheit unseres Guides bedroht. Die nächste Stunde ist unsere Gruppe, einige mehr passiv als aktiv, damit beschäftigt, das Corpus Delicti aus unserem Camp zu entfernen. Um ehrlich zu sein, wir Mädels halten uns die T-Shirts vor die Nase und unterdrücken den Würgereiz. „Na denn man to", sage ich durch meinen Pullover zu Lisa, von der ich nur noch die Augen sehen kann, so hoch hat sie sich ihr Shirt ins Gesicht  gezogen. Lisas Blick verrät mir, dass wir beide hier wie angewurzelt stehen bleiben oder mitmachen und uns übergeben werden. Der Verwesungsgeruch ist haarsträubend. Immerhin unterstützen wir die voller Tatendrang auf den Kudu zuschreitenden Jungs durch Anwesenheit und Bewunderung. Gefühlt sind wir die Gehilfen einer Mafiabande. Den Männern gelingt es nach einigen Versuchen, das Seil stabil um die Hörner des toten Körpers zu binden. So kann ihn nun der Truck, der mit dem Seil verbunden ist, aus dem Flussbetthang herausschleppen. Der Motor heult auf, die Reifen drehen durch. Doch dann greift etwas und der Körper schleppt sich Hörner voran träge an Steves Zelt vorbei, hinterlässt eine deutliche Schleifspur im Boden, als er weiter hinaus in den Busch gezogen wird. Bis auf den zu zerbersten drohenden Bauch scheint der einst prächtige Bulle noch relativ intakt für einen Kadaver. Er schafft es circa einen halben Kilometer um die Ecke, ohne dass die Innereien herausspritzen. Wir legen ihn ab, bevor das Befürchtete eintreffen kann. Jetzt stehen wir um ihn herum, als hätten wir uns zu seiner Beerdigung versammelt. Irgendwie entwürdigend, wenn ein so beeindruckendes Tier als gescheiterter Gejagter verendet, seinen Zweck als Beute nicht vollendet. Andächtig verweilen wir noch einen Moment. Wir gehen in der Hoffnung, dass heute Nacht schon die Hyänen und Löwen kommen. Der Verwesungsprozess kann eine Weile dauern. Ein paar Tage später können wir ihn beim Abendessen mit einer Brise Wind aus dem Westen noch immer riechen, aber zumindest ist er aus dem Camp geschafft.

Im Nachhinein habe ich noch einige Male über dieses Ereignis nachgedacht. Wie oft saßen wir am Tisch oder lagen im Zelt und haben angewidert unsere Nasen gerümpft? Nur allzu gut wussten wir, dass etwas faul war, und dennoch haben wir den üblen Geruch aus Bequemlichkeit in Kauf genommen. Warum sind wir nicht gleich bei der ersten stinkenden Wolke darauf gekommen, der Sache nachzugehen und sie zu beseitigen, wohl wissend, dass es nicht nur schädlich sein kann, diesen Geruch von Verwesung jeden Tag einzuatmen, sondern auch, dass diese Leiche im Camp womöglich noch weitere Gefahren anziehen kann? Und trotzdem tun wir im Leben manchmal genau das. Wir lassen eine schon stinkende Angelegenheit passiv verwesen, obwohl wir wissen, dass daran etwas faul ist und wir sie aus dem Weg räumen müssten: Ungeklärte Streitereien, toxische Beziehungen, Süchte, falsch eingeschlagene Wege – all das verpestet unseren Lebensatem, schränkt uns ein.

Bei unserem nächsten Night Drive sehen einige von uns zum ersten Mal eine Zibetkatze. Genüsslich speist sie an dem leblosen

Körper. Auch Hyänen sehen wir einige Nächte später zum allerersten Mal über dem nun fast vollständig zersetzten Kadaver.

So wird aus dem Gestank ein Parfüm für die Tiere und eine Show für uns. Ist es nicht seltsam, dass selbst so übel anmutende Dinge uns zum Besten dienen können?

Gibt es da nicht bei jedem von uns Dinge, die wir schon längst hätten aus dem Busch ziehen sollen?

Hier im Busch fühlt es sich an, als existiere keine andere Welt als diese. Gedanken über mich selbst verblassen in der wohltuenden Beschäftigung mit der Natur um mich herum.

Der Busch lehrt mich, auf eine solche Art und Weise wahrzunehmen, deren Möglichkeit der Wahrnehmung ich bereits vergessen hatte. Der schiere Zauber dieses Ortes überwältigt mich. Ich weiß, ich erlebe gerade eine der aufregendsten Zeiten meines Lebens, eine wahrhaftige Zeit spannender Entdeckungen.

Ich liebe das Leben hier schon jetzt viel zu sehr. Ich muss irgendwie lernen, diese Ruhe, den Frieden, den Gewinn diesen Ortes in meinem Herzen zu bewahren, wenn es Zeit wird, wieder in den Alltag zurückzukehren. Ganz tief atme ich den Busch ein, höre dem Orchester der Vögel zu und schaue zuversichtlich in den Himmel, wo jeder Sonnenaufgang und Sonnenuntergang mich an das Versprechen von Gnade erinnert.

Seitdem ich angekommen bin, haben sich meine Sinne hier jeden Tag mehr geöffnet. So, als hätte mir jemand einen knallbunten Filter über meine Augen gelegt. Jede Farbe will ich ganz bewusst aufnehmen, jeder Geruch spinnt einen Faden in dem Netz willkommener Erinnerungen, jede Spur im Sand verknüpft die Wege auf den Pfaden meines Herzensspeichers. Eine Eingravierung auf der glitzernden Buschpiste – schon prickelt die Aufregung des Lebens spürbar in meinen Adern. Welches Tier hat vor nur kurzer Zeit diesen Weg gekreuzt? Welche Geschichte flüstert der Baum?

Ich frage mich, warum sich alles hier noch intensiver anfühlt als bei all den Reisen, die ich bereits unternehmen durfte. Was macht diesen Ort so besonders? Vielleicht ist es das Gefühl, nicht mehr rastlos zu sein. So schön das Weiterziehen auf Reisen ist, ich genieße die Tatsache, dass ich hier nicht auf dem Sprung bin. Die Unruhe in mir ist weg, es ist ganz still und friedlich um mein Herz geworden. Aber da ist noch mehr. Auf dem Drive am Nachmittag schwirren meine

Gedanken friedlich umher, während mir der sanfte Savannenwind ins Gesicht bläst und die Sonne den Busch orange rot färbt, als sie langsam untergeht. Man kann hier an alles oder an gar nichts denken und nur die Ruhe des Augenblicks genießen. Wir halten an und klettern für den Sonnenuntergang auf einen Hügel. Von oben haben wir einen Panoramablick.

Ich setze mich zu Lisa auf den Holzstamm. Den Kopf an Lisas Schulter gelehnt schaue ich, wie die Sonne sich für heute mit einem prächtigen Farbschauspiel verneigt. Das ist mein „Augenblick-verweile-doch-du-bist-so-schön"-Moment. Tor zu dieser Welt, verschließe dich, damit ich hierbleiben kann und nicht mehr fortmuss.

Ich habe wirklich nicht im Leisesten geahnt, wie sehr ich diese Welt hier lieben würde. Was für ein Geschenk. Gottes Gnade verändert alles.

# Tent Time

Katie, Shira und Tadjara kommen gerade zu unserer abendlichen Plauderrunde in unser Zelt, die wir Tent Time nennen und in der wir notwendigerweise die essenziellen Ereignisse des Tages in einer exklusiven Mädelsrunde besprechen. Unsere abendliche Versammlung wird von den meisten neugierig beäugt. Wir erspielen uns für diese Primetime den Spitznamen „Baumhopfe". Angeblich weisen die Laute, die wir beim Austausch streng geheimer Details von uns geben, unverkennbare Ähnlichkeiten mit denen der entsprechenden Vogelgruppierung auf. Ein Feuerwerk von Staatsgeheimnissen und überkochenden Emotionen entlädt sich abends in der Mitte vierer Mädels auf zwei Matratzenlagern. Ich bin sicher, es kommen bunte Funken zu den Seitenfenstern heraus. Wenn man 24/7 zusammen ist, braucht verständlicherweise jeder ein Ventil, um den Alltag zu besprechen. Peinliche Situationen, nervtötende Eigenarten mancher Campbewohner und außergewöhnliche Vorfälle werden berichtet, geteilt, verarbeitet. Da bekommt so mancher lange Ohren, wenn er am Baumhopfen-Zelt vorbeischlendert, aber wir haben uns ob dieser Spione längst Codenamen für jeden Campbewohner ausgedacht. Da denkt man, man wird erwachsen. Und dann ist man immer noch genauso albern, wie man es von den eigenen Schülern kennt. Das Leben ist herrlich schön.

Es ist so wertvoll, endlich wieder richtig Zeit für Menschen, für Gemeinschaft zu haben. Hier gibt es kaum Handyempfang, abgesehen davon genießen wir es, keinen zu haben. Wir sind im Hier und Jetzt, ein Gefühl, das im Alltag extrem selten geworden ist. Ständig ist man mit den Gedanken schon einen Schritt voraus, mit dem Handy bei der nächsten Verabredung. Und während all das vor sich geht, versuchen Kopf und Herz, Schritt zu halten mit dem hektischen Leben. Es ist ein so rares Gut geworden, dass die Menschen um dich herum dich mit ihrer schieren und ungeteilten Anwesenheit beschenken, dass es den meisten von uns extrem positiv auffällt. Die Handys im Flugmodus, wir im Lebensmodus.

Eigentlich viel zu früh zum Schlafen, denke ich. „Eigentlich schon viel zu spät", sagt Lisa, aber sie und ich plaudern noch eine Weile weiter, als die Mädels aus dem Zelt sind. „Wahnsinn, wie man das Leben auf einmal wieder richtig spürt", sage ich gedankenversunken. „Die Tage hier ziehen auch schnell vorbei mit allem, was wir tun. Aber alles ist so intensiv und trotzdem so entschleunigt. Wieso schafft man es so selten im Alltag, bewusst wahrzunehmen, sich weniger zu stressen?"

„Wenn ich das wüsste", entgegnet Lisa. „Ich begreife es auch nicht. Vielleicht sind wir auch hier, damit wir das lernen."

„So schön wie es gerade hier ist, will man doch für immer hierbleiben", träume ich, aber mein Herz meint es wirklich ernst. Ich bin hoffnungslos in diesen Ort verliebt. Ich verliebe mich selten so sehr in eine Welt. Schon oft musste ich mich von tollen Menschen und wunderschönen Freizeiten, Landschaften und Welten verabschieden. Aber der Busch hat sich so tief eingebrannt, dass gefühlt weder ein Gegenfeuer noch ein Meer gerade diese Verbundenheit auslöschen könnten.

Lisa liebt diese Welt hier ganz bestimmt genauso intensiv. Aber anders als ich bewahrt sie meist einen kühlen Kopf. Sie ist zwar ein panisches Perlhuhn bei bevorstehenden Prüfungen, aber sie kann Situationen trotz emotionaler Verbundenheit oft noch rational betrachten. Sie ist vorausschauend und realistisch und trotzdem hat sie Träume, die sie zielstrebig realisiert.

„Guck mal, Steff. Das alles ist doch nur so besonders, weil es eine einmalige Gelegenheit ist. Und der Trick im Leben ist halt, immer mal wieder in solche Schönheiten abzuhauen, aber sich eigentlich langfristig ein Leben aufzubauen, vor dem du nicht abhauen musst. Wo solche Orte dein ohnehin reiches Leben bereichern. Am Ende geht es doch darum", hält sie inne, als würde sie den Satz ihrer Sekretärin diktieren, „wie erfüllt du bist, während du dein Leben lebst."

„Hm, du hast schon recht", stimme ich ihr zu. „Aber wir sind so schnelllebig und haben diesen Herzinfarkt-Alltagsrhythmus. Und ja, ich finde es auch unrealistisch, dass einfach jeder aussteigen kann und sollte, wenn er will. So läuft es irgendwie nicht. Dafür haben wir es bei uns einfach zu gut und viele unserer Privilegien sind lange und hart erarbeitet worden", sinne ich nach. „Und wie glücklich dürfen wir eigentlich sein? Nach wie viel dürfen wir streben?", frage ich mich.

„Ja, Alltag muss es eben auch geben", meint Lisa. „Wir müssen auch ertragen können, nicht immer glücklich zu sein. Dass es im Alltag manchmal schwierig ist, bedeutet ja nicht, dass man auf dem falschen Weg ist", erinnert Lisa.

„Trotzdem", zweifle ich, „muss der Lebensentwurf unserer zentraleuropäischen Gesellschaft nicht der richtige für jeden von uns sein."

„Klar", stimmt Lisa zu. „Aber wenn wir rauskommen, dann können wir uns immer wieder neu besinnen, neu verbinden mit dem, was wir möchten, was uns Ruhe gibt. Die Frage ist ... Was fehlt uns eigentlich?"

„Darf man sich das als Zentraleuropäer fragen, ohne Scham zu fühlen?", frage ich mich selbst laut und ich höre Lisa ebenso laut denken. „Ne, Steff, das ist berechtigt. Uns fehlt die Wildnis", sagt sie ganz überzeugt wie ein Arzt, der eine eindeutige Diagnose stellt. Wildnis hat auch für Lisa eine ganz besondere Bedeutung. Es ist das Zurücksetzen von Einstellungen, Abstand vom Alltag, um sehen zu können, was wirklich wichtig ist. „In dieser Wildnis zählt mal nicht das Morgen. Da bin ich nur im Hier und Jetzt. Und diese Schönheit hier berührt mich total. So komm ich auch wieder zurück zur Dankbarkeit. Das ist das, was meine Speicher auffüllt", erklärt sie mir.

„Mhhh", stimme ich zu, „ich glaube, ein Teil unseres Herzens schlägt am besten zum Rhythmus der Natur. Das ist es, was mir im Alltag fehlt. Ruhe, Zeit für die Wunder der Natur. Und wenn ich ehrlich bin, Zeit für Menschen. Mag nostalgisch klingen, aber ich hätte gerne mehr solche Abende mit meinen Freunden und meiner Familie wie hier am Feuer. Echte Zeit für Menschen, keine kurzen Meetings, nach denen sich wieder eine diffuse Leere einstellt."

Mich hat es in den vergangenen Monaten oft gestört, durch den Stress im Alltag das Gefühl zu haben, nie genug zu sein, nie genug präsent, nie allem und allen gerecht werden zu können. An diesem Ort kehrt uns der Appetit fürs Leben zurück. „Ich glaube, ich wünsche mir, auch zu Hause diesen Hunger auf das Leben zu spüren", beschließe ich und nehme mir das als Vorsatz mit.

„Ja, und das müssen wir mit der Ruhe in der Natur bei uns doch auch finden können, Steff", sagt sie voller Überzeugung, als hätte sie die Geheimzutat in den Topf geworfen.

„Solche Orte sind zwar rar geworden", fügt sie nachdenklich hinzu, „aber dafür muss man sich wirklich ganz bewusst Zeit einräumen."

„Und andererseits", werfe ich nun in die Dunkelheit mit meinem erhobenen Lehrerzeigefinger ein, „muss man sich halt auch bewusst immer wieder von den Erwartungen anderer losreißen, immer und überall erreichbar und verfügbar zu sein, mit dem Lebensrhythmus anderer mithalten zu müssen", und tue so, als könnte ich das, bin aber weit davon entfernt.

Es erfordert so viel Mut, aus der Komfortzone herauszukommen. Aber dahinter, das merken wir jetzt, liegt die Freiheit und mit ihr das Glück. Das hier, das ist wie einmal kurz die Lebensuhr anzuhalten. Hier sammeln wir neue Kraft. Die Natur ist ein Geschenk Gottes an die Menschen. Und bisher schöpfe ich noch viel zu selten daraus.

„Schon schwierig, in unserer Gesellschaft gegen den Strom zu schwimmen", stellt Lisa fest. „Aber mir wird hier wieder bewusst, wie wichtig es ist. Guck, es geht doch! Wir sind hier komplett abgeschnitten und es funktioniert wunderbar. Niemand muss uns so dringend erreichen und wir müssen unsere geliebten Leute zu Hause auch nicht alle zwei Minuten rückversichern, dass wir an sie denken. Wie absolut entspannt das ist. Und weißt du, auf der anderen Seite kann Alltag zu Hause mit den richtigen Menschen um uns herum auch so richtig schön sein."

„Absolut", gebe ich Lisa recht. „Unsere Leute sind das stabile Rückgrat zu Hause. Es wäre längst nicht so entspannt hier, wenn wir die Stabilität unseres Zuhauses nicht subtil immer irgendwie spüren würden."

„Das darf man niemals unterschätzen", beteuert Lisa. „Ist ein entscheidender Faktor. Die Kunst ist halt, einen Alltag zu haben, der uns nicht komplett auffrisst und auslaugt. Dafür musst du aber auch einen Teil deiner Passion im Job leben, was vielleicht die größere Herausforderung ist."

„Nicht einfach", sage ich nachdenklich. „Ich glaube, wir Deutschen neigen auch dazu, extrem zu arbeiten, sind dann extrem fertig und brauchen extrem dringend extrem entspannenden Urlaub."

„Das kann's auch nicht sein. Aber für die besten Dinge warten wir manchmal am längsten. Solche wertvollen Erfahrungen schätzen und davon zehren, wenn man wieder im Alltag ist, das müssen wir lernen. Die Erfahrungen musst du wie einen Schatz in deiner Herzenskammer einschließen und sie öffnen, wenn du es brauchst. Außerdem, Steff, wir Deutschen haben nicht unrecht mit unserer ‚Gehen, wenn's am schönsten ist'-Mentalität."

„Wahr, Lisa, aber das macht es nicht einfacher." Meine Freundin Katja spricht immer von unserem persönlichen Sehnsuchtsort. Der Ort, an dem du bleiben möchtest, der so besonders ist, weil du hier wie an keinem anderen Ort vom Alltag entspannst. Der Ort, an dem du Gott am nächsten bist, der dein Herz erquickt. Nicht notwendig, auszusprechen, welcher unser Sehnsuchtsort ist. Und vielleicht lerne ich ja, diesem Ort in meinem Herzen eine Heimat zu geben.

„Ach, Lisa, du bist so bodenständig. Manchmal macht es mich fast sauer, dass du mir das so sortiert und trotzdem gefühlvoll entziffern kannst. Ich wollte jetzt kurz naiv in meiner unrealistischen Traumwelt bleiben."

„Na dann, Augen zu und schlaf mal schön", entgegnet sie mir in ihrer trockenen Art und dann fallen wir beide grinsend zum Ruf der Zwergohreule in einen tiefen, erholsamen Schlaf in Utopia.

Das wird wohl eine große Herausforderung für mich, das alles mitzunehmen. Ein Satz will mir nicht aus dem Kopf gehen: Erfüllt sein, darum geht es.

*Wie erfüllt bist du und was ist ein*
*erfülltes Leben für dich?*

# Stress im Busch

Die meisten sind nach unserer täglichen Routine so erschlagen, sodass sie um halb neun, kurz nach der sogenannten Buschmitternacht, in einer Art seelischen Erschöpfung ins Bett fallen. Die „Harten" bleiben bis halb zehn und maximal halb elf am Feuer. Wir sind immerhin 24/7 draußen und nur dünne Stoffe hängen zwischen uns und dem Busch. Der Mangel an Betonwänden führt zu einem gewinnbringenden Überfluss an Signalen, die unsere Verbindung zur Natur erweitern. Zuhören, Riechen, Probieren. Hinsehen statt Wegsehen. Eine ungewöhnliche Umstellung, mache ich doch in Hamburg oft bewusst dicht, denn ich will weder die giftigen Gerüche der Autos oder die fauligen Dünste des U-Bahn-Schachts inhalieren noch die lärmenden Geräusche der Straße für mich verstärken. Lieber vermeide ich gleich unangenehme Blickkontakte und schotte mich ab, Kopfhörer rein, Schal um die Nase, Blick nach unten. Zeit für Veränderung, denn Sinne voll aufdrehen lautet das Kommando im Busch, sonst läufst du Gefahr, dich zu gefährden oder viel schlimmer noch, das Beste zu verpassen.

Vor lauter aufregender Assimilation an diesen Lebensraum haben wir zwar keine Ahnung, welcher Wochentag ist, aber da es heute einen Feldtest gibt, bei dem unser Gelerntes auf den Prüfstand gestellt wird, muss es wohl Sonntag sein. Feldtests sind die von Schülern gefürchteten praktischen Tests mit dreißig schriftlich zu beantwortenden Fragen, die uns die Instruktoren im Busch stellen. Dazu versammeln wir uns um Punkt sieben Uhr, was für uns alle ausschlafen bedeutet, vor dem Klassenraum. Die Instruktoren händigen jedem von uns ein Blatt mit 30 Spalten auf einem Klemmbrett aus, was wir später zur Bewertung abgeben müssen. Wie Schafe, die ihrem Schlachter folgen, gehen wir den Guides hinterher, als sie sich für die Befragung aus dem Camp bewegen. Eine angespannte Atmosphäre liegt in der Luft, denn in den Gesichtern der Guides zeichnen sich heute harte Linien ab, die nichts Gutes verheißen. Welche Fragen werden sie uns wohl stellen? Die Trennlinien zwischen Schülern und Instruktoren sind heute so klar wie jene, die sie nun mit ihren Zeigestöcken in den Sand ziehen. Mit einem emotionslosen

Befehlston bitten sie uns, zu warten, bis sie die dreißig Fragen für uns ausgearbeitet haben. Wir gucken uns nervös und sie beobachtend in der Gegend um, als wollten wir ihre Fragen antizipieren.

Der Fragenkatalog setzt sich zusammen aus der Identifikation von Bäumen, dem Spurenlesen, der Erkennung von Vogelrufen, dem Identifizieren von Dung und anderen Rätseln, je nachdem, was ihnen gerade so über den Weg läuft. Und dabei nehmen die Ausbilder ihre Schüler gern mal aufs Korn. Wenn du während der Bearbeitungszeit mit anderen kommunizierst, kann es sein, dass sie dir deinen Zettel aus der Hand reißen und ihn aggressiv zerknüllen. Das wäre kein guter Start. Der Juniorausbilder Mateo hat das schon öfter gesehen, also bleibt er mit seinem Gewehr wie ein Gefängniswächter vor seinen Häftlingen stehen und wirft uns strenge, drohende Blicke zu. Als er sieht, wie wir uns bei den ersten Fragen Blicke zuwerfen und leise flüstern, gestikuliert er wild, deutet eine Halsabschneidebewegung mit seiner Hand an. Jake, Lisa und ich gucken uns an und müssen grinsen. Mateo kann seine italienische Herkunft nicht verbergen und gerade sieht er für mich aus wie ein Mafiabandenmitglied. Obwohl er mit seinen 19 Jahren, seinem Babyface und seinem Bäuchlein recht niedlich aussieht, sitzen seine Drohungen, und wir beantworten die nächsten zwei Stunden Schritt für Schritt ganz alleine jeder für sich immer zehn Fragen. Die Perlhühner schreien alarmierend und rennen mit ihrer wackelnden, blauen Haube chaotisch vor uns her, während wir inspizierend durch den Busch gehen. „Diese Hühner sind manchmal so beknackt, es ist nicht zu fassen", macht Vaughn sich über sie lustig. „Nicht besonders schlau, aber amüsant", grinst er ein wenig gütig, ein wenig herablassend in unsere Richtung, als träfe das zufällig auf uns alle zu.

In Vierergruppen rücken wir brav auf unsere eigenen Papiere schauend und schweigend zur nächsten Frage vor, bis wir alle schließlich etwas frustriert abgeben. Ich bin so beknackt, es ist nicht zu fassen, denke ich, als ich meine Antworten noch einmal überdenke. Ein reines Perlhuhn. Die Ausbilder nehmen die Papiere mit gnadenlosen Blicken entgegen.

Die Stimmung an diesem Tag nach den ersten Feldtests ist bis Sonnenuntergang ungemütlich gedrückt wie die Kleider in einem zu kleinen Koffer. Die letzten Wochen waren lehrreich, voller neuer Eindrücke und Informationen, sodass es vielen von uns nicht leichtgefallen ist, diese zu sortieren und die Fragen richtig zu beantworten.

Nach den Fragen des Tests zweifle ich an mir und gehe mit Jake frustriert Richtung Camp zurück. Er hat sich vor allem über die Fangfragen der Ausbilder geärgert und wütend sein Papier vor ihnen zerknüllt. Es ist gut, dass man bei Jake immer weiß, woran man ist. Er trägt sein Herz auf der Zunge. Jake drückt mich fest und verspricht mir, dass es bestimmt bald leichter wird. Diese Woche haben wir einfach unheimlich viel Neues gelernt, haben uns dabei die Finger wund geschrieben. Und schon in der nächsten Woche fangen wir an, selbst zu guiden, und es wird von uns erwartet, eine komplette dreistündige Pirschfahrt zu leiten und mit wertvollen Informationen für Gäste zu füllen. Hinzu kommen die unbekannten Themen aus dem Arbeitsheft, das wir tipptopp auswendig lernen müssen, um den Theorietest in ein paar Wochen zu bestehen. Nach jeder Vorlesung fühle ich mich ein bisschen dümmer. Ich muss zusehen, dass ich mein Wissen über Säugetiere, Amphibien, Reptilien, Geologie, Astronomie, Taxonomie, Besiedlungsgeschichte, Umweltschutz und Arterhaltung, Ökologie und so weiter ausweite. Und das Fachvokabular kommt auf Englisch obendrauf. Na, hurra! Das kann ja was werden.

Als ich am Nachmittag durch das Camp streife, sehe ich Lisa am Rand des trockenen Flussbetts sitzen, wo sie nachdenklich in die Ferne schaut. Ihr blonder Pferdeschwanz hängt irgendwie enttäuscht herunter. Sieht aus, als habe sie Anzeichen eines Lagerkollers. Ich ändere meine geplante Route zum Zelt und setze mich einfach stillschweigend neben sie. Wir müssen gar nichts sagen, wir sitzen nebeneinander und verschwimmen uns im Gedankenmeer. Und dann weinen wir, ich kann gar nicht sagen, warum. Wir weinen, wie jemand weint, der einfach nur weinen will, weil er das Leben wieder spürt in all seiner Schönheit und bittersüßen Wahrhaftigkeit.

Ein Ventil hat sich geöffnet. Nach fünf Minuten unregelmäßigen Atmens verwandelt sich der Lagerkoller in Selbstironie und wir lachen nicht ohne ein wenig Hysterie. Zwei Frauen in der Auszeit in der Savanne, die hinter den Wolken verschwundene Sonne in ihrem Selbstmitleid betrachtend. „Ich bin eigentlich nur dankbar, dass wir das machen dürfen", bemerkt Lisa. „Aber ich wusste nicht, dass so viel Lerndruck kommt, und obwohl ich das eigentlich nur aus Vergnügen tue, möchte ich es gut machen." Wir sind eben auch typisch deutsch. Ehrgeizig auch in der Auszeit. Während sich alles in uns wieder langsam beruhigt, sitzen wir noch eine Weile zusammen und schauen ins Flussbett. Wie wohltuend, hier eine Freundin zu haben, um sich gemeinsam den Druck aus den Augen zu weinen und wieder zusammen zu realisieren, was für ein Privileg das Leben an diesem Ort ist.

„Weißt du, ich bin nicht gerade überglücklich mit meinem Job zu Hause, wenn ich ehrlich bin", verrät Lisa mir. „Und ich habe schon immer eine Leidenschaft für Tiere gehabt. Ich war nie so glücklich wie im afrikanischen Busch. Ich habe mir lange überlegt, wie ich diese Leidenschaft zu einem Teil meines Lebens machen kann. Auf meinen Reisen habe etliche Safariguides in Tansania und Südafrika befragt. So bin ich dann auf diese Ausbildung gestoßen. Es klingt pathetisch, aber ich meine es mit ebendieser Inbrunst. Wenn ich irgendwann sterbe, und wir wissen nie, wie lange unser Leben noch sein wird, dann möchte ich sagen können, dass ich einmal etwas gemacht habe, was ich wirklich wollte, etwas, wobei ich einfach dem Wunsch meines Herzens gefolgt bin."

Lisa liebt diesen Ort zu sehr, wie man einen Hundewelpen zu sehr liebt, den man wieder abgeben muss.

Wir kennen uns noch nicht lange, aber hier im Busch müssen wir nicht vorgeben, etwas zu sein, was wir nicht sind. Lisa holt Luft und es dauert ein wenig, bis die nächsten Worte sich formen. Sie kommen zögernd, unsicher.

„Letztes Jahr hatte ich einen schweren Schicksalsschlag und ich wusste nicht, wie es ausgeht. Mein Bein hat irgendwie komisch geschmerzt und ich dachte, vielleicht eine Verspannung. An der Hautoberfläche hatte sich ein Knubbel gebildet. Ich habe mir nichts dabei gedacht, aber schön sah es auch nicht aus. Also bin ich einfach mal zum Arzt."

Lisa ist schlank und muskulös zugleich, sie sieht aus, als wenn sie stundenlang laufen könnte. Mehrmals die Woche haut sie den Tennisball ambitioniert hin und her. Der undefinierbare Knubbel lag direkt unterhalb des Tennisrocks.

„Der Arzt hat gesagt, es sei bestimmt nichts los, aber sicherheitshalber entnähme er doch gleich eine Gewebeprobe. Tja, und das Ergebnis war ein ziemlicher Schock."

Ich drehe meinen Kopf zu Lisa. Diese Frau ist stark, viel stärker als das, was ich hinter dem stillen Gesicht und den großen, grünen

Augen an den Abenden ums Feuer vermuten konnte. „Sie kamen mit mehreren Ärzten herein, um mir die Nachricht zu übermitteln. Ich habe noch gescherzt, weil ich eine schlimme Diagnose für absurd hielt für diesen kleinen Knubbel. Ich war alleine beim Arzt, schließlich wollte ich nur kurz die harmlosen Ergebnisse bestätigt haben." Lisa sitzt in diesem Moment wieder im Wartezimmer, allein. „Und dann erinnere ich mich", fährt sie langsam fort und atmet noch einmal tief „wie ich auf dem Nettoparkplatz stand, das Schild ironisch hell erleuchtet vor mir. Ich hab dann irgendwie wie automatisiert Mamas Nummer gewählt und nur wirre Worte hervorgebracht. Versuch mal, deiner Mutter, die ihren Mann vor zehn Jahren an Krebs verloren hat, schonend beizubringen, dass ihre neunundzwanzigjährige Tochter einen bösartigen Tumor hat."

Ich weiß in diesem Moment gar nichts zu sagen, blicke still durch meinen Tränenschleier in das Flussbett. Lisa spricht weiter.

„Das war der schlimmste Moment. Ich wusste selbst ja einfach nicht, wie es ausgehen würde. Die Ärzte sagten nur, sie müssten auf jeden Fall ein zweites Mal operieren. Es hatte zum Glück nicht gestreut, aber man weiß ja nie. Das Leben kann dich von heute auf morgen aus der Bahn werfen und du hast es nicht in der Hand … Ich war damals in meinen Handlungen wie gelähmt. Mama hat mir einen Plan gemacht, an den ich mich dann strikt gehalten habe. Wann muss ich zu welcher Untersuchung und so weiter. Hat mit mir alle Arztbesuche vereinbart. Es ging alles ganz schnell. Ich wurde operiert und der Tumor so weit erst einmal komplett entfernt. Klar, kann immer zurückkommen, aber erst mal war es geschafft. Und heute ist die Operation eben genau ein Jahr her."

Ich verstehe solche Wendungen im Leben einfach nicht und Lisas Geschichte macht mich sprachlos. Zugleich ist es unbeschreiblich wertvoll, dass Lisa jetzt so dankbar neben mir sitzt und ich diesen besonderen Moment mit ihr teilen darf.

„Unfassbar", bringe ich in meiner Unbegreiflichkeit nur noch heraus.

„Und heute", sagt Lisa mit einer sich hebenden Stimme und legt ihren Kopf schräg zur Seite und tätschelt meine Hand. „Genau ein Jahr später sitze ich hier am Flussbett inmitten der Savanne Südafrikas, schaue jeden Tag sechs Stunden lang nach wilden Tieren und darf 24 Stunden im Busch damit verbringen, Neues zu lernen. Ich darf endlich unendlich viel über das lernen, was mich wirklich interessiert. Es könnte nicht besser laufen", stellt sie fest. Wir lächeln uns mit einer spürbaren inneren Katharsis an. Ich bin dankbar, dass Lisa das Zelt und ihre Geschichte mit mir teilt. Die Welle der Traurigkeit trocknet schnell in der warmen Savanne. Frieden hat ihren Platz eingenommen. Lisa und ich, wir sitzen einfach weiter da. Die Köpfe erhoben genießen wir noch eine Weile gemeinsam die Ruhe hier am Flussbett in einer Welt, deren Schönheit fast zu groß ist, um sie zu begreifen.

In der Zeit, in der sie selbst nicht zu handeln wusste, hatte Lisa die richtigen Menschen um sich. Als sie genesen war, hat sie sich zielstrebig darangemacht, ihren Traum zu verwirklichen, was ein steiniger und umständlicher Weg war, auf welchem sie sich immer wieder selbst überwinden musste, um das nächste Hindernis nehmen zu können. Aber sie hat es geschafft. Ich bin beeindruckt, wie sie eine schlechte Nachricht dazu genutzt hat, über ihre derzeitige Situation nachzudenken und Platz zu schaffen für die Dinge, die sie sich immer gewünscht hat. Sie musste den Gedankenhürden trotzen, die ihr einreden wollten, dass sie doch gerade jetzt auf keinen Fall gehen könne, dabei Freund und Mutter alleine lassen würde und womöglich ihren Job verlieren würde.

Und doch sitzt sie nun hier, umgeben vom warmen Wind der Dankbarkeit.

*Welchen Hürden musst du trotzen? Wie kannst du dir Platz schaffen für deine Träume? Warte nicht.*

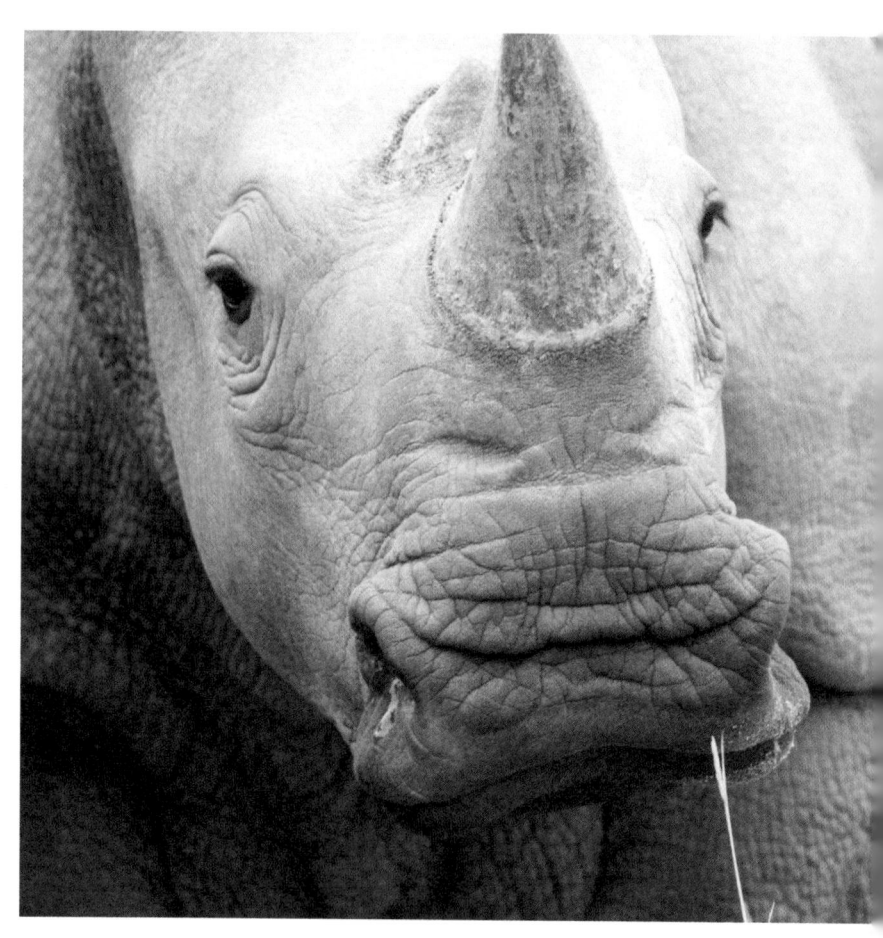

# Bühne frei für das Nashorn

Damit wir uns schon einmal an das Fahren im Land Rover gewöhnen, wechseln wir nun bereits untereinander mit dem Fahren durch. Wir tuckern links und rechts schauend über die Buschpiste und steigen regelmäßig mit Notizblock und Stift zur Hand aus, wenn wir einen Baum, Dung, Insekten oder Spuren näher betrachten.

Heute sind wir mit Sean unterwegs, der überpünktlich mit seinem Thermobecher am Landie auf uns wartet. Er setzt sich auf den

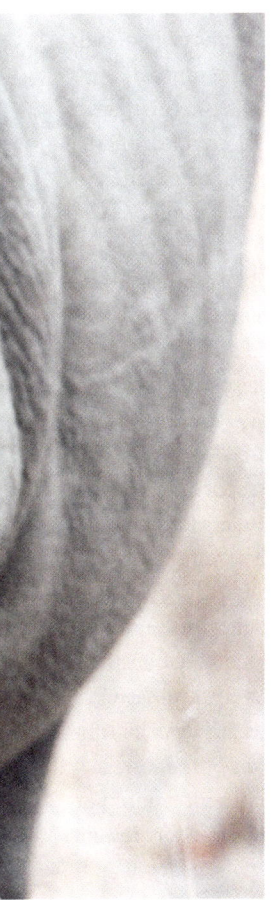

Trackersitz ganz vorn vor der Motorhaube. Er hasst es, neben Schülern zu sitzen, wenn diese gerade neu lernen, das große Safariauto zu fahren. Heute fährt Shira, also sitzt er bereits die Fahrt fürchtend mit angezogenen Beinen im Trackersitz. Sein Gewehr und sein Stock liegen hinter ihm. Sean sieht ein bisschen aus wie eine Buschversion von Tom Cruise in Top Gun. Wenn er uns Fragen stellt, dann wirbelt er lässig seinen Stock wie eine Pistole in der Hand rückwärts und vorwärts herum und guckt cool fordernd mit seinem Lederhut durch seine Pilotensonnenbrille in die Runde. Es stellt sich bald heraus, dass er die Gabe hat, Abenteuer und Gelegenheiten für einzigartige Begegnungen zu spüren, wo andere nur irren Wahnsinn oder Gefahr sehen. Er wird sich mit der Zeit zu unserem Abenteuerguide heraus-kristallisieren, der ständig für Adrenalin und Spaß sorgt.

Sean wird auf der Motorhaube unsanft hin und her geworfen und sieht dabei trotzdem aus, als gewänne er souverän eine Rodeo-Show. Sein Blick ist beständig auf die Buschpiste gerichtet. „Frische Nashornspuren, Leute!", sagt er plötz-lich. Das bedeutet in Seans Welt ein definitives Kommando zum Stoppen. Es ist, als wenn sich von jetzt auf gleich ein Schalter bei ihm umlegt. Das Licht der anderen Welt ist ausgeknipst. Es existiert nichts als die Spuren des Nashorns. Während er von der Haube hüpft, verengt sich sein Blick, und er konzentriert sich auf die vor ihm liegenden Einkerbungen. Die Spuren eines Nashorns sind in der Tat etwas Spektakuläres. Größer als die Hand eines Mannes mit ausgespreizten Fingern und unverkennbar mit einem großen, breiten Zeh an der Front und je einem links und rechts. Hinten rundet ein w-förmiger Bogen die Verbindung zwischen den Zehen perfekt ab.

Mit erhobener Hand deutet er uns an, jetzt noch auf dem Wagen zu bleiben, während er den Spuren ein paar Meter folgt und dann wieder verharrt, den Stock mal links-, mal rechtsherum in der Hand dreht. Er wendet sich zu uns. Wir warten wie Jagdhunde aufrecht sitzend auf seinen Befehl. „Ich bin mir ziemlich sicher, dass wir diesen Typen finden. Wollt ihr ihn mit mir erlaufen?", fragt er uns und wir nicken aufgeregt. Er weiß zwar, dass wir noch nicht gelernt haben, wie man zu Fuß durch den Busch läuft, aber der Reiz dieser Situation ist für beide Seiten zu groß. Schon stehen wir bereit für ein Abenteuer um ihn herum, während er uns ein Blitzbriefing über das Laufen im Busch gibt.

„Haltet euch einfach an folgende Regeln: Bleibt in einer Linie, habt immer eine Armlänge Abstand zum Vordermann." Wir nicken gehorsam, während sein Blick uns prüft. „Es wird nicht geredet. Wenn es ein Problem geben sollte, schickt es mit einem „Psst" oder einem kurzen Pfiff nach vorn, verstanden?" „Verstanden", antworten wir unserem Captain wie aus einem Mund. „Bleibt dicht zusammen", fährt er fort, „sonst kann ich euch nicht beschützen. Es wird niemals gerannt, nur Abendessen rennt im Busch. Es wird auch nicht gestampft, ihr lauft also so leise, wie ihr könnt. Folgt meinen Anweisungen. Wenn ich in die Hocke gehe, geht ihr unmittelbar ebenso runter. Versucht der Spur auf dem Boden zu folgen, aber hebt den Blick immer wieder, prüft eure Umgebung, sonst kann es gefährlich werden, alles klar?", fragt er und wartet unsere Antwort nicht ab, sondern erwartet, dass wir seine Worte verinnerlichen. Er geht ein paar Schritte vom Auto weg, lädt sein Gewehr, schnallt sich den Patronengürtel um und geht voran. „Okay, dann los", winkt er uns zu sich, „hoffen wir, dass dieser Typ sich langsam fortbewegt hat", sagt er und meint damit das Nashorn.

Nashörner können unfassbar schnell sein, sie erreichen eine Geschwindigkeit von bis zu 50 km/h. Aufregung pulsiert uns durch die Adern, ein widersprüchliches Gemisch aus Angst, Neugier und Adrenalin nährt unsere Körper, während wir gehorsam eine Reihe

bilden und querfeldein durch den Busch hinter unserem Guide los-stapfen. Da dreht Sean sich auch bereits das erste Mal zu uns um und schaut mit tief gelegten Augenbrauen, die eine Zornesfalte in der Mitte bilden, auf unsere lärmenden Füße. Wir haben verstanden. Bisher sind wir noch gar keinem einzigen Nashorn begegnet und jetzt nähern wir uns einem zu Fuß an, wenn wir es denn finden sollten. Die Aufregung hat die Kontrolle über unsere Körper über-nommen und das Laufen auf der mit trockenen Mopaneblättern bedeckten Buschpiste müssen wir erst einmal üben. Neuer Versuch, weiter geht's.

Es ist ein Breitmaulnashorn, wie Sean aus der Spur liest, die im Vergleich zu der Spur des Spitzmaulnashorns etwas größer ist. Die Spitzmaulnashörner, die wir glücklicherweise auch in Selati haben, sind etwas ganz Besonderes, traurigerweise gibt es aufgrund der Wilderei nur noch um die 5000 ihrer Art.

Spitzmaulnashörner und Breitmaulnashörner unterscheiden sich sowohl äußerlich als auch in ihrem Verhalten. Spitzmaulnashörner sind kleiner und meist schwieriger zu finden. Sie tragen einen Monat weniger (15 Monate) und sind in ihrem Verhalten oft aggressiver.

Zum Zwecke der Kommunikation treten Nashörner in einem ritualisierten Verhalten ihren Dung nach hinten weg. Diese Art der Kommunikation ist für Nashörner von großer Relevanz, denn sie entnehmen eine Vielzahl an Informationen aus dieser Eigenart. Das Ganze ist eine ausgeklügelte Art stiller Post. Für Sean gibt es nichts Eindeutigeres im Busch als die Spuren eines Nashorns. Wie ein gut trainierter Spürhund folgt er den Einkerbungen im Sand, auf wundersame Weise fast immer zum Ziel gelangend. Aus mehreren übereinanderliegenden Fährten wählt er die richtige. Er erklärt uns, wann das Nashorn den Busch hoch- und wieder runtergelaufen ist, und er weiß auch, wie alt die Spuren sind.

Er weiß, wann sich das Tier ausruht, kann vorhersagen, wo es hingehen wird. Es ist fast schon unheimlich. In all dieser Fokussierung ist seine Suche nach den Tieren von der Liebe und Sorge zu ihnen geprägt. Ich fühle mich an Psalm 139 erinnert: Wenn ich sitze oder wenn ich aufstehe, du weißt es ... Du kennst all meine Gedanken ... Du bist vor mir und hinter mir und legst deine schützende Hand auf mich ...

So wie Gott nach Adam im Paradies gesucht hat, sucht er auch heute unsere Aufmerksamkeit, wünscht sich unsere Gegenwart. Er gibt die Suche nach uns nie auf. Wir hingegen haben schon so manche Spur falsch interpretiert.

Heute aber folgen wir unserem Experten. Nicht selten dreht er sich zu uns um, denn wir stellen uns an wie ein Elefant im Porzellanladen. Wir treten mit Touristenfüßen steif erkundend laut auf, knacken ständig mit Ästen und rascheln mit den Mopaneblättern, als wollten wir ein Busch-Konzert veranstalten. „Leute", sagt Sean etwas verzweifelt ausatmend, während er sich zu uns umdreht und anhält. Er bohrt seinen Stock in den Boden, lässt seinen Kopf für einen Augenblick hängen, als überlege er, wie schonend er uns die Botschaft unseres Versagens überbringen soll. „So wird das nichts. Ihr seid mit Abstand sicherlich die lauteste Gruppe, die seit Anbeginn der Zeit im Busch gelaufen ist. Schaut ab und zu auf den Boden, vermeidet Äste und Blätter. Rollt eure dicken Füße leiser ab, sonst finden wir dieses Nashorn nie. Sie haben viel zu gute Ohren für eure tollpatschigen Schritte. Versuchen wir es noch einmal", leitet er an und winkt uns hinter sich her. Sean orientiert sich neben den Spuren immer wieder am Geräusch der Rotschnabelmadenhacker, die sich gerne an den Nashörnern festkrallen und ihnen die Zecken aus der Haut picken. Sie haben die Angewohnheit, bei Gefahr Alarm zu schlagen, weil sie aus der Luft eine bessere Übersicht haben. Damit ist ihr Ruf oft ein klares Indiz.

Die meisten von uns geben sich wirklich große Mühe mit dem Laufen, aber so richtig erfolgreich sind wir noch nicht. Der eine spaziert in dicken Stiefeln wie ein amerikanischer Tourist durch den Zoo. Ein anderer ist einfach zu schwer, um ungeübt wirklich leise zu gehen, und der Rest von uns schwebt auch nicht wie Sean lautlos mit seiner reifendicken Hornhaut barfuß über Dornen.

Plötzlich dreht Sean sich um und gibt uns ein Zeichen, in die Hocke zu gehen. Dieses Mal reagieren wir schnell und verharren mucksmäuschenstill am Boden. Er schleicht sich leise vor, bis er einen Termitenbau mit mehreren Hügeln erreicht, um sich dahinter zu verstecken. Wir sitzen bewegungslos in der Hocke und warten auf sein Kommando.

Dann winkt er uns in Zweiergruppen zu sich herüber, schickt uns in die Sicherheit der Termitenmauer. Katie und ich schleichen in der Hocke als Erste zusammen rüber. Als wir die Köpfe auf seine Erlaubnis vorsichtig heben, erspähen wir in nur ein paar Metern Entfernung vor uns zwei wunderschöne Nashörner. Wir gucken uns an, um uns zu vergewissern, dass das hier gerade wirklich passiert.

Wir kommen uns vor, als wären wir Höhlenmenschen auf unserer ersten Expedition ins Tierreich, so urzeitlich fühlt sich die Entdeckung dieser sonderbar geformten Kreaturen mit ihren kurzen Beinen, der dicken Haut und dem überdimensionalen Körper an. Hier sind wir nun, gefesselt durch die Faszination des Augenblicks, vollgepumpt mit Adrenalin und ein bisschen verkrampft an einen Termitenhügel geklammert mitten in der Savanne Südafrikas. Machen unverhofft einen Marsch durch den Busch und begegnen zwei nur noch sehr seltenen Geschöpfen unseres Planeten. Es ist eine Mutter mit ihrem Kalb. „Der Wind ist optimal, Leute", sagt Sean halb flüsternd, halb gestikulierend. „Noch haben sie uns nicht gerochen oder gehört, also kommt langsam alle hier herüber und verteilt euch hinter dem Termitenhügel. Seid aufmerksam. Wenn ich ein Rückzugskommando gebe, zieht ihr euch, ohne zu zögern, zurück, verstanden?"

Nach und nach hängen wir nun alle wie ungeschickte Echsen schräg am Termitenhügel und geben uns die größte Mühe, nicht aufzufallen. Tadi klebt neben mir und drückt meine Hand. Wir wagen es kaum zu atmen, denn die Nashörner stehen unglaublicherweise direkt vor uns, nur eine Mauer durch Termitenspeichel geformter Erde trennt sie von uns. Vorhang auf, das ist eine Zweimannshow und sie hat unsere ungeteilte Aufmerksamkeit. Mutter und Kalb grasen scheinbar ungestört. Zwei Tonnen schwer ist ein ausgewachsenes Nashorn. Das drückt auf die Nerven – ein Feuerwerk elektrischer Impulse explodiert in meinem Innern, leitet jeden Sekundeneindruck mit höchster Intensität an die Pumpe, die um ein Vielfaches schneller schlägt. Ich habe Angst, dass das Tier meine Atmung und meinen Herzschlag genauso laut hört wie ich gerade.

Mama Nashorn hört für einen Moment auf zu grasen. Sie stellt ihre omnidirektionalen Ohren auf, als habe sie etwas vernommen. Ruckartig dreht sie sich jetzt zum Termitenhügel um, hinter welchem wir wie erstarrt warten. Sie hat unsere Gegenwart irgendwie wahrgenommen. Instinktiv weicht sie ein paar Meter zurück. Wir verlassen uns auf unseren Guide. Sean setzt seine Faust an seinen Mund und atmet ein paarmal schwer prustend hindurch, gefolgt von lauten Schmatzgeräuschen. Etwas Ungewöhnliches passiert. Skeptik und Fluchtinstinkt wandeln sich in Neugier und Anziehung und das Nashorn kommt tatsächlich ein paar Schritte auf den Termitenhügel zu.

Das Blut in unseren Beinen ist längst abgeklemmt. Mit weit aufgerissenen Augen wartend, wagen wir es nicht, zu atmen oder zu flüstern, funkeln uns nur aufgeregt an.

Was jetzt passiert, ist tausendmal besser als ein Thriller im Kino mit zwei Eimern Popcorn.

Zweiter Akt: Ein drittes Nashorn nähert sich dem Geschehen. Es ist ein Bulle. Der Bulle hinterlässt einen dicken Haufen. Die kürzlich gelernten theoretischen Fakten über die Kommunikation zwischen Nashörnern via Dung wird vor unseren Augen Realität. Paradebeispiel. Das ist meine Lady in meinem Revier, lässt der Bulle die Welt wissen. Er tritt den Dung mit seinen kurzen, kräftigen Beinen nach hinten. Es ist ein aufregendes Schauspiel. Unsere gesamte Gruppe, zusammengepfercht hinter dem Termitenhügel, ist ekstatisch. Sean flüstert uns jetzt leise zu: „Das ist supercool, Leute. Was wir hier beobachten, ist Brunftverhalten." Sean scheint sicher zu sein, dass es gestattet ist, im Theater leise zu flüstern, denn die Schauspieler sind viel zu sehr auf ihre Szene konzentriert. „Die Umwerbung kann bei Nashörnern ganze zwei Wochen dauern, der eigentliche Paarungsakt dauert dann etwa eine halbe Stunde. Manchmal bleibt der Bulle danach noch zwei Tage. Die Kuh hat bereits ein Kalb und es bleibt ein paar Jahre bei ihr, insbesondere wenn es ein weibliches Kalb ist, dann lernt es gleich, wie das nächste Kalb aufwächst."

Steigende Handlung: Wir sehen gespannt zu, während der Bulle versucht, die Aufmerksamkeit seiner Auserwählten zu erhalten. Etwas unbeholfen tänzelt er um sie herum. Höhepunkt: Soll das eine Pirouette sein? Aufgeregt schaut die Kuh zu, doch die Pirouette misslingt. Retardierendes Moment: Leicht gelangweilt und wenig beeindruckt schaut die Nashornkuh zur Seite, legt den Kopf zur Kritik etwas schräg. Fallende Handlung: Applaus gibt es weder vom

Kalb noch von der Kuh noch von uns. Kuh und Kalb wenden dem Bullen den Hintern zu. Denouement: Die Kuh schaut nicht länger zu, macht sich zum Gehen auf. Doch sie zögert. Wir schauen fragend umher. Das Kalb versteht und geht voran. Der Bulle folgt und gibt scheinbar noch nicht auf. Also keine Katastrophe. Als die Bühne geräumt ist und der Vorhang fällt, klatscht unser Herz dem Adrenalin zu. Höchstleistung. Wir wagen es, unsere abgeklemmten Beine zu bewegen, und atmen tief durch. Sean grinst uns zum ersten Mal in voller Breite an und gönnt uns den Rausch. Bevor wir uns auf den Rückweg zum Landie machen, erklärt er uns noch an Ort und Stelle, dass das Kalb bei Breitmaulnashörnern immer vorausgeht. In den offenen Arealen, in denen sich die grasenden Tiere aufhalten, kann das Kalb ohne Gefahr vorauslaufen. Beim Spitzmaulnashorn geht dagegen stets die Mutter voran, denn sie sind Laubfresser. So macht die Kuh den Weg durch die Bäume für das Kalb frei.

Wir gehen wie beschwipst vor Glück zurück zum Land Rover und können uns endlich über diese faszinierende Begegnung austauschen. Dieses Mal lässt Sean uns auch schnacken beim Gehen. Ihm gelingt es, uns seine tiefe Leidenschaft für Nashörner weiterzugeben.

Traurigerweise sind diese außergewöhnlichen Tiere noch immer ernsthaft bedroht. Ihr Horn ist auf dem asiatischen Markt mehr wert als Gold. Nashörner haben mit ihrem Körperbau kaum natürliche Feinde – außer den Menschen. Viele Reservate machen aus Angst vor Wilderern gar keine Werbung mehr für ihre Nashörner. Auch hier in Selati treffen wir immer wieder die Anti-Wilderer-Einheit, die mutig Tag und Nacht mit ihren scharfen Gewehren ein genaues Auge auf unsere nach dieser Begegnung heute schon heiß geliebten Bewohner haben.

# Das Geräusch von knackenden Ästen

Ein neuer Morgen im Busch, wir sind keine fünf Minuten unterwegs, als Vaughn plötzlich ein Knacken von Ästen wahrnimmt und seine Hand zum Hinhören auffordernd ans Ohr hält. Er macht den Motor aus. „Elefanten rechts in den Mopanebäumen", flüstert Vaughn Sean vom Beifahrersitz zu. „Sieht aus, als zögen sie recht schnell vorbei, aber lasst uns versuchen, ihnen zu Fuß zu begegnen", schlägt er vor und Sean stimmt zu. Ihre Worte kribbeln uns im Magen, Katie und ich blitzen uns aufgeregt an. Es wäre das allererste Mal, dass wir Elefanten in Selati sähen. Wir parken den Landie im Gebüsch abseits der Sandpiste und klettern hinaus, während Vaughn und Sean ihre Gewehre in ein paar Metern Entfernung laden. „Sicherheit geht vor", winkt uns Vaughn nun zusammen und er nimmt sich einen Moment, um uns in aller Ruhe noch einmal mit den Regeln eines Fußmarsches im Busch vertraut zu machen. So viel Zeit muss sein.

„Bereit?", fragen beide uns gleichzeitig und schauen uns erwartungsvoll an. Wir haben uns ganz brav hintereinander aufgestellt und stehen dort, Blick nach unten auf die Füße gerichtet, als geböten wir ihnen, sich heute gefälligst leise fortzubewegen. Das Knacken der Äste lässt sich noch immer in unmittelbarer Nähe wahrnehmen. Die Ellies können also noch nicht allzu weit sein. Vaughn und Sean nehmen ihre Gewehre in die eine Hand und winken uns mit der anderen hinter sich her, während sie leise im Sichtschutz zwischen den vielen Mopanebäumen voranschreiten. Zwischendurch halten sie vom Spurenlesen inne, scannen die Gegend, blicken zu uns zurück und horchen mit aufgestellten Ohren. Immer wieder bedeuten sie uns mit Gesten, auf das vielsagende Brechen der Äste um uns herum zu hören. Deine Sinne können dir im Busch das Leben retten. Wenn du nicht achtsam bist, kannst du ungewollt ganz schnell in eine lebensgefährliche Situation geraten.

Ästeknacken ist im Busch ein ebenso klarer Indikator für die Präsenz von Elefanten wie das Zirpen der Rotschnabelmadenhacker für Büffel, Giraffen, Nashörner oder anderes Wild. Wir horchen in den Wind. Große Äste brechen herab, fallen mit dem Geräusch brechender Knochen auf den Boden. Da ist es wieder. Die Ellies sind also noch in erreichbarer Distanz. „Weiter geht es, Leute. Aber marschiert leise!", erinnern sie uns mit Zeigefinger an den Lippen.

Mit den Blättern ausweichenden, schleichenden Schritten schreiten wir voran, versuchen mit den Guides mitzuhalten. Vaughn dreht sich um und schaut die anscheinend viel zu langsam laufende Schülergruppe etwas ungeduldig an. Längst ist er in die Hocke gegangen, wartet seit mindestens fünf Sekunden auf unsere Reaktion, es ihm gleichzutun. Selbst fünf Sekunden Unachtsamkeit können dein Leben kosten. Eine weitere Lektion, die wir lieber heute als morgen lernen. Tunnelkonzentration mit ausschließlich ortsbezogenem Wahrnehmungsbereich. Deine Augen schauen wachsam inspizierend gleichsam nach rechts, links und nach vorn, während du die Spuren vor dir auf dem Boden liest, ohne dass dein Kopf permanent nach unten hängt und du Gefahr läufst, einer Gefahr in die Arme zu laufen. Ebendas passiert uns gerade. Wären wir aufmerksam gewesen, hätten wir wahrgenommen, dass das Knacken hörbar näher gekommen ist. Wir haben uns zügig an die Elefanten angenähert.

Ein ausgewachsener Elefantenbulle wiegt circa sechs Tonnen und er kann in nur einer Sekunde bis zu elf Meter weit kommen. Elefanten sind zwar sanfte graue Riesen, aber dennoch kennen wir diese Elefanten hier in Selati nicht. Wissen wir, was sie durchgemacht haben, ob sie schlechte Erfahrungen mit Menschen in der Vergangenheit gemacht haben und auf uns in aggressiver Weise reagieren könnten? Nicht im Geringsten. Ihr Verhalten ist an jedem Ort anders und wird bestimmt durch ihre momentane Gruppenkonstellation, ihren derzeitigen Ernährungszustand, der Präsenz von Jungtieren und ihrer Vorerfahrung mit Menschen. Elefanten erinnern sich über einen langen Zeitraum an Vorfälle. Man vermutet sogar, dass sie Warnungen auch an die nächste Generation weitergeben können. Sie verfügen über eine hohe Intelligenz und können vermutlich sogar Sprachen unterscheiden. Sie scheinen spüren zu können, welcher Natur eine Annäherung ist, nehmen die Aura eines Menschen wahr. Häufig lassen sie es geduldig zu, dass man sie beobachtet.

Innerhalb der Herde sind Elefanten sanftmütig, liebevoll und fürsorglich. In der Tat beschäftigen sie sich den ganzen Tag nur miteinander. Sie streifen gemeinsam durch die Savanne auf Nahrungssuche und wissen dabei über weite Entfernungen, wo sich die anderen befindet. Sie kommunizieren über sogenannte Rumbletöne auf für uns kaum hörbaren Tieffrequenzen und empfangen seismische Signale über ihre Füße. So nehmen sie Nachrichten voneinander über Schwingungen am Erdboden wahr. Mit diesem „Ohr" am Boden können sie sich auch gegenseitig vor Feinden warnen.

Fühlen sie sich von anderen Lebewesen eingeengt oder verwehrt man ihnen mit einer Annäherung einen unmittelbaren Fluchtweg, können sie mit einer aggressiven Offensive reagieren. Jahrelange Konflikte mit Menschen haben sie gelehrt, dass ein Aufeinandertreffen mit uns lebensgefährlich sein kann. Es erfordert also viel Einfühlungsvermögen und langjährige Erfahrung, um erfolgreich in die Gegenwart eines Elefanten zu gelangen und dort verweilen zu dürfen.

Ihr markantestes Merkmal wurde ihnen zum tödlichen Verhängnis. Was ihnen eigentlich als Werkzeug, zur Nahrungsaufnahme und zur Verteidigung dient, macht sie zu unserem Objekt der Begierde: ihre riesigen Stoßzähne. Alle 15 Minuten fällt ein afrikanischer

Elefant der Wilderei zum Opfer. Der Kilopreis für Elfenbein auf dem asiatischen Markt liegt bei über 2000 USD. An diesen Geschöpfen erfährt man hautnah die Tragweite unserer Gier. Gab es im 19. Jahrhundert noch Millionen (man stelle sich diesen Reichtum einmal in der Savanne vor), haben wir ihre Population heute durch Jagd und Wilderei zu 97% dezimiert. Man schätzt, dass es noch circa 400.000 Elefanten in Afrika gibt. Ihre Existenz ist lange nicht gesichert, wer weiß, ob die nächste Generation Elefanten noch erleben wird, denn eine Elefantenkuh trägt ganze 22 Monate, ganz zu schweigen von dem folgenden Vierjahresintervall, in dem eine Kuh nicht kalben wird. Das Töten eines Individuums hat verheerende Folgen für die gesamte Herde. Es beraubt die Savanne der Weisheit der Ältesten. Elefantenherden werden matriarchisch geführt und damit von der weisesten und ältesten Kuh mit der größten Erfahrung angeleitet. Die Weitergabe der Information über Zusammenhalt, über den Standort von Wasserlöchern und über Futtervorkommnisse ist lebenswichtig. Die Bullen verlassen die Herde mit zwölf bis vierzehn Jahren, um sich dann anderen, oftmals älteren Bullen anzuschließen, die sie weiterhin unterweisen.

Und jetzt, unmittelbar vor uns im Gebüsch, können wir einige dieser Geschöpfe hören. Eine Begegnung mit Elefanten ist, wie wir heute merken werden, eine außergewöhnliche Erfahrung, die die Kraft hat, deine Perspektive auf die Welt zu verändern. Inmitten unserer ersten nahen Elefantenbegegnung schauen wir in Vaughns besorgtes und ein wenig verärgertes Gesicht. Ein bisschen so wie bei unserem ersten Nashorn. Der stete Tropfen höhlt den Stein.

„Wenn ich in die Hocke gehe, geht ihr auch sofort in die Hocke", wiederholt er flüsternd mit Nachdruck und nicht ohne leicht gereizten Unterton. Genau diese Anweisung hat er uns bereits zu Beginn der Tour gegeben. Nun aber stehen wir unbeholfen im Busch herum, gucken etwas dumm aus der Wäsche, während es der Erste doch begreift, aber die Informationskette keinesfalls lückenlos abläuft. Die Hälfte der Schlange steht noch immer aufrecht, die andere hockt inzwischen und ein paar vereinzelte Verlorengegangene trampeln noch gemächlich die Mopaneblätteranhäufungen auf dem Boden zusammen. Als wir schließlich alle unten sind, sehen wir nur noch große, graue Hinterteile, die sich eilig aus dem Staub machen. „Leute, das ist nicht ungefährlich. Es handelt sich um eine Bachelorherde. Die Bullen könnten in Musth sein. In dieser Phase weisen sie eine sehr hohe Testosteronkonzentration im Blut auf. Und das kann wiederum unüberlegte Aggressivität mit sich bringen", ruft Vaughn uns in Erinnerung. Die erste Musthphase eines Elefanten kommt in der Regel in seinen Zwanzigern und währt nur ein paar Tage. Mit den Jahren kommen die Bullen öfter in Musth und behalten diesen Zustand sogar für ein paar Monate. In dieser Zeit erscheinen sie stärker als andere Bullen in der Herde und auch um einiges aggressiver. Auch haben sie in der Regel in dieser Zeit das Paarungsrecht inne.

Die Hoden eines Elefanten sind innen liegend, ähnlich wie bei den Klippschliefern, und somit nicht sichtbar, aber nicht selten lässt ein Bulle seinen Penis heraushängen und über den Boden schleifen, sodass man meinen könnte, er habe ein fünftes Bein. Generell kann man Bullen am etwas runderen Schädel erkennen, die Kühe haben hingegen einen leicht kantigen Kopf.

Ist ein Bulle in Musth, sondert er ein Sekret aus den seitlichen Drüsen am Kopf ab, und Urin tropft unaufhörlich seine Beine hinunter, was die Hinterbeine deutlich dunkler färbt.

„Sie sind nun weggerannt, aber so laut und unvorsichtig, wie ihr in ihr Revier einmarschiert, hätten sie sich auch guten Grundes gestört fühlen können und uns eine Abmahnung geben können. Ihr müsst schneller reagieren", weisen uns Vaughn und Sean nun erneut an. „Wir halten für euch Ausschau, aber ihr haltet euch an uns, verstanden?"

Betretenes Schweigen begleitet von beschämender Einsicht drückt sich in unserem nun folgenden Gehorsam aus. „Bleibt dicht dran und achtet akribisch auf unsere Handzeichen", verdeutlicht Vaughn. Aber er hat Geduld mit uns. Er schaut jetzt ermutigend in die Runde, denn er hat das Ästeknacken erneut vernommen. Das hier ist seine Leidenschaft und er möchte sie mit uns teilen. Er fragt, ob wir uns in dieser Situation wohlfühlen, nimmt uns unbegründete Angst. Er will wissen, ob es in Ordnung ist, wenn er uns nun noch näher an die grauen Giganten heranführt. Vor Aufregung glühende Gesichter beschwören ihre Entspanntheit. Ja, wir haben großen Respekt, aber wir möchten wissen, wie es sich anfühlt, so nah in freier Wildbahn an diese besonderen Tiere heranzukommen, einen Moment mit ihnen zu teilen, einen Augenblick aus ihrem Leben mit anzusehen.

Wir folgen Vaughn und Sean weiter, unsere Augen nun stets wachsam in Erwartung möglicher Handzeichen. Und dieses Mal reagieren wir tatsächlich schneller, als wir schließlich in Sichtweite der riesigen Bullen kommen. Vaughns Hand geht hoch, er geht runter. Wir tun es ihm sofort gleich und er schaut uns zufrieden an, als er einen Blick zurückwirft. Da sitzen wir nun zwischen Mopane-bäumen und eine Herde Elefantenbullen nähert sich. Den Wind haben Sean und Vaughn vorher getestet, er ist günstig für uns.

Unglaublich, wie gut sich diese große graue Masse zwischen den etlichen dünnen Mopanebäumen und dem Sand tarnt. Immer wieder taucht plötzlich einer der Riesen aus dem Geäst auf. Sie lassen uns gewähren, dulden unsere Gegenwart. Wir bleiben ruhig, so gut wir es eben können. Das ist eine Standardsituation für einen erfahrenen Guide, für uns die erste dieser Art und ziemlich aufregend.

Ich weiß nicht, wie unsere Ausbilder es schaffen, so lange in der Hocke zu verharren, ohne auch nur ein Bein dabei zu rühren oder das Gewicht zu verlagern. Ich hoffe, dass es Training ist. Ich näm-lich spüre nichts mehr. Mein Gefühl lässt vermuten, dass mein Bein

sich aus meinem Kreislauf verabschiedet hat. Den leicht gequälten Gesichtern von Tadi, Katie und Lisa nach zu urteilen, geht es ihnen gerade ähnlich. Oder wir haben vor Respekt die Hosen voll. Die Bul-len sind nun nämlich nur noch circa zwanzig Meter von uns ent-fernt. Keine zwei Sekunden. Sie haben uns bemerkt. Einige nähern

sich uns, den Rüssel schnüffelnd erhoben, argwöhnisch an. Ich höre mich schneller atmen und versuche, ganz ruhig zu bleiben. Vaughn sitzt einige Meter vor uns, er ist am dichtesten dran. Er schaut nach hinten, blickt uns rückversichernd mit einem ermutigenden Blick an. Habt Vertrauen, steht in seinen Augen geschrieben.

Die Elefanten haben uns gesehen, sie blicken neugierig in unsere Richtung. Den Rüssel um die Äste schlingend bewegen sie sich fort und werden gleich, sofern sie die Richtung beibehalten, ganz nah an uns vorbeiziehen. Als sich ein jüngerer mutiger Elefantenbulle ihm etwas misstrauisch nähert, bewegt Vaughn seine Hand an die Vorderseite seines Rangerhutes und verschiebt ihn ein wenig. Der Bulle nimmt die Bewegung wahr, hält inne, zögert. Schließlich macht er noch einen großen, neugierigen Schritt auf Vaughn zu. Der wiederum nimmt nun seinen Hut ab, legt ihn ruhig in seine Hände, wiegt ihn behutsam ein wenig hin und her. Der Bulle betrachtet ihn, hebt einen Fuß an, scheint nachzudenken. Vaughn schaut ihn nicht an, sieht aus, als würde er sich gerade ganz entspannt in der Gegend umschauen. Sein Blick schweift gelassen über die Savanne, sein Kopf bewegt sich dabei langsam. Für einen Moment haben wir das Gefühl, als müssten wir ihn auf den grauen Giganten vor ihm hinweisen. Er benimmt sich in der Tat so, als stünden keine sechstausend Kilo Macht vor ihm. Mit einer unerschütterlichen Ruhe legt er seinen Hut vor sich auf den Boden. Der Bulle schaut noch einmal neugierig auf das Objekt vor sich, hebt seinen Kopf empor und mustert Vaughn erneut, bevor er friedlich an ihm vorbeizieht.

„Der Schlüssel zu einer guten Elefantenbegegnung ist Vertrauen", erklärt uns Vaughn, als die Herde etwas weiter weg ist und wir uns mit noch immer laut schlagenden Herzen und rasendem Adrenalinpegel zwischen den Mopanebäumen zum Kreis versammeln. „Es gibt keinen Grund, Angst vor Elefanten zu haben." Er hat gut reden. Wenn diese gewaltigen Geschöpfe sich dir nähern, einen Baum nach dem anderen mit einer sagenhaften Leichtigkeit umschubsen und innerhalb weniger Sekunden direkt vor dir stehen, dann sei mal entspannt und hab Vertrauen. Ich weiß bei diesen ersten so nahen Elefantenbegegnungen nicht mal mehr, wo oder wer ich bin. Ich sehe nur Grau und befinde mich in einer mir geheimnisvoll metaphysisch vorkommenden Beobachtungsblase. Es ist ein transzendentaler Moment.

Aber genau darum geht es, um Vertrauen. Welcher Stimme hören wir zu, wenn wir vertrauen müssen? Lenken wir unseren Blick auf das Objekt der Angst oder verlassen wir uns auf die Stimme, die uns anleitet, einfach immer ganz in ihrer Nähe zu bleiben?

Der Art und Weise, auf die Vaughn diesen mächtigen Wesen begegnet, wohnt eine Faszination inne, die mit Worten nur schwer zu erklären ist. Es klingt seltsam, aber er scheint ein übernatürliches Gespür zu haben, das ihm hilft, sie nicht nur zu lokalisieren, sondern auch zu verstehen und mit ihnen zu kommunizieren. Wir haben uns bei dieser ersten atemberaubenden Begegnung mit den Bullen trotz großem Respekt und sicherlich auch Angst auf unserer Seite immer sicher gefühlt. Obwohl uns dieser sechs Tonnen schwere Koloss in null Komma nichts dem Erdboden gleichmachen könnte, liegt ein übernatürlicher Friede in der Luft. Vaughn lässt uns gleich bei unserer ersten Begegnung die Besonderheit eines solchen Momentes spüren und der Bann dieses Aufeinandertreffens kribbelt noch den Rest des Tages in unserem Körper.

Danach gibt es wieder Tage, an denen wir so gut wie keine Tiere hier sehen, Tage, an denen der Busch einem geisterhaft einsam vorkommt. Und doch gibt es sie, die Zeichen, dass die Tiere trotzdem da sind. An diesen Tagen könnten die Guides einfach blind mit uns durch das Reservat irren, uns enttäuscht wieder im Camp abladen und sich für den langweiligen Drive entschuldigen. Aber sie haben gelernt, die Zeichen zu lesen und sie als wertvolle Indikatoren zu interpretieren. Sie lehren uns, dass man sich auch daran erfreuen kann. Sie könnten weghören und weiterfahren, aber sie sperren ihre Ohren weit auf und hören genau hin. Das Geräusch von Ästeknacken ist klar vernehmbar. Nicht immer ist es möglich, die Elefanten dann auch zu finden, aber zumindest kann man darauf vertrauen, dass man sie bald wiederfinden wird. Jede abgeknabberte Baumrinde, jeder Dunghaufen, jeder umgestupste Baum, jeder Abdruck im Sand und jede Fußspur im Schlamm ist ein eindeutiger Indikator. Wie viel ärmer wären wir, wenn wir all diese Zeichen nicht zu deuten lernten, wenn sie uns nicht zu glauben lehrten? Sie sind ein Versprechen von einer verändernden Kraft. Sie sind eine Erinnerung an die Gegenwart, eine feststehende Hoffnung auf eine baldige Begegnung.

*Fahre nicht blind durch das Reservat deines Lebens. Lerne, die Zeichen zu lesen, und erkenne ihren Wert. Sie können alles verändern.*

# Ab auf die Pirsch!

Unsere Tage sind voll, aber auch immer erfüllt. Die aufregende Informationswelle des Busches spült uns durch Fahrten, Vorlesungen, Referate und Hausaufgaben. Im heißen Sand des Flussbetts tobe ich mich zwischendurch beim Volleyball so richtig aus, während andere Mittagsschlaf halten. Ich sehe Lisa vor mir, wie sie lachend die Augen im Zelt verdreht, als sie mal wieder meine Stimme aus Frust über einen unnötig verlorenen Ball durch das gesamte Camp schallen hört. Ich kugele mich verärgert im Sand herum und feuere meine Mannschaft und mich selber an, nächstes Mal besser aufzupassen. Unsere Gruppendynamik verändert sich positiv. Und dennoch werden wir langsam ein wenig nervös. Jetzt geht es vom passiven Zuhören, Gechillt-auf-dem-Wagen-Hocken und Durch-die-Gegend-Schauen zum aktiven Vermitteln. Mir war gar nicht bewusst, dass wir bereits nach ein bisschen mehr als zwei Wochen hier selbst Guides spielen müssen. All unser neu erlerntes Wissen muss aktiv abrufbar sein, wenn wir den dreistündigen Drive gestalten. Dabei sollen die Mitschüler, die unsere Gäste spielen, sich auf unserem Auto stets gut versorgt und unterhalten fühlen.

Beim Abendessen macht unser Guide Steve die Ankündigung, die uns alle nervös macht. Er hält einen Zettel hoch. „O.k., hier ist eine Liste, Leute. Bitte tragt ein, wann ihr die Gruppe als Guide durch den Busch fahren werdet. Am Tag zuvor zieht ihr euch bitte präsentabel an und macht eine höfliche Ansage an eure Gäste mit allen wichtigen Informationen zur Fahrt. Weist sie darauf hin, was passieren wird, was sie brauchen, dürfen, müssen und wie lange wir weg sein werden. Solltet ihr etwas vergessen, werden euch Punkte abgezogen, so wird es auch bei eurer Prüfung sein. Also, wer führt als Erstes eine Pirschfahrt durch?", fragt Steve direkt und guckt erwartungsvoll in die Runde.

Betretenes Schweigen, wir suchen Krümel am Boden. Keiner möchte den ersten Drive machen. Gott sei Dank haben wir unseren netten, geschwätzigen Amerikaner im Kurs, wie er im Buche steht. Er traut sich. „Einen brauchen wir noch für das andere Auto", fordert Steve. „Gut, dann suchen wir ihn einfach aus. Zach, du bist dann morgen dran", legt er fest und Zach haut verärgert auf den Tisch. Der Rest von uns schaut erleichtert vom Boden auf. Zach graut es sichtlich vor dem ersten Drive. Wir befinden uns alle in einer erleichterten Gott-sei-Dank-nicht-ich-Stimmung, die ich nur allzu gut von meinen Schülern kenne, wenn es ums Hausaufgabenvorlesen geht. Haben wir nicht gerade alle genau die gleiche Vermeidungstaktik wie meine achte Klasse angewandt? Erwischt! Und jetzt wische ich mir selbst die Schweißperlen von der Nase. Sehr gut, so habe ich noch etwas Zeit. Ich weiß, dass ich trotzdem nicht lange warten möchte, denn ich möchte mich der Herausforderung schnell stellen. „Liste liegt im Klassenraum", wendet sich Steve noch einmal an uns alle, als er die beiden Ersten eingetragen hat. Ich trage mich für den übernächsten Tag ein, Lisa auch für das andere Auto.

Lisa ist mindestens genauso nervös wie ich, aber sie ist ein plietscher Kopf. Sie sieht Dinge voraus, versucht Risiken zu kalkulieren und zu minimieren. Was ihr bevorsteht, sieht sie als große Gespenster vor sich. Es ist nicht im Geringsten so, als hätte sie diese Angst nötig, aber sie braucht sie als Motivation. Am meisten geht ihr die Muffe wegen der Sprachbarriere. „Es gibt so vieles, was ich erzählen möchte, aber ich weiß nicht, ob ich das auf Englisch ausdrücken kann", vertraut sie mir jetzt beim Essen besorgt an. „Wir haben es ja auch alles auf Englisch beigebracht bekommen", versuche ich sie zu beruhigen. „Das kommt dann bestimmt auch so wieder raus."

„Aber das sind ja alles passive Vokabeln in meinem Kopf. Ich krieg die Krise, heute Abend ist nichts mit lange essen und gemütlich am Feuer wärmen", ordnet sie sich selbst an. „Da gibt es 'ne schöne lange Lernsession im Zelt. Jetzt ist der Spaß vorbei. Für dich auch", stapft sie zielstrebig mit Büchern beladen auf unser Zelt zu und schleppt mich am Ärmel hinterher, als hätte ich etwas verbrochen. „Du kriegst erst wieder einen Drink, wenn du mir das Kapitel über Säugetiere hier drin runterbeten kannst, Steff", droht sie mir und drückt mir dabei auffordernd den *Beat about the Bush*-Band in die Hand. Die nächsten Tage kriege ich aus Nervosität nicht viel runter, sitze den Abend und den nächsten nicht am Feuer, sondern lerne nach dem Abendbrot im flackernden Licht des Klassenraums. Wenn die Solarlampen aufgegeben haben, lerne ich unter dem Licht meiner Kopflampe im Zelt weiter. Lisa erheitert mich täglich mit ihrer ironisch überspitzten Realität. Abends am Feuerplatz in großer Runde ist sie immer noch eher ruhig. Sie fühlt sich mit ihrem Englisch noch nicht wohl genug, um sich ebenso schlagfertig und locker auszudrücken wie in unseren Zweiergesprächen. Es frustriert sie jedes

Mal, wenn sie ein Wort nicht finden kann, das sie eigentlich schon oft gehört hat. „Ich bin irgendwie noch nicht ich selbst hier", ärgert sie sich, wenn wir abends nebeneinander im Zelt liegen. „Ich sitze immer nur still rum und trage gar nichts zu den Gesprächen bei, das bin nicht ich."

„Wir brauchen alle noch ein bisschen Zeit, glaube ich. Ich habe das Gefühl, jeder muss erst einmal seinen Platz in der Gruppe finden. Ich fühle mich auch noch nicht wirklich angekommen", gestehe ich ein.

In der Ferne lernt man bekanntermaßen auch die Vorzüge der Heimat schätzen. Meine Homebase ist ein Geschenk. Ich lerne die Nähe meiner Familie, Freunde und Kollegen, die Vertrautheit und ihre bedingungslose Annahme hier noch mehr schätzen.

Und ich bin heilfroh, dass es Team Germany gibt, meine Lisa ist ein wahrer Schatz. Wie Zwillinge in unseren Schlafsäcken zufrieden gepuckt und mit der Gewissheit, dass wir einander hier haben, schlafen wir zum Ruf des Löwen in der Ferne selig ein.

„Cognac und Bier, Cognac und Bier!", erklingt rhythmisch der schrille Weckruf des Schopffrankolin jeden Morgen, wie eine heisere Marktfrau, die ihre Ware in einer großen Menschenmenge anpreist. Nur dass das hier kein Markt ist, sondern Viertel vor fünf im Busch, und die Sonne ist noch nicht aufgegangen. Es ist kalt und noch dunkel, als ich aus dem Zelt Richtung Bad stolpere. Ich muss aufpassen, dass ich mit meinem großen Zeh nicht in dem Skorpionenloch direkt davor hängen bleibe. Beim Vorbeilaufen sehe ich den Knirps mit den gefährlichen Knipsern morgens oft schnell wieder hineinhuschen. Um diese Zeit lungern noch diverse Tiere in unserem Camp herum. Ich leuchte zu allen Seiten um mich, als ich den sandigen Pfad zum Bambusbadezimmer hinaufgehe. Augen reflektieren in dem Taschenlampenlicht, starren mich an. Sie scheinen mir zum Glück aber weit genug weg, ins Bad sollte ich es schaffen. Ich bin hellwach, denn heute habe ich meinen ersten Drive als Guide mit Vaughn als Lehrer. Gestern Abend habe ich das Briefing für die Gäste beim Abendessen durchgeführt. Ein paar Dinge habe ich vergessen, aber die wichtigsten hoffentlich erwähnt. Es ist komisch, denn man macht die Ansage vor der Gruppe, mit der man die letzten

Wochen zusammen erlebt hat, aber man ist trotzdem so aufgeregt, als seien es Fremde.

Rasch überfliege ich meine Notizen noch einmal, für einen Vor-frühstücks-Snack mit Rusks bin ich ohnehin zu nervös. Ich schaue in den langsam heller werdenden Himmel, der heute Morgen fast wolkenlos erscheint und die Sonne ungehindert aufsteigen lässt. Ein gutes Zeichen, da sollten ein paar Tiere zum Aufwärmen aus ihren Verstecken kriechen.

Um Punkt 6 sitzen meine „Gäste" im Wagen und ich fahre zum ersten Mal fast zitternd vor Aufregung den Land Rover aus der Garage. Puh, ich bin schon mal nicht rückwärts gegen die Bäume gefahren. Gleich darauf führe ich das zweite Briefing über die Regeln während der Fahrt durch und zähle die meisten Punkte schnell auf: nicht aufstehen, nicht rauchen, Hände und Beine im Wagen behalten, keinen Müll hinauswerfen, im Notfall das Radio auf Kanal 2 einschalten und um Hilfe rufen, Ausschau halten und bitte nicht zu laut sein. Endlich geht es los. Während ich über den holprigen Weg schleiche, hört sich das blubbernde Motorengeräusch in mei-nem Kopf viel lauter an als vorher, und jeder Meter, den ich fahre, kommt mir dreimal so lange vor wie sonst. Wie ein Radar dreht sich mein Kopf abwechselnd nach rechts und links, die Umgebung scan-nend, und ich sende ein Stoßgebet zum Himmel, dass wir zumindest ein paar Tiere heute sehen werden. Gar nichts zu sehen ist der Hor-ror Vacui eines jeden Guides: eine leere Buschpiste bei einem Wagen voller großer Erwartungen von den Big Five.

Aber wie immer sind die Impala-Antilopen um die Ecke aus dem Camp zuverlässige Besucher. So halte ich gleich an und erzähle von den verschiedenen Braunschattierungen ihres Fells, welche ihr Profil brechen, sodass sie im Busch für ihre Feinde schwieriger zu identi-fizieren sind. Viele Tiere haben diese disruptive Musterung im Fell, die zur Tarnung beiträgt. Bei Zebras dient sie ebenso zur Ablenkung ihrer Jäger wie zur Kühlung ihres Körpers: Die schwarzen Fellsteifen sind reicher an Kapillaren, was zur Kühlung beiträgt. Der Wasser-bock hat mit seiner kreisrunden Klobrillenmarkierung auf dem Hintern die lustigste Zeichnung im Busch. Man erzählt, dass er als Erster auf Noahs Arche ging und sich auf die noch nicht getrock-nete Farbe auf der Klobrille setzte, was ihn für immer markierte. Aber auch Löwen haben weiße Markierungsflecken hinter den Ohren, ebenso wie Giraffen. Viele Antilopen besitzen eine weiße

Markierung am Hinterteil. Diese Signale verwirren aber nicht nur den Jäger. Bei einer Verfolgung kann das Schwänzchen zwar einerseits gehoben und abgeklappt werden, sodass das weiße Signal ganz schnell zur Ablenkung verschwindet, andererseits sind die Markierungen ebenso Folgesignale, die den Jungtieren helfen, ihren Eltern im Falle einer Flucht besser hinterherzulaufen.

Bei uns in den heimischen Wäldern können wir Ähnliches an den Schwänzen der Rehe beobachten: Mit ihrem sogenannten „Spiegel" warnen sie ihre Artgenossen aus demselben Sprung. Außerdem kann man an der Form des Spiegels auch zwischen Ricke und Bock unterscheiden. Dass ich dafür erst nach Afrika reisen muss, sagt mir, dass ich vielleicht zu Hause etwas ausgelassen habe.

Über Impala-Antilopen lässt sich viel erzählen, sie sind meiner Meinung nach unterschätzt und werden von Touristen wegen ihres häufigen Vorkommens oft schnell als langweilig empfunden, dabei hat es einen Grund, dass sie so erfolgreich überleben, denn sie beeindrucken seit jeher mit einer überragenden Anpassungsfähigkeit. Ihre unteren Schneidezähne haben sich im Laufe ihrer Anpassung so entwickelt, dass sie sich etwas lockern und spreizen lassen, damit Impala-Antilopen damit einander hervorragend Zecken aus dem Fell kämmen können. Das macht sie einzigartig. Wenn sie in Gefahr sind, grunzen sie laut, um die Herde zu alarmieren, und im Nu fangen alle an, ein kollektives Chaos zu verbreiten, um den Jäger zu verwirren. Kaum zu glauben, aber sie sind fantastische Athleten – sie springen bis zu drei Meter hoch und bis zu zwölf Meter weit. Eine ihrer erfolgreichsten Taktiken zeigt sich in der Brunftzeit. Impalaböcke verteidigen ihr Gebiet in der Brunftzeit sehr stark. Sie locken innerhalb von drei Wochen unzählige Weibchen in ihr Gebiet und paaren sich unaufhörlich, bis ein anderer Bock ihnen doch den Rang streitig macht. Die Brunftzeit im Mai ist für die Böcke eine so intensive Angelegenheit, dass sie kaum noch essen oder trinken, geschweige denn Fellpflege betreiben können. Wenn ein zuvor starker Bock nach circa acht

Tagen erschöpft von einem anderen abgelöst wird, übernimmt der andere die Befruchtung der Weibchen im Östrus, also in ihrer furchtbaren Phase. So kommt es, dass zwischen November und Dezember unzählige Impalajunge aus dem starken Genpool den Markt fluten.

Da macht es nichts, wenn doch ein paar von ihnen den Wildkatzen zum Opfer fallen.

Heiter rede ich weiter von den Antilopen und gerate vor lauter Nervosität in einen Redeschwall. Worte platzen aus mir heraus wie Seifenblasen aus einem Blubberring.

Meine nächste Station ist ein fast zwei Meter hoher Termitenhügel. Hätte mir jemand vor zwei Monaten vorausgesagt, dass diese kleinen Krabbelviecher mir eines Tages imponieren könnten, hätte ich ihn ausgelacht. Und jetzt stehe ich hier und feiere die Termiten. Sie sind eine große ökologische Kraft im Busch, denn als Destruenten räumen sie hier mächtig auf, sie beseitigen übrig gebliebenes Material im Busch, fügen die Nährstoffe wieder dem Boden hinzu und lockern diesen auf. Dazu führen sie einen hoch organisierten Tierstaat mit einem Kastensystem, der alle in Geschlechtstiere, Arbeiter und Soldaten teilt. Keiner kann ohne den anderen überleben. Die Pilze züchtenden Termiten bilden riesige Hügel, in welchen sie in verschiedenen Kammern unterschiedliche Aufgaben erfüllen. An der Oberfläche sehen wir nur einen Bruchteil ihres Baus. König und Königin leben im Zentrum des Hügels in einem mit extradicken Wänden ausgestatteten königlichen Saal. Ich lasse meine Gäste aussteigen und den riesigen Hügel befühlen. „Aber Vorsicht", betone ich. „Nicht einfach in die offenen Löcher packen. Da kommt zwar angenehm warme Luft heraus, aber genau das finden Schlangen auch besonders kuschelig", warne ich sie mit einer etwas unsicheren Stimme. In meiner Rolle als Guide fühle ich mich alles andere als sicher, aber ich hoffe, das kommt mit der Zeit. Jetzt soll ich hier etwas über den Busch erzählen und weiß doch selbst erst so wenig darüber. Ich muss also ein bisschen schauspielern. Kenne ich aus der Referendariatszeit. Überzeugen mit sicherem Auftreten bei Ahnungslosigkeit. Ich konzentriere mich auf die Fakten, die ich mir angelesen habe. Wo war ich? Termiten. Weiter geht's.

Ich lade meine Gäste wieder auf den Wagen. Wir kommen zu einem stattlichen Exemplar einer meiner Lieblingsbäume, dem Marulabaum, aus dessen Früchten auch der beliebte alkoholische Amarula produziert wird. Der Riese ragt mit seiner gräulichen, flickenhaften Rinde locker vier Meter in den Himmel, kann aber theoretisch bis zu 18 Meter hoch werden. Dieser Baum ist diözisch, also getrenntgeschlechtlich. Nur die weiblichen Bäume tragen Früchte, die sehr reich an Vitamin C sind. Der Kern der Früchte wiederum trägt Samen, die sich nur mit Mühe extrahieren lassen, aber sehr schmackhaft sind. Neulich haben wir die Früchte komplett erhalten im getrockneten Elefanten-

dung gefunden und die Samen pro-biert. Da ich hier aber weder Früchte noch Elefantendung sehe, beziehe ich die Sinne meiner Gäste auf eine andere Art und Weise ein und lasse sie am Baum schnuppern. Vielleicht möchte ja auch nicht jeder Früchte-samen aus Elefantendung probie-ren. Für mich riecht die Rinde des Marulabaumes würzig-aromatisch. Ein Elefant scheint meiner Meinung nach hier gewesen zu sein, denn der Marula weist klare Knabberspuren auf. Elefanten machen sich häufig über die Rinde eines Baumes her, um zum Kambiumring, also grob gesagt zu der Stelle zu gelangen, an der die Nährstoffe vom Boden nach oben zu den Blättern transportiert werden.

„Marulabäume werden auch als Bäume der Ehe gesehen und wurden traditionell zur Schlichtung von Streitereien gebraucht", erkläre ich und hoffe, dass ich das richtig in Erinnerung behalten habe. „Man hat ein zerstrittenes Ehepaar so lange an einen Baum gebunden, bis sie zu einer Lösung gekommen sind", fahre ich fort und meine Gäste lachen höflich. Ich liebe diesen Giganten, er ist ein-fach so voller Charakter und wunderschön. Für die Einheimischen symbolisiert er Fruchtbarkeit und Sanftmut. Wenn eine Frau das Geschlecht ihres Kindes bestimmen will, macht sie einen Tee vom Pulver der weiblichen oder männlichen Baumrinde und hofft auf das entsprechende Ergebnis.

Jetzt lasse ich alle wieder auf den Wagen hüpfen und schmeiße den Motor an. Nach kurzer Zeit entdecken wir Giraffen vor uns. Auch auf diese ist in Selati in der Regel bei gutem Wetter Verlass. Sie gehören im Busch zu meinen Lieblingen. Giraffen erinnern mich seit meiner frühen Kindheit an meine Mama. Irgendwann habe ich mir einmal ein Kuscheltier gewünscht, und Mama hat mir eine Giraffe mitgebracht. Ich habe sie nach ihr benannt und seitdem schauen wir uns immer wissend an und lächeln, wenn wir Giraffen im Fernsehen oder im Zoo gesehen haben. Giraffen haben wie meine Mama ein riesengroßes Herz (o.k., das Herz meiner Mama wiegt hoffentlich keine 12 Kilo) und einen wunderschönen Charakter. Sie sind so anmutig, geduldig und ruhig und sie kümmern sich rührend um ihren Nachwuchs, was nicht über alle Säugetiere im Busch gesagt werden kann. Man hat ihnen nachgesagt, sie seien stumm, aber sie kommunizieren über Infraschall. Wir fahren zum Wasserdamm, um eine Pause einzulegen, wo ich meine Gäste mit Kaffee und Keksen versorge.

Vaughn ist heute mein Prüfer und schon in der Pause gibt er mir mit der Gruppe Feedback. Er grinst immerhin. Das kann nicht das Schlimmste bedeuten. Ich weiß, dass ich manchmal wirr rede, wenn ich nervös bin, und heute habe ich viel auf eine entschuldigende

Art und Weise gesagt, was meiner Unsicherheit zu schulden ist. „Was denkst du?", fragt er mich herausfordernd. Ich räume meine Bedenken ein und dann unterbricht er mich „Nicht schlecht für einen ersten Drive", gesteht er mir ein und grinst mich an, was mich erleichtert. Aber dann kommen auch noch viele Punkte, in denen er mich korrigiert. Seine Kritik ist konstruktiv. Ich habe ein bisschen viel über Bäume erzählt. Gäste möchten natürlich Tiere sehen. Meine größte Angst aber war, keine zu finden und am Ende nichts zu erzählen zu haben. Und weil ich mich unsicher gefühlt habe, habe ich die Fakten des Öfteren fragend übermittelt oder einfach zu viel und zu schnell geredet. Er lobt mich für meinen Umgang mit den Gästen, aber da bin ich streng, das kann ich mir nicht anrechnen, denn das sollte ich als Lehrer ohnehin draufhaben. Klar, das ist nicht mein Fachbereich und deshalb war ich auch nervös, aber ich stehe sonst täglich vor Gruppen und leite sie auch in englischer Sprache an. Das muss laufen und daher muss der andere Part besser vorbereitet sein. Ich muss unbedingt an der Tiefe meines Wissens arbeiten und mir noch mehr aneignen. Auch mit den Gästen könnte ich in der Pause noch mehr Konversation machen, schließlich geben wir vor, dass es unsere Lodge-Gäste seien, die viel Geld bezahlt haben, um hier zu sein.

Auf dem Weg zurück ins Camp habe ich großes Glück, denn nicht weit weg von der sandigen Autopiste steht grasend ein Breitmaulnashorn. Katie sieht es und tippt mir auf die Schulter. Ich stelle den Motor ab und versuche, noch etwas näher heranzurollen. Mist, jetzt ist es ein paar Schritte von uns weggelaufen, aber immerhin ist es noch zu sehen. Während ich mich auf die Autotür setze, lasse ich meine Gäste zunächst beobachten. In meinem Kopf fragen sich piepsende, panische Stimmen, was ich über diese Geschöpfe jetzt erzählen möchte. Mein Herz spricht ziemlich deutlich. Seitdem ich in Südafrika angekommen bin und erst recht seit wir die Vorlesung über Arterhaltung neulich hatten, treiben mich die Gedanken an Wilderei der Nashörner und Elefanten um. „Circa 20.000 Breitmaulnashörner gibt es heutzutage noch", gebe ich leise von mir, während meine Gäste das Nashorn weiter fixieren. „Wilderei ist traurigerweise zur Epidemie geworden und der Handel mit dem illegalen Horn zu einem globalen Problem", denke ich laut und mir blutet das Herz, als die Bilder verblutender Nashörner parallel in meinem Kopf aufsteigen.

„Leider ist der Irrglaube, das Horn dieser Geschöpfe könne von Krankheiten heilen, in Asien weit verbreitet", erzähle ich weiter und setze mich auf die Autotür, damit ich nicht so laut sprechen muss und meine Gäste ansehen kann. Ich führe ein paar weitere Fakten aus, die wir gerade in unserer Vorlesung besprochen haben. „Seitdem ein hochrangiger vietnamesischer Politiker vor ein paar Jahren behauptete, durch das Horn von Krebs geheilt worden zu sein, ist die Wilderei rasant angestiegen. Zwischen 2008 und 2016 sind über 7000 Nashörner gewildert worden, 87% davon alleine in Südafrika. Dabei ist das Horn aus der gleichen Substanz wie unsere Haare und Fingernägel, wird aber auf dem Schwarzmarkt teurer als Gold vertickt. Bis zu 60.000 Dollar bringt ein Kilo Horn auf dem Markt in Asien, um die 250.000 Dollar ein ganzes Horn."

Das Problem, das ich hier mal eben so anspreche, ist in Wahrheit sehr komplex. Am Anfang der Wilderei stehen eine Menge hungriger Mägen und die Sorge vieler Familien um morgen, nicht zuletzt weil die Europäer gestern einen ganzen Kontinent ausgebeutet haben und die Folgen dessen auch übermorgen ein Problem sein werden. Das Dilemma beginnt und endet mit unserem Wertesystem. Die Wilderer, die die Drecksarbeit machen, stehen in der Nahrungskette ganz unten. Für eine Nacht, in der sie ihr Leben riskieren und ein Nashorn grausam verbluten lassen, erhalten sie mit Glück ein paar Tausend US-Dollar – für die meisten ein zu verlockendes Angebot, von dem sie ihre Familie ein ganzes Jahr ernähren können. Am Ende der Kette wird sich ins Fäustchen gelacht. Da fliegen die Scheine nur so. Der Handel mit Horn oder Elfenbein ist ebenso korrupt und brutal wie der Drogenhandel.

Auch unser Reservat ist trotz Anti-Wilderer-Einheit und Abhornung nicht davor gefeit. In welch einer traurigen Welt leben wir, frage ich mich, in der das Überleben eines robusten Tieres von der 24/7-Überwachung eines Wildhüters abhängt?

Vielleicht sollte ich gerade besser ein paar erfreuliche Fakten über Nashörner präsentieren, denn meine Empörung über diese Gräueltaten lassen meine Worte ungefiltert und rau erscheinen, aber dieses Thema macht mich einfach fertig.

Als ich den Landie wieder im Camp parke, atme ich auf. Mir steht viel Arbeit bevor. Erst in vier, fünf Tagen bin ich wieder mit Guiden dran und bis dahin habe ich zwischen den Vorlesungen und Drives vielleicht ein wenig Zeit, mir mehr Wissen anzulesen.

In dieser Nacht halten mich meine Gedanken um die Wilderei vom Einschlafen ab. Mein Afrika, wie ich es gerade erlebe, gibt eine Ahnung vom Paradies, einen Einblick dahinein, wie es gewesen sein muss, bevor der Mensch falsch verstanden hat, was es bedeutet, sich die Erde „untertan" zu machen. Die so häufig zur Rechtfertigung unserer suizidalen Ausbeutung der Erde zitierten Worte aus der Bibel („Macht euch die Erde untertan", Genesis 1,28) beinhalten vielleicht einen der am meisten missverstandenen Aufträge der Menschheit.

Warum verstehen wir „herrschen" als eine Legitimation zur Ausbeutung, wenn wir gleichzeitig wissen, dass ein König, der sein Volk ausbeutet, nicht lange Bestand haben wird? Und wie können wir als Christen behaupten, Gott herrsche über uns, wenn wir Herrschaft als eine Repression, eine einseitige Verwertung und Ausschlachtung, auffassen? Wie sollen wir überhaupt die Schönheit Gottes erkennen, wenn sie nicht mehr in der Schöpfung reflektiert werden kann? Uns wurde eine große Verantwortung gegeben, deren Ausmaß und Auftrag wir noch immer nicht ganz begriffen haben.

# Der Hyänenmann

Hyänenmann, so wurde unser Guide Steve schon von zahlreichen Menschen bezeichnet. Steve mag ein Neuling bei Ecotraining sein, aber im Busch macht dem alten Hasen keiner so schnell etwas vor. In einem anderen Reservat hat er sich vor Jahren für die Einführung einer neuen Hyänenpopulation eingesetzt und dafür gesorgt, dass sie sich reibungslos eingewöhnen konnten. Sein Wissen über diese Tiere ist immens. Wie immer möchte Steve auf dem heutigen Drive mit uns mal wieder eine neue Seite des Reservats entdecken. Er nimmt kaum zweimal dieselbe Abbiegung, es ist fast so, als wolle er sich verfahren, um seinen Orientierungssinn zu testen. Steve hat weder Angst vor Veränderung noch vor Gefahr. Er hat keine Angst vor der Angst. Sein Handeln ist erkundend, forsch, belebend, ja, er inspiriert uns, unsere Grenzen zu testen, angelernte Ängste zu reflektieren. Er hat in Erfahrung gebracht, dass bei einem großen alten Termitenhügel im Norden des Reservats ein Hyänenrudel seinen Bau haben soll.

Erwartungsvoll sitzen wir nun unter dem Carport auf dem Landie, er in Pole-Position mit seiner Cappy und seinem Pokerface, ein Markenzeichen seiner immer präsenten inhärenten Coolness. Sein Röntgenblick inspiziert ein paar Sekunden lang die Karte, dann deutet er mit seinem Arm in Richtung Norden und nickt nur. Wir brausen durch den Busch, vorbei an dichten, aber derzeit blattlosen Mopanebäumen, vorbei an den großen Jackalberrybäumen und den anmutig fest stehenden Marulabäumen. Wir durchqueren das Flussbett, genießen den Ausblick über das sandige rotbraune Meer der Savanne, die uns mal mehr, mal weniger durch ihre Sträucher, Bäume und Flächen den Horizont erblicken lässt.

Wenn Steve sich zum Sprechen bequemt, dann haben seine Worte mit Sicherheit einen hohen Informationsgehalt. Nach einer halben Stunde Fahrt lehnt er sich weit über die Tür hinaus, seine Augen fokussieren einen Termitenbau. Er hebt die Hand zum Stoppen. Wir bleiben sitzen, während er, Gewehr in der Hand, den Boden nach Indizien absucht. Wir hingegen beobachten ihn wie ein Schäferhund sein Herrchen. Er nickt abwesend wie zur Bestätigung seiner These, winkt uns herüber und deutet auf die unverkennbaren Hyänenspuren in der rötlichen Erde. „Eindeutig", bestätigt er uns in leisem Ton, „das Rudel hat sich einen alten Termitenhügel zur Heimat gemacht." Er schleicht mit uns um den Bau, in dem sie wohl gerade ruhen. „Hier seht ihr die Spuren der Welpen, der Tanten und Mütter. In circa einer Stunde wird die Dunkelheit langsam hereinbrechen. Dann werden wir wiederkommen, in der Hoffnung, dass sie dann schon für die Nacht aus ihrem Bau kriechen." Hyänen sind nachtaktiv und suchen in der Dunkelheit nach Nahrung.

Wir gehen zurück zum geparkten Landie und fahren ein Stück weiter. Nach nur ein paar Hundert Metern steigt uns plötzlich ein starker Kadavergeruch in die Nase. Bisher gab es keinen Kadavergeruch, dem Steve nicht nachgegangen wäre. Er dreht fast jeden Körper um, untersucht ihn auf die tödlichen Bissspuren und zieht dann Schlüsse über die letzten Minuten des vor uns verwesenden Körpers. Gespannt begutachtet er das Voranschreiten des Verwesungsprozesses, lässt uns einen ungewollt unvergesslichen Blick auf die Maden werfen, die ihr Werk am toten Leib vollbringen. Also parkt er ohne zu zögern den Landie an der Seite. Dem Geruch folgend, gehen wir zu Fuß weiter, bis der Gestank ins Unerträgliche steigt und wir vor uns eine gerade noch erkennbare tote Hyäne liegen sehen. Ihr Fell ist nicht mehr gepunktet, sondern schwarz und ledrig, knochige Hinterläufe werden von Fellfetzen umgeben, übel riechende Überreste hängen an der Wirbelsäule herunter. Der Schädel des toten Tieres ist nur durch die ungefähre Form am vorderen Ende erkennbar, eine Schnauze lässt sich beim besten Willen nicht mehr ausmachen. Kein Wunder, denn das einst flauschige Fell des Kopfes wurde vom Räuber in einem scheinbaren Anfall von Blutrunst und Gier abgezogen und dem Schädel verkehrt herum wieder übergestülpt. Saubere Arbeit, da hat sich jemand mit starken Pranken satt gefressen. Während wir mit sicherem Abstand einen Kreis um den Kadaver geformt haben, die T-Shirts über den Mund gezogen, um den Gestank wenigstens etwas weniger intensiv in unsere Nasen dringen zu lassen, steht Steve unmittelbar daneben.

„Ganz bestimmt ist sie einem Löwen zum Opfer gefallen", stellt Steve fest und beugt sich doch tatsächlich in Begleitung eines von uns aus Ekel ausgestoßenen „Baaaahhhh!" ganz nah zu ihr herunter. „Ich würde gerne wissen, wie alt sie war", fährt er fort und wir wissen schon, was als Nächstes passieren wird. „Hat jemand ein extrascharfes Messer dabei?", fragt er und im nächsten Moment hat Chris ihm schon seine perfekte MacGyver-Ausrüstung angeboten. Steve zieht ein paar Sanitätshandschuhe aus seiner Hosentasche und stülpt sie sich über wie ein Arzt vor der OP. Wir kommen ein wenig näher ran, die Neugierde siegt über den kaum auszuhaltenden Gestank. Selbst durch die über die Nase gezogenen T-Shirts dringt der pervers stechende Geruch des faulenden Hyänenkörpers zu uns durch. Chris macht sich eine Zigarette an und auch Steve ist schon am Rauchen, während er nun am Kopf der Hyäne rumschnippelt. Scheinbar versucht er, diesen wieder durch den von einst flauschigem Fell bedeckten ranzig stinkenden Lederlappen durchzustecken. Ich rücke ganz nah an Chris' Mund heran und er guckt mich etwas komisch an, denn ich atme gierig seinen Zigarettenrauch ein. Ich weiß, ich sehe unheimlich aus, aber ich atme lieber ausgestoßenen Zigarettengeruch als Verwesung ein. Wir lachen, aber bereuen gleich wieder, zu tief eingeatmet zu haben. Es ist zum Schreien. Wir wechseln zwischen Ekel und Amüsement, während wir den Meister beobachten.

Steve steckt sich die nächste Zigarette in den Mund, er ist nun über den Kadaver gebeugt. Auch er muss jetzt zwischendurch immer wieder ein paar Schritte zurückweichen, um seinen Würgereiz in den Griff zu bekommen. Er lacht dabei souverän über sich selbst und versucht, so wenig wie möglich zu atmen. Weiter geht's, dieser Schädel muss doch wiederherstellbar sein. Er schneidet hier ein bisschen an den ledernen Fetzen, sägt dort ein bisschen an den Knochen. Schließlich gelingt es ihm, die Haut umzustülpen – da ist der komplette Kopf und nun sind auch die scharfen Zähne zu sehen, an denen er das Alter feststellen möchte.

Zufrieden mit der gelungenen Operation packt Steve den Kopf in eine Plastiktüte und legt sie zu uns in den Land Rover. Wir schauen uns ein wenig angewidert an und streiten uns um die Plätze, auf denen der Gestank am ehesten auszuhalten ist. Steve sieht jedenfalls glücklich aus, wieder mal ein unerwartetes Abenteuer. Jetzt ist es auch schon Zeit, zur Höhle zurückzufahren und auf den baldigen

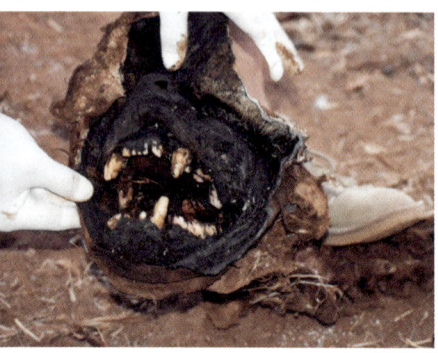

Einbruch der Dunkelheit zu warten. Safari bedeutet auch zu warten. Es ist das Suaheli-Wort für „Reise", und zu reisen bedeutet eben auch, das Warten zu lernen. Etwas, was mir im Alltag nicht besonders leichtfällt.

Wir parken in ungefähr dreißig Metern Entfernung vom Bau. „Chris, mach dich bereit, mit der Lampe die Gegend abzuleuchten, während wir fahren", weist Steve an. Wir sind bereits in Warteposition, während die Dunkelheit langsam über die Savanne hereinbricht, die ersten Sterne am Himmel aufblitzen und die Eule und die Pfeifnachtschwalbe ihre gleichmäßige Symphonie der Nacht beginnen. Steve setzt sich auf die Tür des Landies und wendet sich zu uns. Er beginnt, uns leise über das Leben der Hyäne zu erzählen. Unsere Blicke wechseln zwischen Steve, dem funkelnden Sternenhimmel und dem geheimnisvollen Mysterium Termitenhügel, von dem wir uns heute Nacht einige Aktivität versprechen. Steve lehrt uns, wie wichtig die Hyäne als Aasfresser für das ökologische Gleichgewicht eines Reservats ist. Nicht immer sind sie Aasfresser, zuweilen jagen sie selbst, aber in ihrer Rolle als Aasbeseitiger erfüllen sie eine unersetzbare Funktion in ihrer Umwelt. Zu Unrecht haben diese etwas ungewöhnlich aussehenden, aber faszinierenden Tiere einen so schlechten Ruf. Hyänen sind wahnsinnig intelligent. „Du fängst eine Hyäne niemals ein zweites Mal", berichtet er. „Sie merken sich genau, wo und auf welche Art und Weise ihnen der Fehler unterlaufen ist, in eine Falle zu geraten. Beim Schleppen ihrer Beute sind sie stärker als die meisten Raubtiere, denn ihr abfallender Rücken und ihre starken Vorderläufe erlauben ihnen, diese über einige Kilometer zu schleppen. Andere Raubtiere schaffen es mit ihrer Beute gerade noch ein paar Meter oder schnell den Baum hinauf. Chris, leuchte mal eben rüber!"

Ein paar Augen, aber sie verschwinden ebenso schnell, wie wir sie erblickt haben. Warten wir also weiter. „Wie ihr heute am Kadaver deutlich sehen konntet, haben sie verdammt scharfe Zähne", fährt Steve fort. „Ihr gesamter Kiefer ist außergewöhnlich stark, stärker als der vieler anderer Raubtiere. So gelingt es ihnen, Knochen komplett aufzubrechen, zu zermalmen und zu verdauen. Daher auch die weiße Farbe in ihrem Kot. Tiere wie die Schildkröte bedienen sich am Kot der Hyäne, um ihren Panzer zu stärken. Bei den Hyänen sind es übrigens die Frauen, die den Ton angeben. Sie leben in Rudeln mit einem dominanten Weibchen, eine ähnliche matriarchalische Struktur, wie wir sie von Elefanten kennen. Tut mir leid, Jungs, da verlieren wir", räumt Steve ein. „Was ist dran an dem Gerücht, dass auch weibliche Hyänen einen Penis haben?", fragt unser Amerikaner.

„Nun ja", antwortet Steve, „man könnte es fast glauben, denn für uns ist es schwierig, das Geschlecht einer Hyäne zu bestimmen, die noch nie getragen hat. Die Mädels sind so kraftvoll, dass sie sämtliche männliche Hyänen dominieren. Tatsächlich hat die Hyäne in ihrer Entwicklung einen Trick durchgemacht, durch den sie sich gegen die Männerwelt durchsetzen kann. Der weibliche Fötus erhält schon eine so hohe Konzentration an Testosteron, dass sich eine Art verlängerte Klitoris entwickelt, die den weiblichen Rudeln hilft, ihr Revier zu markieren und zu verteidigen. Diese kann fälschlicherweise oft als Penis wahrgenommen werden. Wie ihr euch vorstellen könnt, muss der Geruch eines aasfressenden Tieres außerdem besonders penetrant sein, damit Familienmitglieder erkannt und Reviere markiert werden können", erklärt Steve uns. Gespannt lauschen wir Steves Worten, während wir mit dem Kopf im Nacken die Sterne betrachten.

Dieser Geruch heute war mir ehrlich gesagt schon streng genug. An einer lebendigen Hyäne muss ich nicht aus nächster Nähe schnuppern.

Wir warten noch circa eine Stunde und leuchten immer wieder zum Bau hinüber. Nichts rührt sich. Kein Kontaktruf erschallt in der Nacht. Schade, den höre ich so gern. Wie genial ist es, dass Hyänen über ihre Variation von Rufen detaillierte Informationen kommunizieren, sich mitteilen, was gerade im Busch abgeht? Ist Gefahr in der Nähe, brauche ich Verstärkung, Rückzug oder Angriff?

In dieser Nacht sehen wir keine Hyänen, aber ich lerne eine andere wichtige Lektion. Mir wird bewusst, dass ich ungeduldiges Wesen hier im Busch ganz neu lerne, zu warten. Zu warten, ohne dabei Aufgaben zu erledigen, meine Liste abzuhaken. Zu warten und dabei einfach in die Gegend zu schauen.

Der täglich überwältigend einströmende Medienfluss lässt uns glauben, die Welt sei ein dicker Feuerwehrschlauch an Informationen, die ohne Weiteres geschluckt werden müssten. Wenn wir die Menge nicht verarbeiten können, stimmt wohl etwas mit uns nicht. Wir saugen die Informationen parallel checkend aus sämtlichen Medien auf und platzieren sie in unseren Köpfen, während wir Bahn fahren, telefonieren, in Wartesälen verweilen. Multitasking eben.

Ich sitze entspannt im Landie und frage mich, ob ich es wohl schaffe, zu Hause auf den Bus, auf einen Termin, eine Verabredung zu warten, ohne Instagram, Facebook oder meine Mails zu checken. Einfach an der Haltestelle zu stehen, in der Bahn zu sitzen und zu gucken, gar die Menschen anzuschauen? Wie traurig ist es, dass wir es oft als unhöflich wahrnehmen, wenn uns jemand anschaut? Vielleicht hat er ja auch etwas Schönes entdeckt. Können wir unsere

Umgebung noch wahrnehmen? Ich habe es, so scheint es mir, verlernt. Ich fühle mich zu Hause nackt ohne mein Smartphone. Aber jetzt sitze ich hier unter dem Sternenhimmel und das Einzige, was sich gerade deplatziert anfühlen würde, wäre, jetzt beim Warten auf mein Handy zu schauen. Diese Momente bedeuten Auszeit für meinen Kopf.

In unserer effizienzorientierten Gesellschaft kann man schnell von dem Gefühl heimgesucht werden, unproduktiv zu sein, wenn man einfach mal gar nichts tut. Irgendwie haben wir das Gefühl, Gott sei am Ende des Tages zufriedener mit uns, wenn wir die maximale Anzahl an Häkchen an unsere To-do-Liste setzen können. Wir haben verlernt, einfach nichts zu tun oder uns auf nur eine Sache zu konzentrieren. Hier sitze ich nun, schaue mich einfach um.

Abwechselnd in den Sternenhimmel und dann wieder zur Hyänenhöhle. Wenn mich jemand in der Schule zwischendurch anspricht, tippe ich dabei mindestens eine Mail, kreiere gerade eine neue Präsentation, während ich den Schulhof beaufsichtige, ein Schüler um eine Unterschrift für eine Entschuldigung bittet und ich seinem vorbeilaufenden Mitschüler kurz zurufe, ich welcher Turnhalle wir gleich sind. Effizienz. Doppelter Herzschlag. Dreifacher Stress. Für wie unersetzlich wir uns manchmal bei der Arbeit halten. Schneller mehr erledigen. Aber nur kurz nach mir wird ein anderer meinen Platz füllen und die Arbeit ebenso erledigen. Das Einzige, was unersetzlich bleibt, ist dein eines Leben hier auf der Erde, ein Geschenk des Schöpfers nur an dich. Hier im Busch scheint der Zeit noch ein Zauber innezuwohnen. Der Maßstab des Busches hat andere Regeln, die wir gestressten Städter erst nach dem Runterkommen wieder zu begreifen vermögen. Der Tag im Busch wird nicht in Stunden, Minuten, Sekunden gemessen. Hier wird nach Sonnenaufgang und -untergang gelebt, nach dem Ruf der Hyänen zu Beginn der Nacht und dem Gebrüll der Löwen bis zum Morgengrauen. Nach dem Frankolin bei Tagesanbruch und dem Schwarzkopf-Pirol zur Frühstückszeit. Hier misst Zeit sich in geheimnisvollen Geräuschen.

Ich habe es selbst nicht gewusst, wohl aber der, der mich besser kennt als ich mich selbst. Das ist genau die Welt, die ich jetzt gebraucht habe. Hier ist die Schönheit, sagt das Herz, und die Augen wissen gar nicht, wo sie zuerst hinschauen sollen. Hier ist das Eingangstor zur Ruhe inmitten der Natur. Ich glaube, dass wir uns mit der Wildnis verbinden müssen, um unsere Balance wiederzufinden, weil sie das Herz Gottes spiegelt. Diese Schönheit war mir abhandengekommen, dabei sollten wir ihr ebenso nachjagen wie dem Frieden. Sonst merken wir auf einmal, dass uns beides schleichend verloren gegangen ist.

Der Schlag meines Herzens an diesem Ort ist vielfach intensiviert und dennoch unendlich entschleunigt. Der Tag hat endlich genug Stunden. Es reicht aus, jeden Tag Neues über meine Umgebung zu lernen. Etwas, was ich zu Hause in den seltensten Fällen erreiche. Das Leben an diesem Ort fühlt sich natürlich erfüllt an. Eine willkommene Abwechslung zu einer Welt, in der unser Wohlbefinden oft davon abhängt, was wir heute alles erledigt haben. Das ist auch der Grund, warum wir das Konzept von Gnade schwer verstehen. Manche Dinge sind einfach unverdient. Ich begreife nicht, womit ich verdient habe, an diesem unfassbar schönen Ort für eine Weile leben zu dürfen, aber ich nehme es in großer Dankbarkeit an.

Es mag unbegreiflich klingen, aber Gott hat dich nicht vergessen. Du bist Gott wichtig, deine Träume sind Gott wichtig und du sollst Leben haben im Überfluss.

Heute Abend machen wir nur das. Wir leben. Und auch an anderen Tagen haben wir es schon so gemacht. Einfach warten und beobachten. Manchmal kann man dabei den Vögeln zuhören, manchmal den Sternen zuschauen, an anderen Tagen kann man wahrnehmen, wie der Wind die Büsche bewegt. Mehr nicht. Ich nehme diese Lektion für meine Rückkehr mit.

Mein Herz tanzt zum Funkeln der Sterne in dieser Nacht, während Steve uns ins Camp zurückführt.

# Sterne an und Augen zu –
# Das erste Sleepout

„Sleepout, Punkt 11 geht es los", steht in blauen Großbuchstaben an der Tafel des Klassenraumes, als ich gerade mit Tadjara vom Volleyballfeld unten im Flussbett für eine mittelkalte Cola hochstapfe. Wir werfen uns einen verwirrten Blick zu. Wer hat uns diese klammheimliche Harry-Potter-Nachricht überbracht?

Darunter eine lange Liste von Dingen, die wir mitnehmen sollen. Tadjara liest laut vor: „Teller, Becher, Klopapier, Kekse, Isomatte, Schlafsack, Proviant, Frühstückssachen und was wir sonst noch so brauchen", sagt Tadjara etwas fragend und wendet sich zu mir. In unseren Augen spiegelt sich beidseitige Überraschung einhergehend mit leichter Besorgnis. „Dann packen wir wohl gleich lieber", schlage ich vor und mache gerade kehrt, um auch Lisa die Nachricht zu überbringen. „Ach ja, und zehn Liter Wasser", schreibt Sean noch eben ergänzend an die Tafel. „Wie sollen wir das denn transportieren und wofür brauchen wir überhaupt so viel?", fragen wir ihn entsetzt. „Ist gar nicht so viel", antwortet er etwas gelangweilt. „Werdet ihr merken. Macht, was ihr wollt, ich nehme meine zehn Liter mit. Aber mein Wasser bekommt ihr nicht, wenn ihr Kaffee trinken wollt", warnt er uns schon im Voraus. Soll er sein Wasser gerne behalten, denn ohne Kaffee wollen wir Sean morgens ohnehin nicht begegnen.

„Wie kommen wir denn zum Sleepout?", fragt Tadjara. Inzwischen ist auch Lisa dazugekommen. Tadi hat Katie und Shira hergerufen, um sie zu informieren. Der Rest des Camps ist bei der Versammlung ebenfalls neugierig geworden. Jetzt stehen wir alle fragend vor Sean im Klassenraum.

„Wir suchen uns einfach einen offenen Platz, an dem wir uns alle niederlassen und gut Feuer machen können", antwortet er. „Das kann überall sein. Wir laufen aber erst einmal ein paar Kilometer dorthin." Und dann beginnt das, was ich nur zu gut aus der Schule kenne. Ein wirres Geschwätz verdichtet sich zu einem zeternden Schnatterklumpen, aus dem nur hin und wieder einzelne Wortfetzen zu vernehmen sind. Es ist anzunehmen, dass wir uns innerhalb weniger Minuten zu laufunfähigen Invaliden erklärt haben werden.

Der Rucksack ist zu schwer oder zu klein, der Wasserbehälter nicht ausreichend, der Schlafsack zu kalt und das Knie tut heute besonders weh. Für Sean ist das alles Pillepalle. Während seines

Militärdienstes hat er mindestens fünfmal so viel transportiert über die zehnfache Strecke und wir glauben langsam, dass er uns auf einen Sleepout im Armeestil führen möchte. Jake steht neben mir und grinst übers ganze Gesicht. Er hat sich schon heimlich ins Fäustchen gelacht. Mit seiner mehrmonatigen Wandererfahrung vom Appalachen-Trail weiß er ganz genau, wie wenig er für diese eine Nacht braucht. Und dann kommt Sean und trägt ihm auf, die Fleischladung für alle zu transportieren. „Klar, mach ich", sagt Jake mit hörbarer Enttäuschung und ahnt schon, dass sein Rucksack so am Ende der schwerste sein wird.

Jetzt schwärmt der Schnatterklumpen auseinander und man sieht Mädels hektisch in ihre Zelte rennen und kramen. Von außen beulen sich die Zelte aus, während drinnen panisch von einer in die andere Ecke gesprungen wird. Man kann die Klamotten förmlich fliegen hören. Ich selbst packe spartanisch und presse alles irgendwie in meinen Daypack. Das immerhin kann ich gar nicht so schlecht. Mit dem Rucksack bin ich schließlich eine Woche auf dem Rad durch die Toskana gereist und auch auf meinen Jakobswegen habe ich gelernt zu packen. Also muss das für einen Tag passen. Ich gehe zu Katie und Shiras Zelt, das von außen den Eindruck erweckt, eine Eichhörnchenfamilie feiere eine übertriebene Party. Flüche explodieren im Gewusel wie Feuerwerke. Nachdem mir auf meine wiederholte erfragte Erlaubnis einzutreten niemand geantwortet hat, öffne ich einfach den Reißverschluss und sehe, wie sie verzweifelt in ihrer Höhle mit Klamotten umherwerfen. „O.k., ich komme später wieder", sage ich in einer beschwichtigenden Singsang-Stimme, als ich mich wieder leise rückwärts entferne, und ich glaube, sie haben mich gar nicht wahrgenommen.

„Du bist schon fertig?", ruft Lisa mir ungläubig und panisch zu, als wir uns auf dem Weg zum Bad begegnen. „Ich krieg die Krise. Ich sag dir, Steff, ich weiß jetzt schon, Sleepout ist nicht meins. Hab jetzt schon Schlafmangel und heute Nacht wird das bestimmt nicht besser, wenn die ganzen Viecher in meinen Schlafsack kriechen werden. Und die Hälfte von uns schnarcht hundertprozentig. Ahhh, ich geh mal lieber schnell fertig packen."

Ich hingegen mache mich auf zum offenen Klassenzimmer, wo alle Sachen aufgetürmt sind, die noch von uns für alle mitgenommen werden müssen, und packe ein paar Dinge in meinen Rucksack. Nach und nach versammeln sich alle am Klassenzimmer und die verbleibenden Sachen werden in die letzten Ecken der Rucksäcke gezwängt.

Es ist ein sehr heißer Tag und wir gehen mitten in der Mittagshitze los. Ich sage lieber niemandem, dass ich mich heimlich auf den Hinweg freue und hoffe, dass es eine gute Wanderung wird. „Alle auf den Landie", lautet nun die Anweisung. „Es geht erst ein paar Kilometer weit raus, dann laufen wir von einem bestimmten Punkt weiter", verkündet Vaughn, und schon sitzen wir Rucksack-auf-dem-Schoß-umarmend brav da und warten auf das Abenteuer. Nach zehn Minuten schmeißt uns die Camp-Koordinatorin raus. „Viel Spaß und bis morgen. Verlauft euch nicht!"

Wir sind wie üblich mit zwei Autos unterwegs und das andere fährt noch etwas weiter. „Warum halten wir hier schon?", richtet unser Amerikaner die Frage an den auf den Boden schauenden Vaughn und an Mateo, der direkt neben ihm steht und ebenfalls anscheinend etwas entdeckt hat. „Elefanten", lautet die etwas abwesend klingende Antwort. Wie hätte es auch anders sein sollen. Er zeigt nach Südosten.

„Dahinten müssen sie, diesen frischen Spuren nach zu urteilen, irgendwo sein", sagt er, den Boden noch immer inspizierend. Also los dann. Die Sonne glüht auf unserer Haut und der Schweiß läuft uns an den Schläfen und über den Rücken bis zu den Fußknöcheln hinunter, während wir unsere Rucksäcke durch die Savanne schleppen. Vaughn geht uns mit seinem Gewehr voraus, Mateo läuft direkt hinter ihm, danach kommen wir. „Sie scheinen sich schnell fortzubewegen", beobachtet er. „Geht es allen noch gut?"

Wir nicken und saugen an unseren Camelbag-Schläuchen. Wenn das so weitergeht, hatte Sean recht mit den zehn Litern, und ich sehe uns schon innerlich vertrocknen und keuchend mit dem letzten Atemzug ins Camp zurückkriechen.

„Dann lasst uns den Elefanten noch ein wenig weiter folgen, wir schauen dann einfach später nach einem Schlafplatz und die andere Gruppe soll zu uns kommen. Bei solchen Aktionen verläuft Sean sich eher gerne mal. Ich denke, wir sind im Vorteil. Wir wissen, wo wir sind, und dann bestimmen wir, wo wir unser Lager gemeinsam aufschlagen." Er grinst Mateo hämisch zu und setzt weiter einen Fuß

leise vor den anderen und wir folgen ihm die nächste halbe Stunde durch den Busch. Dann stoppt Vaughn uns mit einem Handzeichen und da entdecken wir sie auch schon: eine große Herde mit vielen kleinen Elefantenkälbern nicht weit von uns. „O.k., Leute", dreht sich Vaughn flüsternd zu uns um. „Wir gehen noch etwas näher ran. Regeln wie immer – gehe ich in die Hocke, geht ihr auch in die Hocke, alles klar?" Rote Gesichter stimmen zu und rücken leise voran.

Der ganze Schweiß war es wert. Wir beobachten, wie die große Herde vor uns in etwa zwanzig bis dreißig Metern Entfernung vorbeizieht, friedlich trinkend und fressend. Wir dürfen zuschauen, wie sich Elefantenmamis und Kinder an diesem heißen Tag mit dem Wasser abkühlen. Rüssel tanken sich mit ganzen zehn Litern voll und werden elegant nach oben geworfen. Wasser läuft über die grauschrumpelige Haut, zerläuft zu einer kleinen Pfütze auf dem

riesigen Körper. Wir tauchen ein in ihre Welt, hören ihren Atem, das Geräusch der brechenden Äste, hören die Rumbling-Töne ihrer Rüssel, ein Geräusch, das ein bisschen nach einem sanft gespielten Didgeridoo klingt. Ohren schlackern auf und zu zur Ventilation. Ein riesiges Netz an herunterkühlenden Äderchen befindet sich in diesen afrikaförmigen, schönsten Ohren der Welt. Die Kühe nehmen nun mit ihren zwei geschickten Rüsselfingern Sand vom Boden auf und bewerfen sich gegenseitig damit wie Katholiken mit einem Weihrauchsegen. Sandkörner prasseln hörbar auf den Rücken, beschützen die Haut. Unser Adrenalinspiegel schießt in die Höhe. Was für ein schöner Moment, die circa zwanzig Kühe mit ihren Kälbern so dicht vorbeiziehen zu sehen. Ihre Rüssel schnüffeln in der heißen Savannenluft umher. Die Köpfe sind plötzlich alle in unsere Richtung gerichtet. Sie haben uns bemerkt.

Für uns nicht hörbar, aber optisch wahrnehmbar kommuniziert die Herde gerade ganz sicher, was als Nächstes zu tun ist. Füße halb aufgestellt und Rüssel auf den Boden gelegt sprechen sie sich ab. Ein paar ältere Kühe und ein neugieriger junger Bulle kommen etwas näher heran. Mehr als zehn Tonnen gemeinsamer Stärke starren uns mit einem Röntgenblick an, inspizieren unsere Seelen. Sie heben erneut ihre Rüssel, die wie Kobras zur Flöte tanzen. Dann heben sie den Vorderfuß an, ein bisschen so, wie Hunde es beim Schnüffeln in die Weite tun. Wir sitzen in der Hocke und schauen gespannt zu, keiner von uns traut sich, sich zu bewegen. Vaughn hält seinen Rangerhut in den Händen, dreht ihn langsam. Eine Familienherde zu beobachten ist fulminant spannend, aber man muss vorsichtig sein, denn die Kühe beschützen ihre Herde kompromisslos. Wie wir gelernt haben, ist das einzig Voraussehbare an der Natur, dass sie unvorhersehbar ist. Ein Kalb tut es seiner Mutter gleich und hebt ebenfalls seinen Vorderfuß. Die Kuh legt ihren Rüssel sanft auf ihr Kalb, das Kalb geht voraus, ab in den Busch. Die Kuh fixiert uns, ihre Ohren sind ausgeklappt. Ein paar Schritte nähern sie sich noch. Und dann scheinen sie zu beschließen, dass wir keine Gefahr darstellen. Sie ziehen langsam friedlich weiter.

Diese Tiere lehren mich so viel. In einer Welt, in der die Möglichkeit der Trennung bereits ein fester Bestandteil beim Eingehen einer Bindung ist, bilden diese Herdentiere einen starken Gegensatz mit ihrem Bund für immer. Hier gibt es kein „Vielleicht habe ich Interesse an einer Herdenwanderung", hier bist du ein fester Bestandteil der Familie ohne Umtauschbon. Ihre feste Bindung bringt mich zum Nachdenken. Wie kann es sein, dass wir heutzutage mit Beziehungen teilweise umgehen wie mit Verträgen in der Wirtschaft? Wir lösen sie, sobald wir finden, dass sie uns nicht mehr genug bringen.

Elefanten haben keine Angst vor Für-immer-gemeinsam. Sie wandern manchmal stundenlang gemeinsam, ohne dass sie eine Nahrungsquelle finden. Wir erwarten hingegen beim Eingehen von Beziehungen oft die sofortige Befriedigung unserer Bedürfnisse. Elefantenbeziehungen innerhalb einer Herde sind nicht auf temporären Genuss beschränkt. Sie stärken täglich ihre Bindungen. Wenn man weiß, dass man eine Bindung wieder lösen kann, muss man sich aber nicht allzu sehr bemühen, sie zu erhalten. Elefanten übernehmen volle Verantwortung füreinander, ihre Zuneigung berührt mich, ihre Verbindlichkeit beschämt mich beinahe.

Während wir in der gleißenden Sonne sitzen, atmen wir unsere Aufregung aus wie aus einem entknoteten Luftballon. Es ist, als holten wir erst jetzt wieder richtig Luft. Wir sitzen noch immer grinsend vor Glück in der Hocke, schauen uns gegenseitig ungläubig an, können diese bewegende Begegnung kaum verarbeiten. „Das Sleep-out hat sich jetzt schon gelohnt", sagt Chris glücklich grinsend zu Vaughn. Der sieht aus wie auf Wolke sieben und gibt jedem von uns ein High five. „Supercool, Elefanten zu Fuß", sagt er begeistert und wir klatschen freudig ein.

Energiegeladen ziehen wir jetzt weiter, bis wir schließlich an einen guten offenen Platz unter einem Felsen kommen. „Sieht perfekt aus für ein Sleepout", bemerkt Mateo und lässt seinen Blick über das relativ ebene Plateau schweifen, das von einem kleinen Felsen mit einem Steinfeigenbaum besetzt ist und unsere potenzielle Schlafebene seitlich schützt. „Geht schon mal Feuerholz holen und Steine für die Feuerstelle", weist er uns an. „Sean scheint das Funkgerät nicht dabeizuhaben", stellt Vaughn fest. „Und Empfang habe ich auch nicht. Hm. Könnte ein Problem werden, die andere Gruppe zu treffen. Aber warten wir mal ab, vielleicht kriege ich ja irgendwo ein Signal."

Ich drehe mich zu Chris um und wir schauen uns einen Moment lang schicksalhaft an. „Jake hat das Abendessen", sagen wir wie aus einem Mund und lachen über unsere Panik. „Na gut, immerhin haben wir den Frühstückskram", räumt er ein. Wir setzen uns erst mal auf den Boden und essen unsere Kekse.

Ich weiß nicht, wie, aber nach einer Stunde erscheint die andere Gruppe auf wundersame Weise tatsächlich am Horizont. Als seien wir wie Tom Hanks in „Cast Away" lange verschollen gewesen, freuen Lisa und ich uns ein bisschen übertrieben über die Wiedervereinigung. Na ja, wir sind eben Deutsche.

Wir breiten unsere Isomatten nebeneinander aus und richten die Mädelsseite des Lagers her, während Chris und Jake Steine für eine Feuerstelle zusammenbauen. Katie und Shira suchen Holz. Als wir uns eine halbe Stunde später um die Feuerstelle versammeln, werden die Nachtschichten für die Aufsicht eingeteilt. Jedes Team übernimmt eine Stunde, damit uns keine unerwünschten Besucher überraschen. „Wir hatten es erst neulich, dass eine Hyäne einen Schüler wach geleckt hat", berichtet uns Sean in seinem üblich nüchternen Ton, wenn er über dramatische Ereignisse berichtet. „Nix passiert, aber hätte auch anders ausgehen können. Man hat außerdem neulich in Südafrika eine französische Studentin zerfetzt auf einem Termitenhügel gefunden. Sie war auf Safari und wollte dem Schnarchen ihrer Mitschüler entgehen. Da hat sich ein alter Leopard über die Gesellschaft gefreut. Keine gute Idee, Leute!", fährt er fort. So erzählt man also Gutenachtgeschichten im Busch. Lisa und ich rücken unsere Matten etwas näher zusammen. Und wir stellen heimlich sicher, dass wir nicht außen am Rand schlafen. So sind wir hoffentlich erst der Nachtisch.

Es wird langsam dunkel und wir machen das Feuer an. Jake und Sean haben sich das Grillen zur Aufgabe gemacht und schreien immer wieder aggressiv mit den Händen wedelnd „Staub! Staub! Staub!", sobald wir uns von der Feuerstelle erheben. Also gehen wir lieber ein wenig auf Distanz und lassen die Homo sapiens mit dem Feuer und dem Fleisch spielen.

Als Tadjara ihren Schlafsack aus ihrem Rucksack holen will, hören wir sie schreien: „Ahhhh, auaaaaaaa!", geht ihre Stimme jammernd in die obersten Oktaven. Vaughn springt vom Feuer auf und lacht schon, als er in Tadis Richtung geht. Ein Stamm Matabele-Ameisen hat die offenen Kekse im Rucksack lokalisiert. Statt Tadjara zu bemitleiden, geht er interessiert in die Hocke, schaut sich das Gewusel an. „Hörst du das Zischen?", fragt er Tadjara belustigt, die die Situation eher mäßig witzig findet. „Das machen sie, wenn sie in ihrer Aktion gestört werden. Matabele-Ameisen sind absolut clevere Räuber. Sie greifen zusammen Termitenhügel an, tragen die Termiten davon und verspeisen sie. Einer von ihnen ist der Scout, der vorangeht und allen den Weg zeigt. Wenn ein Kamerad verletzt wird, tragen sie ihn zurück und pflegen ihn gesund", sagt er, als wäre das alles nur ein großes Schauspiel. Aber dann wendet er sich Tadjara zu. „Ich weiß", gibt er nun mitfühlend zu, „diese Dinger tun so weh. Allein ein Biss einer einzigen Ameise brennt höllisch. Tut mir leid, Tadjara, da musst du jetzt durch."

Die Dinger sehen echt aggressiv aus und Tadjara hat schon ein paar zu spüren bekommen. „Warum sind manche so riesig und manche kleiner?", frage ich, während ich Tadjara den Rücken tätschele. „Sie haben große Soldaten und die anderen helfen beim Ausrauben in der zweiten Reihe", erklärt er weiter. „Aber bring erst mal deine Kekse vom Rucksack weg, Tadjara, und dann werden Sie auch allmählich abziehen", rät er ihr.

Etwas später sitzen wir am Feuer, die Männer brutzeln die mitgebrachten Hähnchenspieße. Jeder holt seine eigens transportierte Kartoffel aus dem Rucksack und wir fangen an zu speisen. Kein schlechtes Dinner. Nun beginnt auch schon die erste Nachtwache.

Zu Beginn der zweiten Schicht sind die meisten schon in ihren Schlafsäcken verschwunden. Ich kann ohnehin noch nicht schlafen und leiste Shira und Katie bei ihrer Schicht Gesellschaft. Vaughn ist heute ohne Abendessen verschwunden, aber Sean sitzt noch mit uns am Feuer und wir fragen ihn über den funkelnden Sternenhimmel aus. Egal, wo man auf der Welt ist, der Sternenhimmel hat etwas Friedliches, Beständiges an sich. Er reist mit uns zurück zu Momenten unserer Kindheit oder transportiert uns in die Weite einer Welt, in der wir träumen dürfen. Ich erinnere mich oft daran, wie ich mit Papa gemeinsam im Urlaub in Frankreich auf dem Land als Kind die Sterne betrachtet habe. Es war eine Mufasa-Simba-Szene, die ich immer in meinem Herzen bewahren werde.

Wie schön es ist, über die einzelnen Sterne erzählen zu können. Wir studieren den Sternenhimmel wie Kinder das Ziffernblatt einer Uhr. Sean erzählt uns über den Kampf zwischen Skorpion und Orion und zeigt uns, wie wir mithilfe des Kreuz des Südens die Himmelsrichtung Süden finden können. „Orion war ein großer, stattlicher Jäger, der den Göttern regelmäßig Fleisch brachte", beginnt er, während wir uns am Feuer wärmen. „So ging er eines Tages mit Artemis, der Göttin des Mondes und der Jagd, in den Wald. Artemis zeigte sich beeindruckt von den Jagdkünsten Orions und lobte ihn in den höchsten Tönen. Um ihr noch mehr zu imponieren, jagte er die ganze Nacht und stapelte jedes erlegte Tier vor der Tür ihres Schlafgemachs. Artemis aber, die auch die Schutzgöttin der Tiere war, erzürnte über diesen Anblick und stampfte so kräftig auf den Boden, dass ein Skorpion hervorbrach und Orion stach. Dieser fiel zu Boden und starb. Zeus jedoch setzte ihn in den Himmel als Zeichen seiner Dankbarkeit für das Fleisch, das Orion ihnen zuvor immer gebracht hatte. Da Orion und Skorpion Feinde sind, erhielten sie gegensätzliche Plätze am Himmelszelt. Geht Skorpion im Osten auf, fällt Orion im Westen. Steht Orion jedoch im Osten wieder auf, geht Skorpion im Westen unter."

Das Feuer knistert zu Seans Geschichten und die ersten zwei Schichten sind bald vorbei. Von elf bis zwölf haben Lisa und ich Schicht, aber ich traue mich noch nicht, sie zu wecken. Sie sah heute schon etwas erschöpft beim Schlafengehen aus.

Um kurz vor halb zwölf kriecht sie aus ihrem Schlafsack und setzt sich zu uns ans Feuer, Augen halb geöffnet. Alle paar Minuten gehen wir mit der Taschenlampe durch unser Camp und leuchten in die Büsche. Alles ruhig. Die Zwergohreule ruft einsilbig beruhigend regelmäßig im Fünf-Sekunden-Takt und die Pfeifnachtschwalbe singt ihr unverkennbares, einzigartiges Lied: „Good Looooord, deliver us!"

Und dann gibt es die Schnarcher. Die sägen heute Nacht Bäume ab und wir freuen uns, dass unser Mädchencamp akustisch vom Männercamp isoliert ist. Sean lacht mit uns die Schnarcher aus und dann legt er sich schlafen und sägt selber am lautesten.

Unsere Schicht ist bald zu Ende und auch wir legen uns schlafen. Ich drehe mich nach links und rechts, um sicherzustellen, dass ich keinen blinden Passagier in meinem Schlafsack aufs Traumschiff mitnehme. Es ist fast zu schön, um zu schlafen. Also schaue ich mir noch eine Weile die Sterne an, während ich die Stille genieße. Sterne sehen wir nur, wenn es um uns herum dunkel ist. Und dann geben sie uns Orientierung. Sie sind ein Versprechen, dass wir auch in Zeiten der Unklarheit auf Weisung hoffen dürfen.

In diesem besinnlichen Moment wird mir wieder bewusst, was für ein Segen diese Auszeit ist. Ich bin überzeugt, dass der Segen, den meine Uroma über ihre Kinder, Enkel und Urenkel erbeten hat, weiter fortwährt und uns begleitet. Ich glaube fest an die Kraft des Segens, ich glaube daran, dass Gebet erbaut und Segen versprüht und dass Chancen sich multiplizieren, wenn man sie ergreift. Das, was ich hier erleben darf, ist ein Stück vom Himmel. Jetzt, so allein unter dem Sternenhimmel, bin ich einfach nur dankbar. „Verstanden",

flüstere ich lächelnd meinem Schöpfer zu. Das hier, all das hier, ist eine Leinwand deiner Gnade. Ich blicke in den Diamantenstaub am Himmel. Das ist eine große Liebeserklärung an uns Menschen.

Ich stelle mir vor, wie Abraham eines Nachts wach in seinem Zelt lag und der unerfüllte Traum von Nachkommen schlaflos an der Zeltdecke herumschwirrte und Abraham nicht nur um seinen Schlaf betrog. Vielleicht grübelte er gerade mal wieder, als Gott ihn aufforderte, aus seinem Zelt der Gedanken unter den endlos freien Himmel zu treten. Als Abraham barfuß hinaussteigt, schaut er in die Dunkelheit. Er empfindet diese genauso schwarz wie seine Hoffnung auf Nachkommen. Doch plötzlich verändert sich alles, als Gott beginnt, mit ihm zu reden. „Abraham, schau dir doch mal die Sterne an", wird er aufgefordert, und dann muss Abraham den Kopf vom Boden in den Himmel heben. Jetzt erst fällt ihm auf, wie hell die Nacht eigentlich ist. Das Licht der Sterne hat sicher in seinen alten Pupillen hell glänzend reflektiert. Wie zahlreich sie den Himmel geflutet haben müssen, weit draußen ohne jede Lichtverschmutzung. Und dann fragt Gott Abraham nach seinem Traum. Abraham lässt erneut traurig den Kopf hängen, während oben Abertausende Sterne tanzen. „Sieh nach oben", ermutigt Gott ihn. „So zahlreich sollen deine Nachkommen sein", lautet das unglaubliche, aber unumstößliche Versprechen seines Heilands. Eine alles verändernde Nacht. Nur ein Wort genügt. Das kann alles verändern.

Das Konzert der Nachtvögel wiegt mich in einen ruhigen Schlaf unter freiem Himmel mitten im Busch. Ich wache zum Ruf der Hyäne wieder auf und setze mich ruckartig steif auf, wie ein Kuckuck aus der Uhr herausspringt. Es ist 4:30 Uhr und Vaughn und Sean sitzen wieder zur ersten Schicht am wärmenden Feuer und schlürfen den ersten Kaffee. Ich schaue mich um. Alle meine Camp-Freunde liegen Decke bis zur Nase gezogen in ihren Schlafsack eingemummelt und schlafen scheinbar noch, sehen aber unversehrt aus. Kein Hyänenbesuch. Die Aufsicht hat gute Arbeit geleistet. Ich drehe mich in meinem Schlafsackkokon wie eine zu große Raupe unruhig hin und her, aber ich kann nicht mehr schlafen und entscheide, hinter den Felsen zu gehen, um mich umzuziehen, auf „Klo" zu gehen und die Zähne zu putzen. Als ich wiederkomme, sitzt Lisa aufrecht auf ihrer Matte und ist leichenblass. „Boah, holla die Waldfee. Ich hab kaum schlafen können und mein Kopf zerspringt gleich", sagt sie mit schwacher Stimme. Langsam werden auch die anderen wach, wir essen ein paar Kekse und klauen heimlich doch Seans Wasser für ein Schlückchen Kaffee. Als wir eine halbe Stunde später unsere Matten zusammenrollen und packen, verschwindet Lisa hinter einem Baum. Sie scheucht mich weg, als ich ihr folge, und kommt nach ein paar Minuten zurück. „Hab den Baum mit meinem Gesicht benutzt", sagt sie trocken. Wir müssen laut lachen, Lisa ist selbst jetzt noch lustig, wo es ihr einfach dreckig geht und sie spucken muss und Migräne hat. Aber dann holen wir schnell Vaughn. Lisa wird von der Camp-Koordinatorin abgeholt, während wir unsere Spuren verwischen.

„O.k., Leute, zusammenpacken! Es muss aussehen, als habe hier noch nie ein Mensch den Boden betreten", weist uns Sean an und wir schleppen die Steine von der Feuerstelle zurück in den Busch, platzieren die übrigen Feuerholzäste gleichmäßig in der Gegend, graben ein Loch für die Kohlen und verstreuen Blätter über den flach gelegenen Boden. Wir sehen alle etwas staubig und dreckig aus und brauchen dringend eine Dusche.

Ab zurück ins Camp. Vaughn geht voran und wir folgen ihm. Es ist sieben Uhr morgens, als wir das Lager verlassen. Noch ist es nicht so heiß und die Sonne scheint milde auf uns herab und spendet eine angenehme Wärme. Trotzdem haben wir eine nicht unerhebliche Strecke vor uns und wollen ankommen, bevor es um neun schon richtig heiß wird. Wir haben gerade alle ungefähr dieselbe Hautfarbe: ein mit Schweiß vermischter sandfarbener Ton. Unsere Haare sind ungekämmt, verstaubt und angeschwitzt, als Vaughn, dicht gefolgt von unserem Back-up Mateo, sich zu der ihm brav mit einer Armlänge zum Vordermann folgenden Schülerschlange umdreht und mit einem verzweifelten Blick auf sein Handy schaut. „Sorry, Leute, wir haben leider ein Wasserproblem im Camp, die Camp-Koordinatorin hat gerade geschrieben." Die Camelbag-Schläuche fallen ungläubig aus unseren Mündern und das Geräusch der vom Mund abgesetzten Flaschen erklingt.

Nach dem Moment des Erschreckens sehen wir es – Vaughns verschmitztes Lachen. Wir trotten mit einigen Umwegen zurück zum Camp, wo uns definitiv eine Dusche erwartet.

# Adrenalin und Elefantenohren

Einige Tage später bin ich erneut an der Reihe, eine Tour zu leiten, und wieder ist Vaughn mein begleitender Mentor. Er schreibt akribisch auf, was ich sage, tue und wie ich mit den Gästen umgehe. Es ist 15:15 Uhr und die Sonne scheint heute erbarmungslos auf uns, als wir gerade aus dem Camp herausgebogen kommen und unmittelbar um die Kurve eine Elefantenherde auf der anderen Seite des trockenen Flussbettes erblicken. Ich steuere den Landie das trockene Flussbett hinab und wieder hinauf und nähere mich langsam an, bin aber unsicher, wie weit ich an die Herde heranfahren darf. Vaughn weist mich an, ganz in ihre Nähe zu fahren. Ich erblicke nun die ersten Tiere rechts von mir und sehe, dass es eine weibliche Herde mit Jungtieren ist, und mein Herz fängt an,

schneller zu schlagen. Meine Handflächen werden feucht, aber ich halte das Lenkrad einfach etwas fester in meinen Händen. Jetzt nur nicht die Nerven verlieren. Es ist eine der unglaublichsten Begegnungen auf dieser Erde, Elefanten in die Augen zu schauen und sie in ihrem natürlichen Habitat beobachten zu dürfen, wie sie durch die Landschaft ziehen mit ihren Jungen und sich durch das Geäst fressen. So etwas deinen Gästen nahezubringen ist eine ganz besondere, wenngleich herausfordernde Aufgabe, mit der man viel Verantwortung übernimmt.

Ich steuere den Landie sachte weiter Richtung Herde und will bereits anhalten, als Vaughn mich erneut anleitet, noch ein wenig näher heranzufahren. Ich schlucke, denn auch links sehe ich Elefanten und habe Angst, die Herde zu separieren. In diesem Moment entscheide ich mich, einfach auf Vaughn zu hören, seinem Wissen und seiner felsenfesten Ruhe zu vertrauen. „Motor ausmachen", sagt er entspannt und sein Ton beruhigt auch mich fürs Erste. So widerstehe ich all meinen Instinkten, den Motor wieder zu starten und mit dem Fuß auf dem Gas nichts als eine Staubwolke zu hinterlassen.

Unser Back-up Mateo hat sich getraut, es sich im Trackersitz des Landies gemütlich zu machen. Er ahnte ja nicht, wem wir heute begegnen würden. Mit dieser Pole-Position ist er ganz bestimmt eineinhalb Meter weiter in der Herde als wir. Zu beiden Seiten können wir die vielen Herdenmitglieder sehen, sie verhalten sich bislang natürlich und entspannt, lassen ihre Ohren flattern, stoßen Bäume um, knacken Äste ab und verzehren sie genüsslich. Mateo gibt Vaughn halblaut nach hinten flüsternd eine nervös klingende Warnung, denn eine berühmt-berüchtigte alte Elefantenkuh namens Elsa kommt nicht ganz erfreut aussehend eilenden Schrittes mit weit aufgestellten Ohren auf ihn zu. So groß bin ich, sagt sie ihm damit. Sie fixiert Mateo weiterhin und wackelt mit dem Kopf. Uns allen gefriert für einen Moment das Blut in den Adern mitten in der gleißenden Savannensonne. Elsa trägt ein Band um den Hals, was bedeutet, dass sie zumindest einmal von Menschen mit einem Betäubungspfeil abgeschossen worden ist und damit schlechte Erinnerungen mit Begegnungen mit Menschen verbinden könnte. Mateo schaut Vaughn den Kopf ganz langsam zur Seite wendend unsicher an. Sein Gesichtsausdruck verrät uns, dass er extrem nervös ist. Seine Augen sind weit geöffnet, die Lippen presst er fest aufeinander, während der Schweiß an seinen Schläfen hinabrollt. Vor eineinhalb Jahren hat Mateo aus einer unerfreulichen Situation mit Elefanten eine Phobie entwickelt, die er bis zu diesem Tage mit sich herumschleppt. Mateo ist 21 Jahre alt, groß, stämmig und sieht nicht aus wie jemand, der Angst vor etwas hat. Er hat einen ausgeprägten Sinn für Humor und die amüsante Angewohnheit, viel zu erzählen, auch wenn er die Gruppe von Leuten gar nicht gut kennt, und es gelingt ihm mit dem entwaffnenden Charme eines

manchmal etwas unbeholfen wirkenden großen Jungen eigentlich immer, das Eis zu brechen. Er wusste in der Tat nicht, worauf er sich einließ, als er sich heute bei meinem Drive auf dem Trackersitz niederließ. Diese Situation bringt auch ihn nun in schweigendes Staunen gemischt mit pulsierender Angst. Er wartet auf Vaughns Anweisung.

„Alles ist gut, Mateo", lässt Vaughn ihn mit seiner beruhigenden Stimme wissen, die nie zuversichtlicher klang als in diesem Augenblick. Auch Vaughns Körperhaltung verheißt alles andere als Gefahr. Sein Arm ruht locker auf der Seitentür des Autos, seine Haltung ist selbstsicher und dennoch unverkrampft und offen, sein Blick ist herausfordernd und er versprüht eine Aura voller Cowboy-Coolness. „Sie ist eine Elefantenkuh wie jede andere und wird sich nun beschützend vor ihre Herde stellen", sagt er voraus, um die Situation für uns berechenbarer aussehen zu lassen. Mateo rutscht trotzdem kurz unruhig auf seinem Sitz umher. „Mateo", adressiert er ihn ganz bewusst. „Erlaube es ihr und bleib ruhig", versichert er ihn mit Nachdruck. Elsa hebt ihren Vorderfuß und überlegt, welchen Schritt sie als Nächstes notwendigerweise unternehmen sollte, um die Sicherheit ihrer großen Herde mit all den wundervollen Jungtieren zu gewährleisten. Da steht plötzlich ein großes Objekt mitten auf ihrer Route, darin die Geschöpfe, die ihr damals einen Schuss verpasst haben, sie betäubt und ihr damit das Vorrecht und die Macht genommen haben, ihre Familie zu beschützen. Ob sie wohl das Gleiche mit ihr erneut durchführen wollen? Diese Ohnmacht will sie sicher kein zweites Mal spüren. Dieses Mal wird sie die Situation kontrollieren und alle möglichen Schritte einleiten, damit ihre Herde unversehrt ihre Route fortsetzen kann. Also muss sie uns blockieren, uns von ihrer Familie fernhalten.

Sie kommt nun komplett aus dem Gebüsch an der linken Seite hervor, stellt sich mitten auf die Sandstraße vor uns, nur wenige Meter vor Mateo. Noch immer sind ihre Ohren weit ausgeklappt, der Rüssel nun aber schnüffelnd in die Luft erhoben. Sie blickt Mateo direkt in die Augen. Elsa ist unverkennbar. Nicht nur das Halsband verrät sie, sondern auch die Anordnung ihrer Stoßzähne. Einer der beiden verlängerten Schneidezähne steht schräg nach außen ab. Das macht sie umso einzigartiger. Sie ist eine würdige, alte Elefantenkuh, der man ihr fortgeschrittenes Alter an der Haut deutlich ansieht. Die Herde verlässt sich auf sie als Matriarchin und sie scheint ihren Job gut zu machen, denn sie lässt uns mit ihrer dominanten Positionierung deutlich spüren, dass sie ihre Familie beschützen wird, komme, was wolle.

Ich sollte mich von dieser Situation in meiner Rolle als Guide eigentlich maßlos überfordert fühlen. Aber irgendwie bin ich einfach nur fasziniert. Die Zeit vergeht wie in Zeitlupe und doch fühlt sich der Moment surreal zeitlos an. Ihre Augen fokussieren uns, ihr Rüssel erschnüffelt uns, ihr Schwanz schwingt hin und her. Wir sind ihre Gefangenen und ihre Familie hat uns in ihren Bann gezogen. Ich bilde mir ein, Mateos Herzschlag lauter zu hören als meinen eigenen, und obwohl ich nur seinen Rücken sehe, weiß ich, dass ihm die Angst gerade buchstäblich ins Gesicht geschrieben steht. Ich selbst bin wie paralysiert und merke erst zwanzig Minuten später, dass meine Füße brennen, denn ich stehe noch immer auf Kupplung und Bremse und traue mich nicht, den Fuß herunterzunehmen, weil ich fürchte, ein quietschendes Geräusch zu verursachen, das die Elefantenkuh verunsichern könnte. Also verharre ich in dieser Position und staune. Die Kühe im Gestrüpp zu beiden Seiten fressen weiter und berühren die kleinen Kälber alle paar Sekunden. Sie sind präsent, wissen immer, wo der andere ist, und geben einander die volle Aufmerksamkeit.

Kameras könnten jetzt unentwegt klicken, aber die Mehrheit der Schüler des Ecotraining-Kurses sitzt Kinnlade-runter-passiert-uns-das-gerade-wirklich-gebannt in dieser verzaubernden Gegenwart. Wir genießen einen Moment, der so nie wieder kommen wird. Mein Herz schießt tausend Bilder. Ich weiß, dass ich diese weder ausdrucken noch teilen muss, um mich an diesen Augenblick zu erinnern. Hier mache ich Fotos nur für mich, für den Speicher meines pochenden Herzens. Hier im Busch ist es nicht schwer, dem Drang zu widerstehen, etwas online teilen zu müssen. Teilen ist gut, aber wann gehört ein Moment noch so richtig nur mir? Ich gucke im Seitenspiegel Tadjara an, die für sich zufrieden lächelt, genau wie ich gerade. Gefangen im Moment, der nicht davon abhängig ist, wie viele Daumen er erhält. Dieser Moment gehört uns, ein Geheimnis zwischen uns und dem Universum, denn nur wir wissen, was es uns gerade bedeutet. Das ist der Moment, in dem du hochschaust und ein verstohlenes Grinsen austauschst, denn du verliebst dich gerade unsterblich in die Schöpfung und Gott wusste es. Ich finde kaum Worte, denn das hier ist unwirklich schön. Das ist mit einem verschwenderischen Pinsel gemalt, Kostbarkeit in großem Stil ausgegossen.

Elsa scheint nun aber etwas ungeduldig mit uns zu werden. Anders als sie es sich vielleicht vorgestellt hat, stehen wir nämlich noch immer hier mitten in ihrer Route. „Im Zweifelsfall musst du den Motor schnell starten, nicht absaufen und uns hier rasch rausbringen", hat Vaughn mich kurz vor unserem Stopp hier noch gewarnt. Ich habe nur nervös gelacht, aber er schien es ernst zu meinen. Langsam übernimmt Respekt den Platz der Faszination, denn für mich sehen die Elefantenkuh direkt vor uns und einige andere nun neugierig gewordene Elefantenkühe um uns herum nun auch nicht mehr so entspannt aus. Elsa steht inzwischen noch ein bisschen näher vor unserem Auto und hat sich damit schützend zwischen uns und die ganz dicht an uns vorbeiziehende Herde positioniert. Wenn sie ihren Rüssel ausstreckt, kann sie Mateo fast auf die Brust fühlen. Sie wendet ihren Kopf abwechselnd zu uns und dann wieder nach links in den Busch. Jetzt bricht sie einen Ast ab und für einen Moment sind wir alle überzeugt, dass sie Mateo damit eine scheuern will. Aber sie tut es nicht. Stattdessen wirft sie ihn nur genau vor ihm auf den Boden ab. Mateo atmet auf und sein Oberkörper senkt sich mit Erleichterung.

Im nächsten Moment nimmt Elsa Staub mit ihrem Rüssel auf, wirft ihn gekonnt in die Luft. Die Staubkörner treffen Mateo und sie gleichermaßen. Sie muss der Überzeugung sein, dass Mateo ein Sandbad gut vertragen kann. Ich drehe mich ein wenig verunsichert zu Vaughn um. Ich habe keine Ahnung, wie sie in den nächsten Minuten auf uns reagieren wird, aber so kommen wir hier nicht mehr weg. Vaughn gibt mir ein sicheres Lächeln, das mich ermutigen soll, die Situation zu genießen. Ich schwanke zwischen Verwunderung und Ehrfurcht. „Schaut doch, wie schön gleichmäßig sie ihren Schwanz hin- und herschwingen lässt, wie der Rüssel entspannt baumelt", merkt Vaughn in leisem Ton an. Jedes Mal, wenn er merkt, dass wir Angst bekommen, gibt er uns eine neue Perspektive für die Situation. Er redet sanft mit uns. Wo ich drohende Augen sehe, sieht er liebevolle, wo wir Zeichen von Aggression sehen, sieht er eine ihre Herde beschützende Elefantenkuh, die friedlich Staub auf ihr Haupt wirft, um nicht unterschätzt zu werden.

Eine etwas jüngere Elefantenkuh der Herde hat nun auch Mateo ins Visier genommen. Sie scheint in ihrer jugendlichen Art etwas angriffslustig. Als sie sich weiter in Mateos Richtung wendet, fühlt man bis in die letzte Reihe das Adrenalin durch Mateos Körper pumpen. „Lass ihn in Frieden", warnt Vaughn die junge Elefantenkuh bestimmt und deutlich, aber dennoch ruhig. Es ist unglaublich faszinierend. Seine klar gesprochenen Worte scheinen anzukommen, wie auch immer das zu erklären ist, aber die Elefantenkuh entspannt sich wieder, weicht ein paar Schritte zurück und widmet sich wieder dem Fressen. Elsa behält uns fest im Auge. Ganze siebzehn Minuten stehen wir bereits in Ehrfurcht da. Wenn Elefanten sich in Stresssituationen befinden, rücken sie näher zusammen, halten die Ohren und Augen offen. Sie wissen, sie können das hier jetzt nur gemeinsam lösen. Man hat herausgefunden, dass Menschen bei Stress dazu tendieren, sich zu isolieren, die Ellenbogen auszufahren, andere anzurempeln.

Für Elefanten dagegen bedeutet Familie alles. Jetzt hat Elsa ihrer Familie scheinbar ein klares Zeichen gegeben, sich zu bewegen, denn sie versammeln sich wie auf ein Kommando allesamt eilig hinter ihrem Rücken. Diese Signale sind für uns nicht wahrnehmbar. Da steht sie in kluger Formation, die ganze Herde in ihrer Pracht. Die großen Kühe bäumen sich auf wie Säulen vor ihren Kälbern, welche als Erste nach rechts in den Busch ziehen, wo wir sie nicht weiter stören können. Während Elefant für Elefant nun schnell im Schutz von Elsas Rücken vor uns vorbeizieht, bleibt sie noch immer voller Argwohn vor uns stehen, den Fuß aufgestellt. Sie wartet, bis wir keinen Rüssel mehr hören oder sehen können. Dann erst beginnt sie, sich langsam zurückzuziehen.

Selbst als alle Herdenmitglieder bereits längst im Busch verschwunden und für uns nicht mehr zu hören sind, sitze ich wie versteinert am Lenkrad, denn ich sehe die Matriarchin im Rückspiegel. Elefanten können sich über Infraschall über Kilometer hinweg gegenseitig lokalisieren. Elsa findet wohl, wir sind noch immer zu nah dran. Sie steht nach wie vor Schmiere für ihre Familie. Vielleicht kommt es ihr seltsam vor, dass wir noch immer hier sind. Plötzlich macht sie einen großen Schritt auf uns zu. Das ist der Moment, in dem Vaughn, der sich inzwischen auf die Tür des Landies gesetzt hat, zweimal laut mit der flachen Hand gegen die Autotür klopft, als zeige er ihr nun, dass er auch seine Herde beschützt. Die Matriarchin erschrickt leicht vor dem Blechton, scheint aber zu verstehen. Sie verharrt einen Moment lang und wiederholt das Prozedere. Ebenso wie Vaughn. Dann macht sie widerwillig, aber allmählich kehrt.

Langsam bewegt sie sich, uns immer im Auge behaltend, Richtung Busch, um ihrer Herde zu folgen. Sie wirft uns einen letzten warnenden Blick zu, bevor auch sie schließlich zwischen den Bäumen Zuflucht findet. Elsa ist eine wahre Matriarchin. Sie versteht, was es bedeutet, ein Leben lang zu dienen. Obwohl sie den höchsten Rang der großen Herde innehat und bestimmt, wo es hingeht, wann angehalten wird und wann es weitergeht, riskiert sie ihr Leben, um den anderen Herdenmitgliedern Sicherheit zu bieten. Sie stellt sich uns in den Weg, droht uns, keinen Schritt näher zu kommen, und sammelt ihre Herde, um sie sicher aus der Situation zu schicken. Gottes Wesen offenbart sich hier mitten in der Natur. Zur Freiheit berufen, um in Liebe einander zu dienen.

Wir indes sitzen wie verzaubert im Landie und schweigen, um die Surrealität des gerade Erlebten zu verarbeiten. Wir müssen erst mal klarkommen. Ich weiß gar nicht, wie mir geschieht, aber es tut gut, dass Tadjara vom Rücksitz ihre Arme um mich legt und mich lange fest drückt. Ich drehe mich um, blicke in Gesichter, die reflektieren, als hätten sie soeben eine göttliche Begegnung gehabt. Die Augen weit geöffnet, mit abwesendem Blick in die Ferne, geht uns allen scheinbar noch immer die Pumpe.

Es klingt pathetisch, aber es liegt etwas in einer Begegnung mit den größten Landsäugetieren der Welt, das deine Perspektive auf die Welt verändert. Es ist etwas, das sich kaum mit Worten beschreiben lässt, aber wenn du es einmal erlebt hast, wirst du verstehen. Diese Begegnungen sind eine große graue Erinnerung daran, dass es etwas gibt, das größer ist als wir, auch wenn wir seit Beginn unserer Geschichte versuchen, diese Tatsache zu verleugnen. Es ist verrückt, wie klein ich bin, denke ich inmitten der Herde, und die Stimme in meinem Kopf klingt winzig, wie die Stimme einer vorgespulten Kassette. Ich bin eine Sprotte in einer Schule Wale, klein und machtlos, sodass ich mich selbst vergesse, während ich hier sitze. Was ist der Mensch, dass du seiner gedenkst? Wer ist der Mensch, dass er all diese Schönheit zerstört, immerzu den Drang hat, diese liebliche Kraft überwältigen zu müssen? Hier im Reservat im südlichen Afrika scheinen die Kräfteverhältnisse wieder das zu sein, was sie einst waren. Hier gehört das Land nicht den Menschen, sondern allen Lebewesen. Es ist erleichternd, machtlos zu sein. Es ist schön, ein Teil der Balance sein zu dürfen. Aber nicht nur mich umweht dieser Wind der Verwandlung.

Mateo dreht sich nun von vorne aus dem Trackersitz zu uns versteinerten Schülern um: „Leute, ich würde gerne etwas mit euch teilen", beginnt er mit einer etwas zittrigen, noch von Adrenalin getränkten Stimme. „Das, was sich hier gerade abgespielt hat, ist ein Wunder für mich. Ich hätte es nicht mehr für möglich gehalten, dass ich eine solche Situation ruhig durchstehen kann. Dank Vaughn und seiner unerschütterlichen Ruhe inmitten solcher Begegnungen habe ich in den letzten Monaten meine Elefantenphobie überwinden können. Ihr habt keine Ahnung, was das für mich bedeutet", versichert er und seine Augen glitzern mit einem feuchten Film. „Es begann vor eineinhalb Jahren und bis vor Kurzem habe ich immer Panikattacken bekommen, wenn sich ein Elefant auch nur in meine Nähe begeben hat. Ich hätte niemals geglaubt, dass so etwas wie heute jemals wieder möglich sein würde. Danke, Vaughn", sagt er mit einer Ehrlichkeit, die uns alle ins Herz schneidet und meine Augen ebenfalls mit Tränen füllt.

„Schafft Erinnerungen, unvergessliche Erfahrungen", hat Vaughn uns am Anfang des Kurses geraten. Das ist an vielen Tagen mit ihm, aber besonders an diesem Tag definitiv geschehen.

Im Angesicht der Bedrohung könnte man Angst bekommen. Heute hatte ich keine Angst. Sicherlich wurde eine Menge Adrenalin durch meinen Körper gepumpt, aber ich habe stets die Gegenwart Vaughns hinter mir gespürt. Jedes Mal, wenn es wirklich brenzlich wurde, hat er eingegriffen. Obwohl es oft danach aussah, als würden wir aus der Situation nicht unversehrt wieder herauskommen, hat sich im Vertrauen alles zum Guten gewendet. Und am Ende gab es sogar ein Wunder. So ist es auch mit Gott. Es mag Situationen geben, die nicht danach aussehen, als kämen wir wieder heil heraus, aber wir sind aufgefordert, zu vertrauen. Während wir ihn bitten, die Situation zu ändern, nutzt Gott die Situation, um uns zu ändern. Dahinter steht ein Plan. Ganz egal, was vor uns liegt, Gott ist schon da. Vertrauen ist der Schlüssel. Eines der Lieblingslieder meiner Großeltern ist: „Mein Jesus verspätet sich nie". Welche Kraft in dieser Wahrheit liegt!

Etliche Male noch habe ich mich in meiner Vorstellung in diese Situation zurückversetzt und habe das Adrenalin noch Monate später gespürt. Durch diese Begegnung habe ich einige wichtige Lektionen gelernt. Vaughn saß vor uns auf dem Auto, einfach so, und für mich sah es aus, als sei er ebenso hilflos ausgeliefert wie wir. Goliath vor ihm und er hat statt einer Steinschleuder nur einen hölzernen Stock.

Wie, um alles in der Welt, hätte er uns da beschützen wollen? Im Angesicht der Angst war die einzige Lösung zu vertrauen. Jede Aufregung, jede Panik wäre unnötig gewesen, hätte die Situation sogar gefährlich werden lassen können. Und sie hätten uns das gesamte Erlebnis versaut. Ich versuche, mir immer wieder ein Beispiel an dieser Situation zu nehmen. Darauf zu vertrauen, dass Gott eingreift, wenn es notwendig ist, dass er nur ein Wort sprechen muss und die Giganten gehorchen. Den Motor hätte ich trotzdem anschmeißen müssen, aber auf seinen Befehl hin.

*Vor welchem Giganten stehst du und wo ist dein Vertrauen?*

# Sprich es aus!

Vaughn wird uns für die zweite Hälfte unserer Reise leider nicht mit nach Karongwe begleiten können. Wir haben zwar ein kleines Geschenk und eine Karte, aber wir wollen ihm zumindest auch noch ein paar Worte mitgeben. Eigentlich wollte ich ein Spiel spielen, das ich hin und wieder mit meinen Schülern spiele, um die Gemeinschaft zu fördern. Ein typisches Pädagogenspiel eben. Aber die gedrückte Stimmung verunsichert mich und ich traue mich nicht, das in die verklemmte Atmosphäre einzuschieben. Außerdem muss man sich dafür auch besser kennen, denke ich. Ich teile Lisa und Katie mit, die neben mir sitzen, dass es vielleicht doch keine gute Idee wäre. „Doch, komm, wir machen das jetzt", ermutigt Lisa mich entschieden und drückt mir die Zettel und Stifte wieder in die Hand, sodass ich gar keine andere Wahl habe. Sie schiebt mich und schon stehe ich in der Mitte und sehe aus, als würde ich einen schlechten Vortrag halten wollen, auf den die müde Runde jetzt besonders Bock hat.

„Okay, Vaughn", sage ich laut in die halb an den Tischen, halb am Feuer verstreut sitzende Gruppe und alle drehen sich plötzlich zu mir um und warten gespannt. „Ich verstehe, wenn du kein großes Trara willst, aber eine kleine Sache haben wir für dich vorbereitet und du musst mitmachen, ob du willst oder nicht." Er lächelt und ich bin ein bisschen erleichtert. Ich kann seine Stimmung nicht immer berechnen, aber jetzt sehe ich, er wird mitziehen. „Jeder bekommt einen Zettel auf den Rücken und einen Stift in die Hand. Wir kennen uns erst dreieinhalb Wochen, aber es waren intensive Wochen, in denen wir nonstop zusammen waren und einige ziemlich intime Momente zusammen verbracht haben. Sei es mit Elefanten oder im Versuch, den Ball beim Volleyspiel für die eigene Mannschaft zu retten. Jeder wird etwas Positives über den anderen sagen können, etwas, was er an ihm schätzt. Jeder darf jedem auf den Rücken kritzeln, aber geht in jedem Fall sicher, dass ihr alle etwas auf Vaughns Rücken schreibt."

Zuerst sind alle etwas zögerlich, aber allmählich kommen sie zu Katie, Lisa und mir, um sich einen Stift und ein Blatt abzuholen. Katie schneidet sorgfältig Klebeband in kleine Abschnitte und klebt jedem ein Blatt auf den Rücken. Die nächsten zwanzig Minuten laufen alle eifrig um das Feuer herum, formen einen Buckel, um den anderen jeweils auf den Rücken schreiben zu lassen. Nach und nach setzen sich alle wieder ums Feuer und gucken ganz gespannt auf ihre Blätter. Mundwinkel gehen nach oben, Augen werden feucht und Gesichter rot vor Rührung. „Hey", sagt Vaughn, der selbst sehr glücklich dreinschaut, „lasst uns jeder ein paar Kommentare miteinander teilen." Und schon beginnen die sonst schüchternen Jungs mit stolzen Gesichtern vorzulesen, was die Leute hier im Camp an ihnen schätzen. Ich bin immer wieder begeistert davon, wie viel Liebe wir geben können, wenn wir uns dazu entscheiden. Ich glaube fest, dass eine unserer Lebensaufgaben darin besteht, Menschen zu lieben und miteinander in dieser Liebe zu leben.

Auch in diesem Moment überwältigt es mich wieder einmal, wie viel Liebe und Unterstützung wir geben können, wie viel Gutes und Ermutigendes nach so wenig Zeit übereinander gesagt werden kann. Mama hat uns immer beigebracht, dass Worte große Macht besitzen. Dass sie Menschen prägen und formen, dass sie Leben verändern und dass es wichtig ist, dass wir Segen und Worte des Lebens über unsere Mitmenschen aussprechen. Worte können über Leben und Tod entscheiden, sie können Leben formen und Menschen aufbauen oder aber zerstören. „Die Zunge kann töten oder Leben spenden", heißt es im Buch der Sprüche in der Bibel (Sprüche 18,21). Was wir über unsere Mitmenschen und über uns selbst aussprechen, bleibt nicht ohne Konsequenzen.

Die funkelnden Augen heute Abend zeigen, dass Mama mal wieder recht hatte. Auch Vaughn kostet seine Kommentare sichtlich aus. „Danke, Leute", sagt auch unser junger Engländer Zach am Ende des Abends und wendet sich das Blatt hochhaltend noch einmal an die Runde, bevor er sich auf den Weg zu seinem Zelt macht. „Wisst ihr", beginnt er und zögert, während er sich verlegen an den Nacken greift und seinen Kopf zur Seite wendet, „ich konnte den afrikanischen Zach bisher nicht ausstehen. Er ist so frustriert, wütend, ungeduldig mit sich selbst und kümmert sich nur um sich. Aber hier stehen so viele andere Dinge drin, die ich nie erwartet hätte. Ich würde mich nie so positiv sehen, wie einige von euch mich auf diesem Blatt beschreiben. Ich werde mir das aufbewahren und beizeiten, wenn es mir schlecht geht, immer wieder durchlesen." Er lächelt schüchtern und wir lächeln ermutigend und dankbar zurück. Stark, dass er das geteilt hat. „Danke, Zach", ruft Vaughn ihm hinterher, „danke für deine Ehrlichkeit!" Einige andere teilen ihre Blätter noch ein paar Monate später auf Facebook. Scheinbar hat nicht nur Zach seinen

Zettel aufbewahrt. Auch ich werde meinen die nächsten Monate weiter durch die Welt tragen. Die Macht der Worte ist nicht zu unterschätzen. Hier im Busch lernen nicht nur unsere Köpfe, auch unsere Herzkammern gehen auf. Nicht jeder Klassenraum hat vier Wände.

Vaughn gibt es nicht zu, aber er ist ein Mann großer Worte. Er schüttelt auch spontan Reden aus dem Ärmel, die die abgekühltesten Typen aufweichen wie brühheißer Kaffee einen steinharten Keks. Und er geht nicht, ohne uns noch ein letztes Mal etwas mitzugeben.

„Legt eure Hand auf euer Herz, Leute", fordert er uns noch an diesem Abend auf, als wir zufrieden in Gedanken versunken um das langsam verglühende Feuer sitzen. Wir heben unsere Köpfe, lehnen uns zurück und blicken Hand-aufs-Herz-gespannt Vaughn an. „Könnt ihr die Wildnis in euch spüren?", fragt er uns, wartet und schaut herausfordernd nach und nach in jedes Augenpaar unserer Runde. Dem Funkeln in unseren Augen nach hat ganz sicher jeder von uns in den letzten Wochen Wildnis auf eine irgendeine magische Art und Weise erlebt.

„Jeder Einzelne von uns hat sie in sich", fährt er fort. „Wildnis ist ein Ort der Erneuerung, ein Ort der Heilung und des inneren Wachstums. Die Wildnis ist das Tor, durch das stolpernde, zweifelnde Menschen zu sich zurückfinden und heimkehren in ein Zuhause voller Schönheit, Frieden und Wahrhaftigkeit. Wir vergessen, dass sie vom

Tag unserer Geburt an ein Teil von uns ist. Wir gehören zur Natur und sie zu uns. Ein Teil des Glückes, nach dem wir streben, liegt ganz gewiss hier. Wildnis ist zu einer Seltenheit geworden, dabei sollte sie Teil des täglichen Eintauchens in das Zuhause unserer Herzen sein. Aber im geschäftigen Alltag verdrängen wir, dass die Wildnis zu uns gehört und auch wieder ein Teil von uns sein kann. Und diese Zurückeroberung kostet Mut."

Er pausiert und gibt uns Zeit, in unser Inneres zu schauen.

„Angst liegt auf der einen Seite", fährt er fort. „Aber Mut formt eine Brücke, die euch auf die andere Seite führt. Ihr dürft stolz auf euch sein, ihr habt bereits den ersten Schritt gewagt. Aber das Glück erfordert fortwährende Bewahrung, so wie auch die Wildnis in euch und um euch herum bewahrt werden muss. Ihr könnt lernen, die Sprache der Wildnis wieder zu verstehen, wenn ihr erkennt, dass die Wildnis in euren Herzen ein Zuhause finden kann. Nur dann brennt der Wunsch in euch weiter, die Schönheit dieser Erde zu bewahren, und nur dann könnt ihr die Herzen anderer Menschen damit entflammen. Die Wildnis ist wichtig für jeden einzelnen Bewohner unseres Planeten, jeder trägt ein Stück davon in sich, auch wenn er sich dessen nicht oder noch nicht bewusst ist. Das hier ist der Beweis, dass wahre Wildnis noch besteht, und viel mehr noch ist es ein Appell, diese zu bewahren. Näher an uns selbst und doch weg von unserem Ego können wir kaum kommen.

Gebt eurem Herzen Raum, das zu fühlen, es wiederzugewinnen, wenn es in der unübersichtlichen Alltagsflut ganz unbemerkt und langsam hinweggespült wird. Trotzt den Piraten des Alltags mit mutiger Flagge und bringt euer Herz unermüdlich wieder auf Kurs. Der frische Wind in euren Segeln trägt euch und erinnert euch daran, dass die Wildnis in jedem Einzelnen von uns lebt. Sie nährt unsere Seelen und lehrt uns, wer wir sind und wo wir hingehören.

Die Zeit hier im Busch kann euch niemand mehr nehmen. Jedes Geräusch hier wird sich in euren Herzen verankern und wie die schönste Melodie immer wieder an den Saiten eurer Seele zupfen."

Wir schauen andächtig ins Feuer, während Vaughns Worte zu unseren Herzen sprechen, die wir in diesem intimen Moment ganz nah an unseren Händen schlagen hören. Es ist deutlich zu spüren, dass der Busch in den letzten Wochen eine schon lange in uns schlummernde Leidenschaft zum Leben erweckt hat. Es ist ein lang ersehntes Puzzleteil meines Herzens, das ich in der Großstadt vergebens gesucht habe. Ich kann die Ruhe und den Frieden Gottes, der alle menschliche Vernunft übersteigt, hier tausendfach deutlicher wahrnehmen. Der Moment brennt sich mit dem warmen Feuer direkt in mein Herz. Die Reise in den Busch ist schon jetzt ein unvergesslicher Teil meines Lebens geworden und ich liebe jedes Detail hier mit jeder einzelnen Faser meines Herzens. Ich schaue über das Feuer Lisa an, die im Bann von Vaughns Worten schwebt, und ich weiß, sie fühlt gerade genau wie ich.

Greifbares Glück, genau jetzt, an diesem Ort. Hier, losgelöst von Zeit, gesellschaftlichem Druck, Stress, Geräuschen der Städte oder alltäglichen To-do-Listen. Mein Herz im Allegro-Modus, Konfetti im Kopf. Ich blicke in die durch die Flammen erhellten Gesichter und sehe auch bei den anderen die eine oder andere Träne die Wangen herunterkullern. Mir wird auf einmal klar, warum wir diese natürliche Wildnis und unsere Träume oft tief in die Kammer unseres Herzens einschließen und den Zugang vorübergehend sperren. Schatzkisten vergräbt man besser. Sie machen uns Angst, denn sie fordern ihren Tribut. Sie erfordern Mut im Angesicht der Angst vor Veränderung. Die Suche nach der Verwirklichung eines Traums kann deinen Lebensentwurf infrage stellen. Das mühsam aufgebaute Gerüst, das in der Gesellschaft scheinbar so gut funktioniert, bewusst einstürzen zu lassen, wer macht das schon? Jemand hat mal gesagt, dass du nicht groß genug träumst, wenn die Verwirklichung deiner Träume dir keine Angst bereitet.

Katie, Lisa, Jake, Chris, Vaughn und ich sitzen an diesem Abend noch lange zusammen ums Feuer und genießen die letzten Stunden miteinander in dieser Kombination. Wir führen ehrliche Gespräche über Gott und die Welt. Hier in der Wildnis haben wir endlich Zeit, uns unendliche Fragen zu stellen. Wir fragen uns, wovor wir eigentlich Angst hatten, bevor wir den Schritt gewagt haben, hierherzukommen. Die meisten von uns könnten hier locker ein paar Jahre verbringen. Wir kommen an der Wärme des Feuers zu existenziellen Fragen. Es sind scheinbar ungeordnete Gedanken, die den ein oder anderen schon länger beschäftigt haben, hitzige Diskussionen, ehrliche, tiefgründige Gespräche und einfach eine seltene Zeit, offen Fragen zu stellen. Und so wärmen wir uns am Feuer und hauen alles raus, was uns beschäftigt.

Wann hat der Mensch überhaupt angefangen, sich von all der Schönheit zu isolieren? Und ist es nicht ein großer Irrtum, dass wir versuchen, in Städten endlich ein Zuhause zu finden, und uns in engen Räumen niederlassen, Müll anhäufen, Dinge ansammeln, Straßen asphaltieren, Bäume entfernen, Wälder roden und uns entschließen, nicht weiterzuziehen, sodass unser tägliches Blickfeld die Weite entbehrt, die wir sonst erblickt hätten? Haben wir auf dem Weg vom Jäger zur Sesshaftigkeit nicht einen unnatürlichen und zugleich fatalen Wandel vollzogen? Haben wir nicht mit dem Streben nach uns selbst und unserer Unabhängigkeit die Misere des Einzelnen geschaffen und ihn aus seiner Bestimmung genommen? Es ist nicht mehr vonnöten, Gespräche miteinander zu führen, um Nahrung zu erhalten, es bedarf keinen Kontakt mit anderen, um nachts in Sicherheit schlafen zu können. Wir haben so ziemlich alles getan, um gegenseitige Abhängigkeit zu beseitigen und uns zu anonymisieren. Die Bewegung, die wir eigentlich brauchen, müssen wir künstlich erzeugen, und überhaupt haben wir für das einst notwendige Zusammenkommen von Menschen beinahe alle Faktoren ausgeräumt. Kein Wunder, dass es uns schwerfällt, in dieser Verirrung eine Bestimmung zu finden. Kein Wunder, dass so viele Menschen sich häufig einsam fühlen, getrennt von dem, was uns Ruhe und Frieden gibt.

In der verzweifelten Suche nach unserem Platz im Universum haben wir unseren eigenen Mythos geschaffen. Der englische

Schriftsteller Julian Barnes hat es so ausgedrückt: „Wir treiben uns gegenseitig dem irdischen, modernen Himmel der Selbstverwirklichung entgegen: Entwicklung der Persönlichkeit, Beziehungen, die einen Teil unserer Identität ausmachen, statusträchtiger Beruf, materielle Güter, Vermögensbesitz, Ferien im Ausland, Ersparnisse, Ansammlung sexueller Großtaten, Besuche im Fitnessstudio, Kulturkonsum. In der Summe ergibt das doch Glück – oder etwa nicht? Das ist unser selbst gewählter Mythos."[1]

Auch in meiner Heimat lebe ich mitten in diesem Mythos. Jetzt erst merke ich, wie ich ganz bewusst herausgeführt wurde an den Ort, in dem dieser Mythos der Realität überhaupt nicht standhalten kann.

„Näher an uns selbst und doch weg von unserem Ego", hatte Vaughn vorhin gesagt. Viele beschreiben ihre Krisen mit den Worten: „Ich bin gerade überhaupt nicht bei mir." Wenn ich es mir recht überlege, möchte ich gar nicht „bei mir" sein, da komme ich nämlich her. Drehe ich mich weiter mit meinen Gedanken um mich selbst, komme ich ganz bestimmt nicht vorwärts. Ich will endlich von mir wegkommen, näher an den, der mich geschaffen hat, der weiß, was ich wirklich brauche und zu welcher Zeit. Der andere Gedanken hat, gute Gedanken, der das ganze Bild sieht und nicht nur einzelne Teile.

> *Wie nah bist du bei dir selbst und*
> *wie nah bist du Gott?*

Das biblische Gleichnis von dem verlorenen Sohn aus Lukas 15,11-32 war nie aktueller. Die Welt hat Fernweh, eine scheinbar nur schwer stillbare Sehnsucht nach mehr. Im Grunde ist genau das die Frage nach Gott. Das Gleichnis zeigt ebendiese Suche nach dem Glück, die in dem Bild einer langen Reise ausgedrückt wird. Ein junger Mann bricht aus seinem behüteten Zuhause aus und lebt in fernen Ländern wortwörtlich in Saus und Braus. Er ist auf der Suche nach sich selbst, nach dem Sinn des Lebens, nach dem, was ihn tatsächlich erfüllt. Eine Zeit lang ist es wohl das aufregendste Leben, was er sich vorstellen kann. Jeder Tag ein neues Abenteuer. Irgendwann aber ändern sich die Zeiten, das Geld wird knapp und er leidet Hunger.

---

1   Julian Barnes: Nichts, was man fürchten müsste,
    Kiepenheuer & Witsch: 2010, S. 83.

Was nun, wo der selbst gewählte Weg ihn nicht erfüllt? Noch nicht einmal bei den Schweinen findet er etwas zu essen. Leere Hände und ein leeres Herz bringen ihn zum Nachdenken. Er wollte bei sich ankommen und ist bei den Schweinen gelandet. Sich seiner Schuld bewusst, sieht er ein, dass er es nicht verdient hätte, als Sohn zurückzukehren, also hofft er, zumindest für den Vater als Tagelöhner arbeiten zu dürfen. Als gebrochener Mann mit demütigem Herzen kehrt er zurück und wird von dem Vater mit Gnade überschüttet, die er nicht zu begreifen vermag. Es gibt einen Platz, der geschenkt ist, den er sich nicht erarbeiten musste. Sein Bruder hingegen wird grün vor Neid, denn er hat versäumt, das in Anspruch zu nehmen, was die ganze Zeit für ihn greifbar nah war.

*Welcher der beiden bist du? Welcher ist dein*
*Weg? Und wo gehst du hin, um erfüllt zu sein?*
*Wo beginnt deine Suche und wo endet sie?*

„I've searched the world to find my heart is yours" („Ich ging bis ans Ende der Welt, um festzustellen, dass mein Herz bei dir zu Hause ist"), singt Lauren Daigle und ist wohl auch an dem Punkt angekommen, an dem sie erkennen muss, dass wir so geschaffen sind, dass wir in uns selbst nicht genug haben. Eines habe auch ich auf meinen Wegen und Reisen gelernt und tue es noch: Wenn deine Reise nicht bei deinem Schöpfer endet, ist das Reisen zwar immer schön, aber du wirst nie richtig ankommen. C.S. Lewis hat es so ausgedrückt: „If we find ourselves with a desire that nothing in this world can satisfy, the most probable explanation is that we were made for another world." („Wenn wir in uns selbst ein Bedürfnis entdecken, das durch nichts in dieser Welt gestillt werden kann, dann können wir daraus schließen, dass wir für eine andere Welt erschaffen sind.")

Man kann sich entscheiden, nicht an das Evangelium zu glauben, aber dennoch hat jeder von uns seinen eigenen Mythos, jeder hat eine Überzeugung, nach der er bewusst oder unbewusst lebt. Vielleicht hast du dir dein eigenes Narrativ von Erlösung erdacht, oder aber du glaubst an jenes, das dir die Gesellschaft vorschreibt – an Materialismus und daran, dass wir uns glücklich kaufen können, an die Suche nach dir selbst und das Finden des Glücks in dieser oder an die Erlösung in der Beziehung zu deinem Partner.

Wo ist dein Herz zu Hause? Wo findest du Ruhe? Die Sehnsucht kann eine Tür zu Gott sein. „Zu dir hin, o Gott, hast du uns erschaffen, und unruhig ist unser Herz, bis es ruht in dir", traf Augustinus es im 4. Jahrhundert auf den Punkt. Ich habe das selbst noch lange nicht komplett erfasst, aber ich übe es immer wieder und finde immer wieder Wahrheit darin.

Das Feuer glüht langsam aus, während unsere Gedanken sich auch allmählich zur Ruhe setzen. Wir haben bestimmt nicht alle Antworten, aber es tut gut, Fragen zu stellen.

Ein Gefühl der Dankbarkeit macht sich in mir breit, weil ich merke, dass es hier möglich wird, sich mit dem Herzschlag des Planeten, mit der schöpferischen Kraft, neu zu verbinden.

Es ist fast schon wieder Zeit für einen Drive, als Lisa und ich ins Zelt krabbeln. Und trotzdem reflektieren wir noch gemeinsam diesen Abend, die wertvolle Zeit, die wir hier haben dürfen. Es war ein schöner Abschlussabend. Die Hyänen rufen, die Pfeifnachtschwalbe singt ihr Lied und wir liegen geborgen in unseren Schlafsäcken.

Als Vaughn uns als Ausbilder verlässt, hinterlässt er eine Lücke. Wir versuchen sie mit dem zu füllen, was er uns gelehrt hat, zum Beispiel, den Zauber des Busches immer wieder neu zu erkennen. Nach ein paar Wochen im Camp gewöhnt man sich schnell an die unvergesslichen Momente, die der Busch uns bietet, die uns hier so glücklich machen. Wenn wir uns an die Wärme und an die lodernden Flammen des Lagerfeuers unter dem funkelnden Sternenhimmel im trockenen Flussbett gewöhnt hatten, hat Vaughn uns wieder zum Staunen aufgefordert und uns bewusst gemacht, wie wertvoll es ist, dass wir abends gerade hier unsere Füße im warmen Sand vergraben dürfen. Und auch nach der vierten nahen, intensiven Elefantenbegegnung gab er uns ein „High five". Er lebte uns vor, solch einzigartige Momente nicht für selbstverständlich zu nehmen.

# Frösche, Skorpione und Geschichten unter dem Sternenhimmel

In den nächsten Tagen fühlen wir den Druck der kommenden Prüfungen wie eine langsam, aber stetig immer näher rückende Wand. Mit dem bevorstehenden Umzug ins Camp nach Karongwe kommen sie in greifbare Nähe. Trotz der Guidingaufgaben hatten wir hier eine ziemlich lockere Zeit.

Der Himmel ist bedeckt von schweren Wolken, die mit Regen schwanger sind. Und auch wir sind ein wenig getrübt, da unsere Zeit hier in Selati nun zu Ende geht. Steve aber wird uns glücklicherweise begleiten und so nehmen wir noch etwas aus Selati mit. Wir steigen in den Bus, der uns nach einem kurzen Stopp zum Einkaufen in Hoedspruit nach Karongwe bringen wird.

Als wir ein letztes Mal durch Selati fahren, stehen die Impala-Antilopen mit aufgeplustertem Fell neben uns, so wie sie es immer tun, wenn der Morgen kühl ist. Die meisten von ihnen sind trächtig und sie lechzen nach Wasser. Ich habe schon jetzt ein kleines bisschen Trennungsbauchweh. Ein Stück meines Herzens ist hiergeblieben. In den letzten Wochen waren wir zeitlos, aber diese Fahrt gibt an, dass die Hälfte unserer Zeit nun vorbei ist.

Es fühlt sich seltsam an, wieder Kontakt zur Außenwelt aufzunehmen. Vielleicht ist diese wohltuende Isolation zu extrem, denn wir kommen kaum klar mit den Geräuschen und der Hast, die wir vom Bus aus ein wenig fassungslos an den Fenstern klebend auf dem Weg nach Hoedspruit beobachten. Doch als wir schließlich in Hoedspruit halten und zunächst ein wenig widerwillig wie Welpen aus dem Körbchen geschubst werden, eröffnen sich doch wieder ein paar willkommene und altbekannte Möglichkeiten. Die Jungs laufen auf den Burgerladen zu, während wir Mädels uns mit Kosmetikartikeln eindecken und unsere Freundinnen anrufen.

Nach drei Stunden werden wir wieder in den Kleinbus eingeladen und es geht ins Camp nach Karongwe, wo wir die nächsten vier Wochen verbringen werden.

Wir hängen ungeduldig circa eine Dreiviertelstunde auf der asphaltierten Straße vor dem Tor des Karongwe-Reservats, bevor jemand herkommt und uns aufschließt. Neugierig und aufgeregt warten wir auf das neue Gelände. Dürfen wir uns selbst auf die Zelte verteilen?

Müssen wir den Zeltpartner etwa wechseln? Als endlich jemand das Tor für uns öffnet, sind wir ein bisschen enttäuscht, dass der Weg zum Camp nur gut zehn Minuten beträgt. Es fühlt sich irgendwie nicht ganz so abgeschnitten an wie vorher. Aber ich glaube, heute wollen wir meckern und man kann es uns vielleicht nicht recht machen. Lisa und ich beziehen unser neues, geräumiges Zelt, in dem wir sogar stehen können. Wir merken unmittelbar nach Ankunft in Karongwe, dass jetzt ein anderer Wind weht. Wir haben nicht mehr viel Zeit bis zu den Prüfungen.

Lisa ist eine Panikmacherin und ich liebe sie dafür. „Jetzt ist Schluss mit lustig", höre ich sie schon auf halbem Weg vom Badezimmer zum Zelt schimpfen und an ihren stampfenden Schritten weiß ich, dass sie sich für uns etwas ganz fest vorgenommen hat. Ich richte mich gespannt von meinem Bett auf und warte auf die Ankündigung. „Jetzt wird in die Hände gespuckt und dann blättern wir die Bücher durch", verkündet sie. „Und heute gibt's auch kein Savanna am Feuer, Steff. Kannste vergessen, weil 'nen Lagerfeuerplatz gibt es eh nicht und dann setzen wir uns lieber auf den Hosenboden. Du hast das Vergnügen, mit mir zu lernen", lächelt sie mich an, als hätte ich im Lotto gewonnen. Dann wirft sie eine Packung Kekse auf mein Bett und grinst mich weiter an, weil sie weiß, dass ich diese Limonencremekekse liebe.

Ich liebe Lisa, hab ich das schon gesagt? Lisa, die ihre Klamotten jeden Morgen auf dem Bett fein säuberlich faltet, und ich, die sich mit den Klamotten des Tages und neben dem Inhalt ihres ausgekippten Rucksacks auf dem Bett entfaltet wie von der Müllabfuhr ausgeschüttet, liegen heute Abend unter unserer geliebten Silikonsolarlampe und gehen das Amphibienkapitel durch. Jeden Abend besprechen wir mindestens zwei Kapitel, so lautet die Anweisung. Lisas Hemden hängen wie gebügelt an Karabinerhaken an einer selbst gespannten Schnur im Zelt. Meine Hemden hängen mittlerweile in der Ecke des Zelts ab und haben sich wegen der nächtlichen Kälte zusammengerollt. Ich gucke an die Decke, als könnte ich dort die Merkmale eines Frosches herauslesen.

„Steff", ruft Lisa mir zu, „wenn wir für den FGASA-Theorietest in zwei Wochen nicht vorbereitet sind, dann gute Nacht, Marie. Dann können wir mit dem Geld gleich heute Abend das Feuer anzünden. Sag mir, was einen Frosch zum Frosch macht", fordert sie mich auf und ich sehe, wie ein Schatten in Form von Jake heimlich vorm Zelt den Rückzug antritt. Von seiner Internatszeit in der Schweiz versteht er noch ein bisschen Deutsch. Andererseits hätte man diese Worte anhand der Melodie auch so nicht als Einladung verstanden. Jake stiehlt sich jedenfalls fast unbemerkt in die dunkle Nacht zurück, statt uns einen Besuch abzustatten. Und ich habe nichts dagegen, denn Lisa bringt mich nicht nur beim Lernen weiter, sie bringt mich mit ihrer Art auch fast pausenlos zum Lachen. Alles hat seine Zeit. Es gibt eine Zeit zum Volleyballspielen und Abhängen und es gibt eine Zeit zum Lernen.

„Ach du meine Güte!", schreit Lisa, als wir den Klassenraum betreten. Sie packt mich am Arm und schaut auf die Tafel, als hätten wir gerade den letzten Flieger vor einem Schneesturm verpasst. Seit wir in Karongwe angekommen sind, fürchten Lisa und ich nicht nur die Prüfung, sondern auch das Sleepout. Und jetzt ist es tatsächlich auf der Tafel schwarz auf weiß für heute fröhlich wie eine Verlobungsanzeige in der Zeitung angekündigt. Können wir das Event wegschweigen? Einen Versuch ist es wert. Irgendwie ist eine unruhige Nacht beim Wildcampen gerade das Letzte, was wir neben dem plötzlich zu einem Riesen gewachsenen Lerndruck noch gebrauchen können.

Mit all den neuen Bäumen finden wir uns hier ungefähr so gut zurecht wie auf einem Wimmelbild in einem Kinderbuch. Lisa und ich fangen bei dem Gedanken, dass wir einander in ein paar Tagen selbstbewusst durch das Potpourri all dieser Bäume führen sollen, mächtig an zu schwitzen.

Um drei Uhr nachmittags ruft Joris, einer der Ausbilder in diesem Camp, uns zusammen. Lisa und ich werfen uns panische Blicke zu, denn wir ahnen, was gleich passieren wird. „Wir verlassen das Camp in einer Stunde für ein Sleepout", kündigt er an. Wir schöpfen ein bisschen Hoffnung, als wir in den Himmel schauen. „Was ist, wenn's regnet?", fragen wir vorsichtig nach. „Wahrscheinlich zieht es vorbei, war die letzten Tage auch so", sagt er optimistisch.

Joris ist Holländer und groß, so groß, wie Niederländer eben sind. Er sieht ein bisschen aus wie ein zu groß geratener Hobbit. Er hat rötliche Haare, das typische kleine südafrikanische Bäuchlein vom guten Essen und wohnt mit seiner Frau in einem kleinen Zelthaus hier in Karongwe. In ihrem Garten badet regelmäßig ein Büffel, ihr „Old Dagga Boy", wie Joris ihn liebevoll nennt. Dagga ist Zulu, bedeutet „Schlamm" und spielt auf die Vorliebe alter, allein umherziehender Büffelbullen an, sich im Matsch zu suhlen. Abends legt

Old Dagga Boy sich im Schatten der Bäume im Camp zum Schlafen nieder. Wir werden gleich am Anfang vor ihm gewarnt. Büffel gehören nicht ohne Grund zu den Big Five und den gefährlichsten Tieren hier im Busch. Sie sind prächtige, energetische, kraftvolle, bis zu 700 Kilogramm schwere Tiere mit gewaltigen Hörnern. So trügerisch echt ihre entspannte Alpenkuherscheinung auch wirken mag, ihre Zündschnur ist extrem kurz. Passt ihnen etwas nicht, kann ihre Laune von einer Sekunde zur nächsten wie eine Ampel von Grün auf Rot springen. Obwohl sie weder gut sehen noch hören, wissen sie durch ihren hervorragend ausgeprägten Geruchssinn sofort Bescheid, was um sie herum abgeht. Da sie täglich Wasser brauchen und in der Regel in großen Herden umherziehen, kann man sie manchmal schon von Weitem als Kollektiv umherziehend in einer Staubwolke erkennen. Ein Büffel trinkt oft bis zu 35 Litern in nur wenigen Minuten.

Aber wehe dem, der unverhofft zu nah auf eine Büffelherde stößt. Dann macht man sich besser blitzschnell vom Acker. Oft heben sie vorm Angriff ihre Nase in die Luft und geben auffällige Laute von sich. Bis zu über 50 km/h schnell kann ein Bulle auf dich zulaufen. Bei lauernder Gefahr für die gesamte Herde, wie etwa bei einem Angriff von Löwen, bleiben die Individuen ihrer ausgeklügelten traubenförmigen Herdenformation treu. Die kräftigen Bullen bilden um die Kälber und Kühe im Zentrum einen starken äußeren Ring. Werden sie attackiert, gehen Büffel nicht selten regelrecht angriffslustig auch mal auf ein ganzes Rudel Löwen zu. Ihre Chancen, diese mit ihren Hörnern einzuschüchtern, sind unerwartet groß. In einer weiteren Variante kann die Herde beschließen, in einem für alle Mitglieder der Herde angepassten Tempo kollektiv zu fliehen. Zu jeder Zeit aber bleibt dabei die Formation der starken, mutigen Flanken bestehen. Ist das nicht genial?

Ich glaube, die Anordnung der Engel um uns herum könnte eine ähnliche sein. Gott schickt sein stärkstes Team, um uns zu bewahren.

Ich für meinen Teil jedenfalls beschließe, mich lieber nicht mit den Büffeln anzulegen, habe wirklich wenig Lust auf einen Corrida de Toros. Old Dagga Boy scheint das zu wissen, manchmal steht er abends direkt vor unseren Zelten und grast mit der Ruhe eines Faultiers, während wir hundemüde vor der belagerten Koje warten. Wenn ich nachts ins Bad gehe, erfasst meine Taschenlampe immer seine rötlich reflektierenden Augen. Ich erschrecke mich jedes Mal aufs Neue. Die reflektierende Augenfarbe hat nichts mit dem eigentlichen Tier zu tun, es hängt meist vom Winkel des Lichts ab, mit dem man sie anleuchtet, aber seine Augen glühen dennoch besonders gefährlich rot. Warum hat der Typ nachts nie die Augen zu? Das frage ich mich jedes Mal, wenn ich mich wieder mal auf dem Weg zum Klo mit einem Sprung zur Seite selbst verjage.

Jetzt aber sorgt mich nicht der Bulle, sondern das Sleepout, auf das ich mich normalerweise freuen würde, weil es wunderschön ist, die ganze Nacht noch weniger als eine Zeltwand zwischen dir und der Natur zu haben und in den freien, funkelnden Sternenhimmel zu schauen. Aber ich würde mich gerne erst einmal in ein paar Dinge hier in Ruhe einlesen, bevor ich eine halbe Nacht Schlaf verliere. Lisa hat einfach nur einen Horror davor, dass sich das Szenario des letzten Sleepouts wiederholt, das ihr eine satte Migräne beschert hatte. „Das kann ich nun gerade wirklich nicht gebrauchen", sagt sie besorgt. „Ich habe schon genug Panik in meinem Kopf, wenn ich an die bevorstehenden Prüfungen denke. Nicht nur, dass ich mir noch lange nicht alle komplexen Wörter merken kann, von den neunzig Vogelstimmen erkenne ich kaum welche."

„Dafür kannst du sie aber visuell identifizieren", versuche ich sie zu ermutigen, denn das ist Lisas Stärke. „Ein bisschen Zeit haben wir ja noch", versuche ich uns beide zu beruhigen, als wir hektisch

unsere Rucksäcke packen. Lisas Hektik ist anders als meine, ihre liegt in geordneten Stapeln pulsierend auf ihrem Bett. Meine Hektik hat sich in Krümeln, Kaugummipapier, Stiften, Apfelstielen und zusammengeknüllten Papieren aus dem Rucksack aufs Bett entleert. „Der Schauplatz einer Explosion, Steff", kommentiert Lisa amüsiert. Sie geht aus dem Zelt und begutachtet den Himmel. Das Wetter scheint auf unserer Seite zu sein. Es zieht etwas Dunkles über das Flussbett zu unserem Camp und die stehende Hitze fühlt sich schon jetzt prallefeucht an. „Du, Steff, ich mach gleich 'nen Regentanz", witzelt Lisa nicht ohne ein bisschen Ernsthaftigkeit. „Das ist unsere einzige Chance." Noch ist das Flussbett trocken, aber die Wolkendecke verheißt Regen und für uns eine ruhige Nacht ungestörten Schlafs.

Eine Stunde und einen Regenfall später sieht Joris ein, dass wir heute hierbleiben müssen, aber er lässt nicht locker. Am nächsten Tag kündigt er wieder das Sleepout an und dieses Mal gewinnt er. Aber es scheint ein entspanntes Sleepout zu werden. Wir packen alles in den Landie und fahren zum Schlafplatz raus. Alles wird mit dem Auto transportiert, inklusive Tische und Proviant. Lisa aber bleibt besorgt. „Steff, du hast schon gesehen, dass der Busch seit dem Regen wie ein Streuselkuchen übersät ist mit allem, was kreucht und fleucht", warnt sie mich. Ich schaue mich um und sehe in der Tat, der Boden unter uns bewegt sich in heiterem Gewimmel. Lisa und ich rennen wie auf Kommando zurück zum Zelt. Wir packen unsere Insektensprays in den Rucksack.

Wir hüpfen auf den vollbeladenen Land Rover und Joris startet den Motor. Eine Viertelstunde fahren wir durch den Busch, bis wir eine weite, sandige, offene Stelle in einem Flussbett erreichen. Riesige Maulbeerfeigenbäume zieren das trockene Flussbett. In der Mitte bereiten wir eine Feuerstelle vor und verteilen unsere Isomatten in einem weiten Radius um diese herum. Joris baut Tische auf. Sogar eine Zwischenteezeit hat Joris mittransportiert. Es ist später Nachmittag, als wir uns mit Tee, Kaffee und Keksen ins warme Flussbett setzen und jeder seine Füße spielend im Sand ein- und ausgräbt.

Als wir unsere Isomatten ausgerollt haben und die Dämmerung über uns hereinbricht, merken wir, dass der ganze sandige Boden sich mehr und mehr mit Fröschen füllt. Überall hüpfen die kleinen Burschen herum. Vorsicht also beim Hinlegen. Aber auch die Spinnen sind in den vergangenen Tagen herausgekrochen gekommen und es dauert nicht lange, da schleppt Steve einen Skorpion zu uns, der seinen gesamten Handrücken bedeckt. „Familie Skorpionidae", erklärt er uns. „Kleiner Schwanz, große Kneifer." „Also hat er kein für uns schädliches Gift?", fügt Jake fragend hinzu. „Richtig", bestätigt Steve und lässt den Skorpion auf unseren Handrücken herumklettern.

Lisa und ich schauen uns ein bisschen verunsichert an, als wir zu unseren Isomatten gehen. Katie hüpft derweil einem Frosch hinterher. Sie hat eine Schwäche für kleine kriechende und hüpfende Tiere. Regelmäßig redet sie mit den Insekten, wie man etwa mit kleinen Kindern reden würde. Und sie rettet sie besonders liebevoll, wenn sie uns auf der Fahrt ins Gesicht schwirren oder hilflos summend auf unserer Kleidung aufprallen. Barmherzig werden alle aufgefangen

und bei nächster Gelegenheit und nach einer Gesundheitsinspektion natürlich wieder freigegeben. Ihr lockerer Umgang mit den Krabblern nimmt einem ein wenig die Scheu.

Bevor die Nacht hereinbricht, holen wir noch schnell ein wenig mehr Feuerholz, sodass das Feuer auch durch alle Aufsichtsschichten hindurchbrennt. Inzwischen haben Chris, Jake und unser neuer Guide und Experten-Spurenleser in Karongwe namens Jerry ein großes Feuer gemacht. Es gibt mal wieder ein Braai, also ein Barbecue (das aber auf keinen Fall so genannt werden darf, denn diese Terminologie ist in Südafrika fast heilig). Die Afrikaans Jungs bemängeln, dass es zum Lunch nicht auch immer Fleisch gibt wie zum Frühstück und Abendessen. Hier gehört das tierische Eiweiß auf den Tisch wie das Amen in die Kirche.

Ich setze mich beim Abendessen neben Jerry in den Sand um die Feuerstelle. Jerry ist ungefähr einen Meter fünfundsiebzig groß, Mitte zwanzig und hat ein freundliches Gesicht. Er kommt aus einem kleinen Dorf nicht weit von Hoedspruit. In den letzten zwei Tagen hat uns Jerrys Fähigkeit, den Busch zu lesen und zu interpretieren, unheimlich beeindruckt. Jerry liebt Karongwe und wäre am liebsten permanent hier stationiert. Mit seinen jungen Jahren verfügt er über ein Buschwissen, das seinesgleichen sucht, und ist dabei dennoch entwaffnend bescheiden. Er behandelt uns alle, als wären wir seine Mitschüler, geht auf Fragen und Wünsche ein und sieht, wenn wir gestresst sind. Ein schöner Mensch, innen und außen.

An diesem Abend erzählt Jerry mir eine Geschichte, die mich tief bewegt. Es ist ein Privileg, ihn ein wenig besser kennenlernen zu dürfen. Er prahlt nicht mit seinem Wissen und all den Geschichten, die er so wunderbar erzählen kann, wie ich heute Abend herausfinde. Weil es nun frischer wird, rücke ich noch ein Stückchen näher an das Feuer heran, umfasse meine Knie und stütze meinen Kopf bequem auf diesen ab, bereit, seinen Worten zu lauschen. Ich habe ihn gefragt, wie er denn eigentlich dazu gekommen sei, ein Spurenleser zu werden.

Mir scheint, der junge Jerry könnte ein großartiger Geschichtenerzähler werden, denn sobald er mit seiner Geschichte begonnen hat, wird mir klar, dass er diese mit der Behaglichkeit und mit einem Neugierde erweckenden Zauber eines sagenumwobenen Mannes entfaltet, während seine Worte die Zuhörer in den Bann ziehen, wie das Licht die Motten verführt. Und so sitze ich nach einer Minute schon nicht mehr alleine neben ihm, auch die meisten anderen um die Feuerstelle hören mit einem Mal auf zu reden, als er zu erzählen beginnt. Ich fühle mich, als habe er Tausendundeine Nacht aufgeschlagen und läse mir vor. Seine genauen Worte vermag ich nicht wiederzugeben und schon gar nicht in der aufregenden Manier, in der er es tat, aber ich will versuchen, zu rekapitulieren, was er mir an diesem Abend von sich offenbarte:

Jerry ist Shangaan und gehört damit einer Bantu-Ethnie im südlichen Afrika an, deren Sprache das Xitsonga ist. Seit über tausend Jahren schon besiedeln sie den südafrikanischen Kontinent. Seitdem er denken kann, hat sein Vater ihm beigebracht, die kostbare Rinderherde zu hüten. Als Jerry neun Jahre alt war, hütete er die Herde bereits regelmäßig alleine. Abends kehrte er stets mit ihr zum Hause seines Vaters zurück. „Sieh nur zu, dass du niemals ohne meine Rinder heimkehrst", hatte ihn sein Vater einmal mit erhobenem Zeigefinger gewarnt.

Jerry behielt diese Worte in seinem Herzen, doch wie ernst es seinem Vater war, sollte er eines verhängnisvollen, trügerisch schönen Sommerabends erfahren. Als er gerade dabei war, die Herde heimzuleiten, sah Jerry seine Freunde vergnügt im Flussbett Fußball spielen und war versucht, nur einen kleinen Moment mitzuspielen. Mit einem prüfenden Blick auf die untergehende Sonne wusste der neunjährige Jerry sehr wohl, dass ihm nur wenig Zeit bleiben würde, bis die Sonne am Horizont verschwinden würde. Dennoch war der Drang des Kindes nach dem Spielen größer als seine Vernunft. „Die Herde wird schon nicht ohne mich davonziehen", versicherte er sich selbst, als er aufgeregt auf seine Freunde zurannte.

Eine halbe Stunde jagten sie dem Ball hinterher und dann brach jäh die Dunkelheit über das Land herein. „Ich muss zurück zur Herde", rief Jerry seinen Freunden atemlos von dem Hin- und Hergerenne im Umdrehen zu, als er noch überrascht über die gefühlte Kurzweiligkeit des Spiels zu dem nahe gelegenen Punkt zurückeilte, an dem er die Herde seines Vaters zurückgelassen hatte, um sich doch nur für einen kurzen Augenblick dem Genuss des Spielens hinzugeben. Die Herde aber war nicht zu sehen. Jerry sah sich nervös um, wandte sich perplex nach rechts und dann fassungslos nach links, drehte sich mit verzweifelt suchenden Augen im Kreis, aber weit und breit war nicht ein einziges Rind seiner Herde zu sehen. Hektisch ein- und ausatmend hastete er orientierungslos mal in die eine, mal in die andere Richtung, vergeblich.

Mit der Hand auf der Erde versuchte er die Spuren auf der staubigen Buschpiste in der Dunkelheit zu ertasten, die es ihm am Tage so leicht machten, die Tiere aufzufinden. Aber ohne das Sonnenlicht hatte er keine Chance. Er erinnerte sich an die Worte seines Vaters, niemals ohne die Herde zurückzukehren, und fühlte das Herz in seiner Brust ängstlich hämmern. Getrieben vom Adrenalin jagte er laut schnaufend und ziellos suchend umher, bis seine Knie schließlich resigniert in den Sand sanken. Noch ein letztes Mal erhob er sich wackelig und versuchte dem Giganten der Dunkelheit die Stirn zu bieten, aber er war chancenlos.

Schließlich verurteilte der Schleier der Nacht jeden weiteren Versuch zum Scheitern und hielt ihn zum Narren. Jerrys Suche blieb erfolglos. Dem jungen Hirten blieb keine Wahl, sodass er erschöpft und traurig beschloss, den einen Weg einzuschlagen, den er jetzt noch finden würde. Er tastete sich langsam auf dem Pfad nach Hause, von dem er nicht allzu weit entfernt war. Er würde zurückgehen und warten, bis der Tag einbräche, um mit dem ersten Licht des Tages die Herde zu suchen. Als er nach einer gefühlten Ewigkeit schließlich die Umrisse eines Hauses erblickte, erkannte er die Gestalt seines Vaters auf einem Stuhl davor sitzen. Er schien suchend in die Ferne zu blicken. Während Jerry sich langsam dem Haus näherte, erhob sich sein Vater und schritt entschlossen in das Haus. Jerry schlug das Herz bis zum Hals, vor schierer Angst fast erstickt, aber dennoch noch atmend und in kindlicher Naivität auf Gnade hoffend. Im nächsten Moment blitzte das Kleid seiner auf ihn zuhastenden Mutter im Türrahmen auf, und noch bevor er selbst die Türschwelle erreichte, ergriff sie ihren Sohn mit der Dringlichkeit und Verzweiflung einer Sterbenden.

Ihr fester Griff an seinem mageren Oberarm lähmte für einen kurzen Moment jede noch funktionierende Faser seines Körpers, aber der verzweifelt heiße Atem an seinem Ohr hauchte ihm die nötige Kraft zur Flucht wieder ein: „Lauf, Junge! Lauf um dein Leben! Dreh dich nicht um!", flehte sie ihren neunjährigen Sohn in hysterischer Verzweiflung in die ungewisse Dunkelheit hinwegschubsend an. „Dein Vater wird dich umbringen, lauf!", schrie sie ihm erneut hinterher, als er wieder so rasch von der Dunkelheit verschluckt wurde, wie ein Frosch eine Fliege mit seiner Zunge erhascht. Jerry fühlte seine Beine brennen. Wie von alleine machten seine Füße auf dem Absatz kehrt und trugen ihn wieder in den Busch hinaus, hoffentlich weit genug von seinem erzürnten Vater. Als er sich ein paar Sekunden später schnaufend umdrehte, erblickte er im dämmrigen Licht des Hauses seinen Vater aus diesem hinauslaufen, einen großen Stock in der Hand haltend.

Jerry schaffte es gerade noch, dem sich gewaltig in der Luft drehenden und auf ihn zufliegenden Objekt zu entkommen. Er rannte, bis er weder das Haus noch irgendetwas anderes um sich herum erkennen konnte. Spurtete, bis ihm auch die Lunge brannte, bis er den Schmerz unter den Füßen nicht einmal mehr wahrnahm. Er war gerade neun Jahre alt, als er seine erste Nacht ganz alleine im Busch verbrachte. Zu erschöpft von den Strapazen des Tages erinnerte er sich kaum daran, wie und wo er sich zum Schlafen niederlegte.

„Wie kann einem Vater das Leben einer Herde Rinder lieber sein als das seines eigenen Sohnes?" war die Frage, mit der er sich völlig entkräftet in den Schlaf weinte. Doch mit dem ersten Sonnenlicht kehrte auch die Kraft von Geist und Körper zurück und schon brach er auf, um die Spuren der Herde zu verfolgen. Er suchte den Boden für eine Weile ab, bis er herausfand, in welche Richtung die Herde gezogen war. Als er eine sichere Fährte hatte, folgte er dieser durch den Busch, und es dauerte kaum eine Stunde, da entdeckte er die gesammelte Herde gesund und munter vor sich stehen, bereit, sich von einem kleinen Jungen nach Hause führen zu lassen.

Als an diesem neuen Morgen die heimische Hütte in Sichtweite kam, schritt der zornige Mann der vergangenen Nacht, der sein Vater war, auf ihn zu. Er konnte nicht ausmachen, was ihn bewegte, aber im Angesicht der Angst ging Jerry mutig voran. Erstaunlicherweise konnte er in den Schritten seines Vaters keine Spur der düsteren Härte der vergangenen Nacht mehr vernehmen, im Gegenteil, Milde schien mit der Sonne in ihm aufgestiegen zu sein. Und dann standen sie da, Auge in Auge in einem Moment, der ewig schien. Noch immer ein wenig verängstigt versuchte Jerry, das Gesicht seines Vaters zu lesen, aber dessen Unmut schien erloschen. Schließlich setzten sich die Mundwinkel des Vaters vor Stolz ein wenig weiter nach oben. Und dann reichte er ihm die Hand. „Du bist nun ein Mann, mein Sohn", lauteten die Worte der Erlösung für Jerry, die ihn fortan auf eine neue Bewusstseinsebene heben sollten.

Für einen Shangaan bedeutet eine Rinderherde viel mehr als nur der Besitz von Vieh. Sie bedeutet Kostbarkeit, Stolz, Nahrung, sie bedeutet die Sicherung der Existenz einer ganzen Familie. Sie bedeutet Leben. Von diesem Tag an bewahrte Jerry die Herde so wachsam wie sein eigenes Herz.

Jerry hatte die Wahl. Verstoßen von einem Menschen, den er sehr liebte, hätte er noch Jahre später mit Verbitterung auf diesen Moment zurückschauen können. Aber er pflanzte den Samen der Bitterkeit gar nicht erst. Stattdessen entschied er sich, den Rausschmiss als Sprungbrett zu sehen, um die Person zu werden, die er berufen war zu sein. Den Ort, an dem ein Vater seinen Sohn verstieß, machte er sich erst recht zu seiner Heimat. Statt sich verletzt zurückzuziehen und dem Busch für immer abzusagen, sah er in der Zurechtweisung eine Chance und nahm sie zum Anlass, um herauszufinden, wer er sein wollte. Er wusste, dass er in dieser Nacht auch im Dunkeln vertrauen musste. Er musste daran glauben, dass er bald das wiederfinden würde, was er verloren hatte. Dass ein Tag kommen würde, der die Nacht durchbrechen und neue Pfade aufleuchten lassen würde. Seit dieser Nacht hat das Spurenlesen für ihn eine neue Bedeutung erhalten. Heute ist er einer der besten Tracker und setzt seine Weisheit ein, um anderen Menschen die faszinierende Welt des afrikanischen Busches nahezubringen.

Jerrys Geschichte berührt mich, lässt mich eintauchen in eine mir fremde Welt und Kultur. Vor allem aber lehrt sie mich und erinnert mich an Jesu Gesinnung. Vergebung ist ein Schlüssel zum Leben. Manchmal wissen Menschen, die uns verletzt haben, gar nicht, dass sie uns letztendlich geholfen haben, auf die nächsthöhere Stufe zu gelangen. Alles wird denen zum Besten dienen, die da glauben (vgl. Römer 8,28). Jerry hat an seine Berufung geglaubt. Wenngleich er den Weg dorthin nicht immer verstanden haben mag, hat er seinen Glauben aktiviert und daran festgehalten. Mich wärmend an den Flammen unseres Lagerfeuers sage ich eine ganze Weile lang gar nichts, genieße nur den Nachklang seiner Worte.

Später schiebe ich mit Lisa Wache ums Camp. Dieses Mal haben wir die frühe Schicht beim Sleepout ergattert. Alles scheint ruhig. Wir übergeben die Wache an die nächsten zwei, die bereits schnarchend im Sand lagen. Jetzt können wir uns auch schlafen legen. Mal sehen, wie gut das mit der Nachtruhe heute klappt. Nachdem wir die Frösche und Spinnen von unseren Matten geschüttelt haben, schaue ich noch eine Weile in den funkelnden Himmel. Es ist ruhig im Camp, ich höre die Äste im Feuer knacken und entfernt ein paar

Stimmen im Schlafsack flüstern. Wie immer ruft die Zwergohreule rhythmisch im Fünf-Sekunden-Takt. Sie wechselt sich mit der Pfeifnachtschwalbe ab. „Wie kann die Welt so schön sein", denke ich und kann die Augen nicht schließen. Die Schöpfung atmet den Hauch Gottes und feiert ihn in einzigartigen Formen und liebreizenden Klängen. Und ich darf mittendrin sein.

Meine Gedanken wiegen mich in einen sanften Schlaf. Weniger sanft fallen um kurz nach zwei die ersten harten, kühlen Tropfen auf uns herunter. Ein paar Sekunden später sind es Tausende riesige Regentropfen, direkt über unserem Wildcamp. Wie ein Einbrecher im Ameisenhaufen verwandelt der mit Regen, Blitz und Donner rasch einmarschierende Sturm unser Camp in ein hektisches Gewusel. Wohl dem, der seine Kopfleuchte einsatzbereit neben sich liegen hat. „Zusammenpacken, schnell!", ruft Joris laut denen zu, die schlaftrunken wie gelähmt zuschauen, wie alle anderen anpacken. Im strömenden Regen und absoluter Dunkelheit rollen wir hektisch die Matten zusammen, vergraben die Feuerstelle, falten Tische zusammen, packen Tassen, Teller, Grillgestell zusammen und schleppen alles zum Landie. Und dann glitschen wir wie Nacktschnecken selbst in das nasse Auto. Chris hat sein Flutlicht angeschaltet und setzt sich auf den Trackersitz vorn.

„Ich seh nicht viel, Chris", ruft Steve ihm hinterm Lenkrad nach vorne zu. „Das Licht geht nicht!"

„Aye, aye, Captain!", antwortet Chris rückversichernd und hilft Steve, durch den dunklen Busch und sichtverhindernden Regen zum Camp zurückzufinden. Wenn Big Chris, wie wir ihn alle aufgrund seiner Größe und Schwere nennen, in der Nähe ist, fühlt man sich automatisch sicher. Big Chris ist neben Lisa und Jake einer meiner Lieblingsmenschen hier im Camp geworden. Er strahlt eine unwahrscheinliche Ruhe aus. „Noch da?", fragt Steve zwischendurch nach vorn ins Dunkle. Wir leuchten von der Rückbank mit der Taschenlampe kurz nach vorn. Chris ist ein guter Lotse und wir sind überzeugt, dass er und Steve uns durch den Sturm sicher zum Camp zurückbringen werden. Ich verkneife mir ein „Wie weit noch, Steuermann?", denn John Maynard soll dieses Mal bitte auch ankommen.

Wir sitzen eng zusammengepfercht auf dem Wagen, nass bis auf die Unterhose. „Gib's zu, Lisa, du hast den Regentanz gemacht", grinse ich sie an. „Wussten wir doch, Steff, dass das mit dem Sleepout keine gute Idee ist", feiert Lisa sich ein bisschen und findet die ganze Aktion superunnötig.

Als wir ankommen, können wir uns einmal komplett umziehen, nichts, aber auch kein Fetzen, ist trocken geblieben. Vielleicht war der Regen für uns unnötig, aber die Natur hatte ihn bitter nötig. Innerhalb kürzester Zeit blüht Karongwe in den verschiedensten Grünfarben auf. Ein weiterer ganz normaler aufregender Tag beginnt nach einer abenteuerlichen Nacht im Busch.

# Irren beim Pfadfinden

Im Klassenzimmer ist eine Tabelle auf das Whiteboard aufgemalt, in die wir eintragen sollen, wann wir unsere Gruppe durch den Busch führen wollen. Laufen oder Fahren, je nachdem, was wir bevorzugen. Alles hier in Karongwe ist neu und wir fangen mal wieder von vorne an. Lisa und ich fühlen uns extrem unsicher. „Haste mal die Bäume gesehen?", fragt sie mich panisch wie jemand, der in der Mensa in der endlos langen Schlange steht und mit Besorgnis auf den sich leerenden Topf sieht.

„Japp", antworte ich abwesend, beiße in die Seite meines Daumens, mein Blick ängstlich in die Ferne gerichtet. „Ich erkenne keinen einzigen mehr", versichere ich ihr. „Die haben auf einmal alle bunte Blüten und Blätter. Und Tiere sieht man hier auch viel seltener. Wo sind die Giraffen? Na, das kann ja was werden mit unserer Abschlussprüfung hier." Jetzt kriege ich auch Panik. Lisa hat recht. Die neuen Instruktoren hier haben uns die letzten zwei Tage im Auto durch den Busch geführt und anders als in Selati sehen wir hier kaum Impalas und Giraffen. Auf die konnte man sich wirklich immer verlassen. Wer möchte denn einen Safaridrive ohne Tiere? Da ist er, der Horror Vacui. „Dann passen wir mal lieber auf, welche Bäume wir hier immer finden. Ansonsten können wir gleich wieder abreisen. Nasen in die Bücher!" Lisa und ich sind jetzt supernervös. Bringt aber nichts, wir müssen wieder jede Woche zweimal guiden und lieber bald anfangen, als noch länger immer nervös zu sein. Ich trage mich für den nächsten Morgen ein, für einen Walk mit Jerry und Steve.

Der nächste Morgen kommt viel zu schnell, dennoch will ich mein erstes Guiding hier hinter mir haben. Ich fahre, Steve sitzt links neben mir und Jerry vorn auf dem Trackersitz. Wir fahren eine Viertelstunde durch das Reservat Richtung Norden und dann fordert Jerry mich mit einem Handsignal vom Trackersitz aus auf, den Landie an der Seite neben den weißen Myrobalanenbäumen zu parken. Er hat frische Löwenspuren entdeckt. Wir steigen aus und Jerry und Steve laden ihr Gewehr ein paar Meter abseits von uns. „Bleibt in einer Reihe und seid leise", fordert Jerry uns auf. „Diese Spuren sind relativ frisch und wir könnten sie finden."

Okay, wir verfolgen also erst einmal Löwenspuren. Den Part übernimmt Jerry, damit bin ich kurz raus, hoffe ich, denn ich erkenne die

Spuren kaum. Ich weiß nicht, wie Jerry das schon wieder so schnell gesehen hat, aber er war auch einer der besten seines Jahrgangs auf der Tracker Academy. Jerry geht nun durch die Bäume querfeldein durch den Busch und wir folgen ihm so leise, wie wir können. Immerhin darin haben wir seit Selati schon Fortschritte gemacht.

„Wenn du der Gruppe etwas mitteilen willst, dann sag mir Bescheid", weist Jerry mich an. Da ich ja eigentlich den Lauf führen soll, laufe ich jetzt also direkt hinter ihm. Ich fühle mich extrem unsicher. Soll ich zwischendurch etwas über die Bäume erzählen, während wir eigentlich einem Löwen folgen, oder soll ich ihm zunächst einfach nur nachgehen? Mein Mund ist trocken. So verunsichert wie Alice, die gerade im Wunderland gelandet ist, betrachte ich die Bäume um mich herum. Alles hier sieht plötzlich so anders aus und ich erkenne gar nichts mehr. Ich sehe keinen einzigen Mopanebaum und auch einen Marula habe ich noch nicht entdeckt. Das da vorn könnte ein falscher Marula sein, aber was weiß ich schon über die, außer dass sie oft schwer zu identifizieren sind? Es sind ungefähr 35 Grad im Schatten und schon nach zehn Minuten läuft uns allen der Schweiß herunter. Wir folgen Jerry und den für uns teilweise nicht erkennbaren Löwenspuren. Mal ist sein Suchen ein zügiger Stechschritt, mal ein langsames Herantasten.

„Woher weißt du, dass der Löwe hier entlanggelaufen ist?", frage ich leise, weil es mir unangenehm ist. Vielleicht bin ich ja die Einzige, die das hier nicht erkennen kann. Jerry nimmt einen Stock vom Boden auf und wartet, bis die ganze neunköpfige Gruppe sich versammelt hat. „Ich markiere jetzt immer die Spuren, die ich lese, o.k.? Schaut einfach auf den Boden, dann werdet ihr es auch erkennen." Kaum zu glauben, aber seine Markierungen sind eine große visuelle Hilfe. Manchmal ist für unser ungeschultes Auge nicht mehr als ein kleines bisschen gebogenes Gras oder eine winzige Einkerbung im Boden zu erkennen. Für Jerry aber ist das eine eindeutige Spur. „Seht her", winkt er uns zusammen. „Es ist eine Löwin. Hier hat sie ihre Geschwindigkeit variiert. Ab dieser Stelle ist sie schnell gelaufen", verrät er uns. „Ich weiß nicht, ob wir sie finden. Sie hatte es auf einmal ziemlich eilig."

Wir gehen ein wenig schneller, bis Jerry uns erneut durch ein Handzeichen stoppt. „Vorsicht, Leute, jetzt gilt noch mehr situative Achtsamkeit", flüstert er uns zu. „Ein Büffel hat denselben Pfad benutzt. Haltet die Augen offen." Tatsächlich, deutliche Büffelspuren setzen sich im Boden ab. Vor lauter Konzentration auf die Löwin hat keiner von uns diese dominanten Einkerbungen gesehen. Das ist ziemlich gefährlich, Büffel können bekanntermaßen sehr unangenehm werden, wenn man sie unerwartet stört. Und offenbar sind diese Spuren sehr frisch.

Es ist nicht einfach, immer aufmerksam in einer Reihe zu laufen, da man hinten kaum etwas von dem mitbekommt, was vorne entdeckt wird. Und trotzdem sollte man immer nah am Vordermann bleiben, damit die Gruppe so nah wie möglich zusammenbleibt und wir Risiken im Falle einer unerwarteten Begegnung minimieren können. Stoßen wir auf ein potenziell gefährliches Tier, sollten wir so nah beieinanderstehen wie möglich und von diesem als eine Einheit wahrgenommen werden. Außerdem müssen die Waffen tragenden Guides in der Lage sein, jeden von uns zu beschützen. Einer von ihnen muss uns dann gegebenenfalls aus der Gefahr leiten, während der andere die Gefahr im Auge behält und wartet, bis der Rest der Gruppe in Sicherheit ist. Beim Tracking ist höchste Konzentration eines jeden Einzelnen erforderlich. Es gilt, immer auf die Spuren am Boden zu achten und dabei unbedingt Blätterknirschen, Ästebruch und Stolpern zu vermeiden, um das Tier, dem wir folgen, weder zu verscheuchen noch zu überraschen.

Gleichzeitig sollen wir natürlich auf keinen Fall immer auf den Boden schauen, denn das wäre extrem gefährlich. Neben uns könnte der Löwe wie aus dem Nichts auftauchen oder der Büffel, dessen Spuren wir nun gleichzeitig vernommen haben, könnte uns überraschen.

Auch hier ist die Wahrnehmung von Umgebungsgeräuschen wieder lebenswichtig. Hören wir etwa einen Rotschnabelmadenhacker, der sich möglicherweise auf einem Nashorn oder einem Büffel befindet? Deutet ein Knacken von Ästen auf Elefanten in unmittelbarer Nähe hin? Oder vernehmen wir vielleicht sogar die schnaubend grunzenden Alarmrufe der Impalas, die uns einen klaren Hinweis auf die Gegenwart von Löwen, Geparden oder gar eines Leoparden geben können? Verpassen wir die röhrenden Warnrufe einer Kuduantilope oder das schräge Zetern eines Eichhörnchens, das die Gegenwart eines Jägers indizieren könnte, kann die Situation sehr heikel für uns werden.

Also stellen wir besser unsere Löffel auf und scannen den Busch mit Adleraugen. Das ist leichter gesagt als getan, wenn man aus einer Welt kommt, in der man gelernt hat, Reize auszuschalten, weil es einfach zu viele gibt, weil das Piepen der Ampel und Aufbrummen des Motors, das Rauschen der Flugzeuge, das Klappern des Müllwagens und das Bremsen der Bahnen auf den Schienen, die Ansagen und das Gemurmel der Leute dich sonst irremachen. Achtung, jetzt gilt es umzuschalten vom Ausblenden auf Verstärkerohren. Und so ganz nebenbei soll ich dann noch guiden, Fakten zu meiner Umgebung abliefern.

Als ich meine fiktiven Gäste jetzt so betrachte, finde ich sie vollkommen verschwitzt und durstig vor. Steve weist mich darauf hin, dass vielleicht eine Pause angemessen sei. Mist, das hätte ich längst bemerken sollen, ein Mangel an situativer Achtsamkeit. Aber jetzt kommt noch einer obendrauf. „Frische Nashornspuren", zeigt Jerry mir deutlich direkt vor mir auf dem Boden. Großartig, auch die habe ich nicht bemerkt. „Jetzt haben wir also einen Büffel, einen Löwen und ein Nashorn in unserer Nähe, Leute. Aufgepasst. Alle Sinne auf Hochtouren laufen lassen", warnt er uns ernst.

„Sollen wir weiter?", frage ich meine Gäste und Steve brummt mich ein wenig an, denn er würde gerne zumindest seine Zigarette aufrauchen und auch der Rest meiner Gruppe scheint die kleine Wasserpause auskosten zu wollen. Fünf Minuten später bewegen wir uns weiter, noch immer Jerry folgend. So wirklich guide ich heute eigentlich nicht, habe ich doch eher das Gefühl, ich laufe hier mehr oder weniger ahnungslos einfach hinterher. Nach kurzer Zeit findet Jerry tatsächlich das Nashorn. Es ist ein scheuer Bulle und er hört uns leider, bevor die gesamte Gruppe einen Blick erhaschen kann. Ich fühle mich wieder unsicher. Etwas über das Tier erzählen, wenn es schon wieder außer Sichtweite ist, soll man nicht. Ich zucke entschuldigend mit den Schultern. „Ich glaube, es wird langsam zu heiß", bemerkt Steve. „Steff, führ uns doch wieder zurück zum Auto. Findest du den Weg?"

„Ich kann's versuchen", antworte ich und fühle mich wie ein panisches Perlhuhn. Ich bin noch verunsicherter als zuvor. Ich hoffe nur, dass ich ungefähr die richtige Richtung einschlage. Eigentlich möchte ich viel lieber unbemerkt in dem Warzenschweinbau neben mir im Boden verschwinden. Ob es wohl jemand merkt, wenn ich schnell hineinhusche? Orientierung ist nicht meine größte Stärke und auf Reisen übernehme ich immer lieber den Sprachpart. Jetzt muss ich. Ich führe die Gruppe zwanzig Minuten lang und mache wieder eine zu kurze Pause.

Wir gehen weiter und ich zwinge mich, über ein paar Bäume zu reden. Für mich klingt es völlig künstlich und deplatziert. Ein verzweifelter Versuch, diesen Buschspaziergang zu retten. Jerry zieht mich an der Rucksackschlaufe nach hinten, um mich zum Stehen zu bringen. Ich fühle mich wie ein hilfloses Grundschulkind, das am Ranzen gepackt wird, und drohe nach hinten zu fallen. Er deutet nach Süden, wo eine Giraffenkuh mit ihrem anscheinend noch sehr jungen Kalb steht. „Oh", sage ich verlegen und winke meine Gruppe zusammen. Ich stammele etwas über die 15 Monate lange Tragzeit, ihre langen Wimpern und versuche die redundante Information der letzten Wochen über die vielen Giraffen in Selati zu vermeiden. Viel bleibt nicht übrig. Wir gehen weiter und nach ein paar Minuten hält Steve mich an und deutet direkt vor mir auf den Boden. Ich kann meinen eiligen Schritt nicht sofort bremsen. „Oh neeiiin!", ruft Steve enttäuscht. Verdammt! Ich bin soeben auf einen von zwei wunderschönen Zebra-Tausendfüßlern getreten. Ich hebe meinen Wanderschuh – die Hälfte des schönen Geschöpfs dürfte jetzt darunter kleben. „Oh, schaut, sein Partner hat meine Gegenwart überlebt", lache ich verlegen entschuldigend, weil ich nicht weiß, was ich sonst machen soll. Immerhin, jetzt fällt mir noch etwas über das seltsame Paarungsverhalten ein, aber die beiden können das ja nun nicht mehr durchziehen, und das zum Besten zu geben, scheint mir nun ziemlich ironisch. Meine Mitschüler lachen mit mir, aus Sympathie, und ich weiß es zu schätzen. Wir erreichen endlich den Landie. Wenigstens den habe ich gefunden.

Als wir im Camp ankommen, gehe ich direkt in mein Zelt und haue mich genervt von mir selbst aufs Kissen. Ranken der Frustration klettern in mir hoch und wollen aus meinen Gedanken von heute einen undurchdringlichen Busch für morgen wuchern lassen.

Die zwei ungebetenen Mitbewohner, die sich zu Hause schon am Kühlschrank meiner Träume bedient hatten, erbitten nun auch in mein Zelt Einlass. Nix da, denke ich zwar mit kläglicher Überzeugung, aber immerhin. Lisa ist noch auf dem anderen Drive und ich bin allein im Zelt. Spitze Dornen erreichen die Traumblase meiner Welt und lassen sie laut platzen. Auch im Busch läuft nicht immer alles glatt. Nicht immer ist alles nur einfach und wunderbar. Auch hier gibt es nach einiger Zeit einen ganz normalen Alltag mit allen Ecken und Kanten. Die Guides kostet es ganz bestimmt auch Nerven, jedes Mal von Neuem anzufangen, immer wieder eine neue Gruppe unwissender Schüler zu unterweisen, die Fehler machen. Meine Buschillusion bröckelt und ich zweifle an mir.

Ich gestehe mir zum ersten Mal ein, dass ich meine Homebase, meine Familie und Freunde, doch ganz schön vermisse. Ich frage mich, was ich eigentlich hier tue. Der Trugschluss meines bisher vorherrschenden Gefühls souveräner Unabhängigkeit kommt zum Vorschein, wie das Meer den Felsen bei Ebbe klarspült. Der Hochmut an der Oberfläche hat den Wert des Fundaments unterschätzt. Solange alles gut läuft, schaut man nicht nach unten.

Gerade weil alle so beständig für mich da sind, weil meine Familie, meine Leute zu Hause mir loyal den Rücken freihalten, geht es mir hier überhaupt so gut. Ich schaue auf mein Handy, um die Zeit zu checken. Gleich gibt es Lunch und ich will nicht verheult aussehen. Wie durch ein Wunder ist in diesem Funkloch eine Sprachnachricht meiner Schwester zu mir durchgedrungen.

Es tut so gut, jetzt ihre Stimme zu hören. Meine beiden Schwestern fehlen mir schon sehr, muss ich sagen. Ihre Worte führen mich zurück in die Gewissheit der mich umgebenden Liebe. Wenn wir wissen, dass uns Liebe umgibt, sieht die Welt immer gleich ein wenig anders aus.

Also los nun, sage ich zu mir selbst und raffe mich auf, um meinen Mittagsdienst anzutreten. Lisa höre ich schon in der Küche rumhantieren. Cappy auf den Kopf und los. Als Küchendienst setzt man sich als Letztes an einen der übrig gebliebenen Tische und so setze ich mich an Steves Tisch. Ich sage nichts, kämpfe mit meinem Frust und schaue ein wenig blöd zum beständig schreienden Graulärmvogel im Jackalberrybaum über uns. Jetzt kackt er am besten noch eine halb verdaute Frucht auf mich runter, denke ich, macht mir auch nichts mehr aus. Ich warte nur darauf. Plopp, fällt es in mein Getränk. Wenigstens nicht auf meinen Kopf.

Steve trägt wie immer sein Pokerface und ich kann ihn nicht lesen. Ich bin einfach nur von mir selbst enttäuscht. Können die in der Ferne verhöhnend schreienden Paviane mich nicht im Flussbett vergraben? Aber nach jeder Guiding-Einheit müssen wir uns unser Feedback bei den Instruktoren abholen. Ich habe das Essen noch abgewartet. Jetzt frage ich ihn schnell: „Gibt es Feedback von deiner Seite?", und schaue wieder weg, denn sonst heule ich wahrscheinlich gleich. Steve scheint genau zu wissen, was in mir vorgeht. Er sagt einfach nur gnädig: „Steff, ich glaube, du weißt selbst, was du hättest anders machen können", und lächelt mich ermutigend an. Dann steht er auf, klopft mir auf die Schulter und überlässt mich nachsichtig wieder meiner eigenen Dramatik. Puh. Ich lache kurz hysterisch über mich selbst und Lisa und Tadjara stimmen erheiternd mit ein. Und dann begebe ich mich zum Study Deck des Camps, wo sich die Bibliothek und die Tische zum Lernen befinden. Meine Hände greifen das Baumbuch und das Säugetier-Buch. Es ist wieder Zeit, mir detailliertes Wissen anzueignen. Weiter geht's.

Ein paar Tage später wird mir klar, dass ich mal wieder ungeduldig gehandelt habe. Manchmal will ich Dinge sofort, obwohl sie noch nicht reif sind. Unbedingt wollte ich das erste Guiding hinter mir haben, dabei war ich längst nicht genug vorbereitet, habe es aber trotzdem forciert. Und ich muss ein wenig über mich selbst schmunzeln. Dass ich in einer anderen Welt bin, bedeutet nicht, dass es hier neben den Hochs keine Tiefs gibt, und ich muss wohl an meiner Frustrationstoleranz arbeiten. Die Hingabe an eine Sache sollte nicht davon abhängig sein, wie die Dinge für uns laufen. Schon gar nicht sollte man sich durch Misserfolge von Zweifeln entmutigen lassen. Nähre deinen Zweifel und dein Glaube wird verhungern. Nähre deinen Glauben und dein Zweifel wird verhungern. Wir können nicht immer kontrollieren, was passiert, aber wir haben Einfluss auf die Art und Weise, wie wir auf eine Situation reagieren. Alle Faktoren zu beachten und dabei noch zu navigieren und Fakten zu präsentieren ist mir plötzlich zu viel geworden in der neuen Umgebung. Vielleicht hätte ich einfach nach mehr Hilfe fragen und mir einräumen sollen, dass es o.k. ist, die Führung in einem Terrain abzugeben, das ich gar nicht kenne.

Puh. Ob wohl die Engel auch so eine strenge Einweisung erhalten, wenn sie uns begleiten? Ich stelle mir vor, wie Gott jedem seine Aufgabe zuteilt. Das Schöne am Weg mit Gott ist, dass er uns den Rücken freihält und er nicht von uns erwartet, ständig die Kontrolle über alles zu behalten. Und das Beste ist, dass Gott uns unsere Fehler nachsieht. Egal, wie oft wir den falschen Weg genommen haben oder voreilig die Führung übernehmen wollten, obwohl wir gar keine Orientierung hatten, er übernimmt gerne wieder das Steuer.

*Bist du bereit, zu warten und dich einfach leiten zu lassen?*

# Der König des Buschs

In den nächsten Tagen fahren wir mit Jerry durchs Reservat und werden immer wieder Zeugen seiner hervorragenden Spurenleserkünste. Vom Trackersitz aus die Buschpiste inspizierend winkt er den Fahrer quer durchs Reservat. Sobald er Löwenspuren vernimmt, folgt er diesen, und jedes Mal kommen wir tatsächlich bei den Löwen an. Der Motor wird abgestellt, Jerry dreht sich zu uns um und fängt an zu erzählen, während wir den Anblick des mit prächtiger Mähne dösenden Löwen circa vier Meter vor uns genießen. Ein paar Meter weiter entdecken wir auch noch zwei Löwinnen mit drei Jungtieren. „Seine männlichen Freunde sind bestimmt nicht weit", spekuliert er, sich in der Gegend umsehend. „Männliche Löwen bilden oft eine Koalition, um ihr Rudel zu beschützen", beginnt Jerry und wir zücken unsere Notizbücher. „Oft handelt es sich dabei um Löwenbrüder."

„Stimmt es oder ist es ein Klischee, dass hauptsächlich die Weibchen jagen?", will Zach wissen. „Ja, das ist wahr", bestätigt Jerry. „Löwen sind die einzigen sozialen Katzen, bei denen die Weibchen zusammen jagen und auch ihre Jungen zusammen aufziehen. Wenn die männlichen Tiere zweieinhalb bis dreieinhalb Jahre alt sind, werden sie aus dem Rudel ausgestoßen und jagen fortan selbst, um zu überleben. Später werden sie dann ihr eigenes Rudel bilden, bei dem wieder die weiblichen Tiere jagen. Mit größerer Beute, wie Giraffen oder Büffel, helfen die Männchen jedoch des Öfteren. Und trotzdem sind die Männchen stets zuerst mit dem Fressen dran, egal ob sie gejagt haben oder nicht. Es kann sogar sein, dass sie den Weibchen und Jungen gar nichts übrig lassen."

„Wieso lassen die Weibchen das mit sich machen?", frage ich nach. „Sie sind eben viel schwächer und bedürfen des männlichen Schutzes", erklärt Jerry mir. „Die Löwen markieren dafür das Revier und beschützen das Rudel vor Hyänen und fremden Löwen. Sollte einer kommen, der stärker ist als das bestehende Männchen, wird er in der Regel alle Löwenjungen umbringen, die jünger als ein Jahr sind." „Was?", flüstert Katie entsetzt. „Katastrophe biblischen Ausmaßes", füge ich hinzu. „Ja", bestätigt uns Jerry, „sie wollen eine möglichst baldige erneute Fruchtbarkeitsphase der Löwinnen hervorbringen, sodass sie ihre eigenen Nachkommen sichern können. Die Weibchen werden aber interessanterweise erst trächtig, wenn der neue Rudelherrscher sich fest etabliert hat."

Wir starren weiter gespannt auf das Löwenkino. Nicht gerade eine Actionszene, aber vielleicht kommt ja noch was. Immerhin bietet Jerry uns mit seinen Fakten quasi das Unterhaltungspopcorn.

„Warum rufen die Löwen nur nachts?", fragt Lisa Jerry. „Ist es nur wegen ihrer Nachtaktivität?" „Nachts ist die Luft ruhiger und der Schall wird weiter getragen als bei Tage", erklärt er. „Teilweise wird ihr Ruf kilometerweit getragen. Wir nehmen an, dass sie teilweise über 10 km weit hören können, viel weiter als wir. Ihre Ohren bewegen sie unabhängig voneinander in verschiedene Richtun-

gen und nehmen so viel mehr Laute wahr. Sie können einander am Ruf erkennen und antworten auf die Rufe. Aber auch ihre Sehkraft übertrifft unsere bei Weitem. Am Tage mag es keinen großen Unterschied machen, doch in der Nacht sehen sie sechs- bis achtmal besser als wir. Schaut euch die weißen Linien unter seinem Auge an", fordert Jerry uns auf und zeigt auf das mächtige Männchen, das völlig entspannt mit geschlossenen Augen vor uns liegt, den Kopf erhoben. „Diese weiße Linie unterm Auge verhilft

Löwen wahrscheinlich dabei, jeden Lichtstrahl im Mondschein auf die Netzhaut zu reflektieren. Bei Geparden ist diese Linie schwarz, denn sie sind in der Regel tagaktiv.

Die Linien könnten allerdings auch zu kommunikativen Zwecken dienen, wenn es um das Lesen von Gesichtsausdrücken geht", lehrt er uns.

Der Ausdruck des Männchens vor uns könnte gerade nicht entspannter sein. Im Gegensatz zu uns scheint er sogar ein wenig gelangweilt von Jerrys Informationen. Er gähnt und die etwas weiter weg liegenden Weibchen tun es ihm gleich, das soll die Gemeinschaft stärken. Das messerscharfe Maul ist ganz schön beeindruckend. „Guckt euch die Zunge an", bemerkt Jerry. „Sie ist extrem rau. Löwen können Fleisch vom Knochen allein durch Lecken abtrennen, so messerscharf ist dieser rosafarbene Lappen. Es hat schon Fälle gegeben, bei denen Löwen Menschen zu Tode geleckt haben. Aber ich will euch ja keine Angst machen", lacht er sichtlich belustigt.

„Wie alt sind die Jungen?", wollen wir wissen und am liebsten würden wir sie spielen sehen, aber keiner der schlafenden Knäuel rührt sich. „Wahrscheinlich bereits 4-5 Monate", schätzt Jerry. „Löwen haben eine sehr geringe Fruchtbarkeitsrate", verrät er uns. „Sie paaren sich extrem häufig, etwa alle zwanzig Minuten vier Tage lang."

„Ach was!", bemerken die Jungs auf dem Auto fasziniert. „Japp", bestätigt Jerry, „und glaubt nicht, dass das immer ein Vergnügen ist. Der Penis eines Löwen ist mit Widerhaken versehen, sodass man sich denken kann, warum die Weibchen den Männchen oft eine mit der Pranke scheuern, wenn sie wieder von ihnen steigen. Aber das häufige Paaren muss sein, denn nur ein winziger Prozentteil des Paarungsprozesses resultiert in einer Befruchtung. Tatsächlich ist ein Männchen nach drei Tagen so geschwächt, dass das andere Rudelmännchen das Weibchen besteigt."

„Aber dann wissen sie am Ende doch nicht, wessen es ist?", unterbrechen die Mädels kollektiv. „Das ist der Sinn des Ganzen", lässt Jerry uns wissen. „So ist sichergestellt, dass alle potenziellen Väter sich um den Nachwuchs kümmern. Die Kleinen sind nämlich blind und schwach und damit ganz schön hilflos bei der Geburt. Oft synchronisieren die Weibchen die Geburten, sodass sie sich gegenseitig beim Säugen helfen können. Sollten aber ältere Jungtiere bereits im Rudel sein, werden die Kleinsten für sechs Wochen in Sicherheit abseits des Rudels gehalten, bis sie stärker sind."

Ganz schön ausgeklügelt, diese Löwenwelt. So wie sie gerade vor uns liegen, verbringen sie scheinbar zwanzig Stunden pro Tag, aber auch Löwen können in Sekundenschnelle hellwach sein. Im Busch macht ihnen keiner so schnell den Rang streitig, sie jagen fast alles. Wir lassen sie jetzt auch lieber in Ruhe dösen, denn in ein paar Stunden beginnen sie mit der anstrengenden Jagd durch die Dunkelheit.

Später am Feuer höre ich ihn wieder rufen. Ein die Dunkelheit durchdringendes Organ, das wie Gottes Wort mit Macht ertönt. Wenn er ruft, verstummt alles andere für einen Moment. Der Schall geht durch Mark und Bein, niemand kann ihn überhören. Und doch ist es ein sanfter Ruf, eine Stimme der Geborgenheit. In ihr höre ich Stärke, Schutz und eine deutliche Proklamation. Das hier ist mein Land. Das hier sind meine Leute, sie gehören zu mir und ich werde sie beschützen.

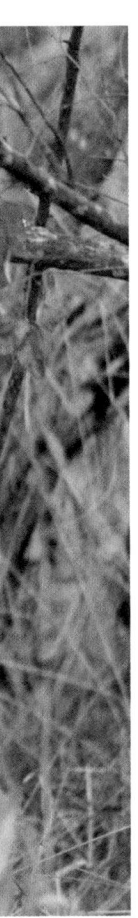

Nach gefühlt viel zu kurzer Zeit in Karongwe wird es Zeit für Steve zu gehen. Steve ist ein Mensch, der glaubt, dass alles möglich ist. Steve ist ein Traumfänger. Vom ersten Moment an hat er an Lisa geglaubt, auch dann, als sie es selbst nicht konnte. Und das hat sie getragen. Er hat uns unter anderem gelehrt, dass eine positive Geisteshaltung ein Schlüssel zum Erfolg sein kann. Der Löwe ist nicht das stärkste Tier im Busch, aber man hält ihn trotzdem für den König. Ein Elefant ist weitaus schwerer, größer und stärker, das Gebiss einer Hyäne ist kräftiger. Wie wir erfahren haben, können Büffel sich sehr gut gegen Löwen verteidigen, wenn sie sich nicht gleich als Opfer ausgeben. Der Löwe aber schreitet mutigen Geistes durch den Busch. Steve hat uns stets aufgefordert, mutigen Herzens voranzugehen, auch wenn wir zwischendurch sehr orientierungslos waren. Ein Heer von Schafen, das von einem Löwen geführt wird, schlägt ein Heer von Löwen, das von einem Schaf geführt wird.

Steves Gesicht war nicht immer leicht zu lesen und theoretisch kann das verunsichern, aber paradoxerweise strahlt seine Gegenwart eine wahnsinnige Sicherheit aus, die einem Selbstvertrauen gibt. Er hat uns auf jedem Drive mit seinem Wissen und seinen Geschichten beeindruckt. Und trotzdem hat er es geschafft, dass wir an uns glauben, obwohl wir ganz am Anfang stehen und viele Fehler machen. Vor allem hat er uns gezeigt, dass wir über die Grenzen, die wir oder andere uns setzen, hinausdenken sollten.

# Tische auseinander – Stifte zur Hand!

Zwei Wochen vor der Prüfung fangen Lisa und ich an, uns Notizen zu machen und Karteikarten zu schreiben. Zwischen dem Morgen- und Nachmittagsdrive lernen wir emsig oben auf dem Bibliotheksdeck, aber wir werden immer wieder durch die Gegenwart von Mitschülern unterbrochen. Es frustriert uns, wie viel Stoff zu lernen ist, und eines Nachmittags sitzen wir mit hängenden und schornsteinartig rauchenden Köpfen wieder oben und starren apathisch in die Gegend, das Workbook auf unseren Knien klebend. „Zwei Wochen, Steff, dann müssen wir den schriftlichen Test bestehen. Da is' hier jetzt nichts mehr mit Hakuna Matata und so", sagt Lisa entsetzt. Aber sie macht Fortschritte. Jedes Mal, wenn sie einen Vogel im Camp am Ruf identifiziert, strahlt sie übers ganze Gesicht.

Es ist schon seltsam, wie man Dinge lieb gewinnen kann, wenn man sie beim Namen nennt und sie genau betrachtet. Vor ein paar Monaten hätte ich jedem einen Vogel gezeigt, wenn er mir gesagt hätte, dass ich diese bald viel mehr schätzen werde und bei ihrem Anblick und Ruf jedes Mal aufs Neue in Freude ausbreche. Und wieder verstehe ich ein bisschen mehr von der Liebe Gottes. Er, der uns beim Namen ruft, in dessen Augen wir kostbar sind, der die Haare auf unserem Kopf zählt, der sich um die Spatzen kümmert. Wie muss er sich freuen, wenn er uns sieht, wenn er uns mit ihm sprechen, über ihn nachsinnen hört, wenn wir ihm singen, mag es noch so schief klingen. So unvorstellbar wie meine Freunde es bei meiner Rückkehr finden, dass ich die Vögel wirklich als kostbar erachte, so unbegreiflich ist es manchmal für uns, dass wir bedingungslos geliebt werden.

Eine Woche vor der Prüfung schotten Lisa und ich uns die meisten Abende ab. Lisa ist wundervoll, sie hat viel mehr Disziplin als ich. „Team Germany hat heute um 20 Uhr einen Termin im Zelt. Niemand anderem werden die Tore geöffnet", weist sie halb scherzend an und macht eine Herr-der-Ringe-Pose. „IHR KOMMT NICHT VORBEI!", ruft sie vor unserem Zelteingang laut. Ja, langsam drehen wir durch, wie das so ist, wenn man viel lernt. „Wir gehen das Gliederfüßer-Kapitel durch. Und vielleicht schaffen wir dann noch Fische." „Jo!", bestätige ich entschlossen.

„Wir haben nicht mehr viel Zeit, Steff", sagt Lisa am Abend um Punkt acht zu mir mit Panik in den Augen. „Ich weiß nicht, wie wir das alles noch lernen sollen. Ist voll viel." „Phhhhh. Weiß ich auch nicht", gebe ich zu, „aber es haben doch schon so viele andere geschafft und Team Germany ist ja wohl nicht bescheuert."

Der Tag der schriftlichen Prüfung ist gekommen. Jetzt können wir nichts mehr ändern, was wir wissen, wissen wir, was nicht, wird uns zum Verhängnis. Wir haben uns nervös im Klassenzimmer versammelt und sitzen wie die Pinguine vor ihrem ersten Sprung ins Meer ungewiss wartend mit Stift in der Hand auf unseren Plätzen.

Als um kurz vor halb zehn auch der letzte Zettel abgegeben wird, treffen wir uns zum kühlen Drink vor Jakes und Chris' Zelt. „Tent Tiiiime!", ruft Chris wie ein seinen Sieg verkündender Wikinger lautstark durchs Camp und jetzt feiern wir erst einmal, dass wir es geschafft haben, die Theorie hinter uns zu bringen, egal, wie das Resultat sein wird. Der Stress fällt gerade von uns ab wie die Eierschale vom Küken, auch wenn diese Freiheit trügt. Es sind nur vier Tage zur praktischen Prüfung, zwei Tage zur Vogelprüfung und einen Tag Pause zur Reptilien- und Amphibienprüfung. Trotzdem, so viel Zeit muss sein.

Lisa und ich schlafen in dieser Nacht selbst verschuldet schlecht, weil wir wie Kinder, die auf den Weihnachtsmann warten, mit der Müdigkeit ringend zum Zeltfenster hinausgespäht haben, um unser

Camp-Stachelschwein zu sichten. Seit ein paar Nächten schon schleicht es deutlich hörbar immer wieder um unser Zelt herum. Und tatsächlich, da lief es direkt vor unserem Zelt vorbei. Es war nur ein kurzer Augenblick, aber Lisa liebt Stachelschweine und so hat sich das Wachbleiben gelohnt.

Lange schlafen konnten wir sowieso nicht, die Sonne strahlt am folgenden Tag gleißend heiß. Lisa und ich nutzen die Hitze und waschen unsere Unterwäsche nebeneinander. „Oh nein", sagt Lisa und schaut nach oben, als wäre ein blauer Himmel ein Hexenschuss. „Steff, du weißt, was es bedeutet, wenn es jetzt so heiß ist ...", sagt Lisa zu mir. Ich habe keinen Schimmer, aber ich nehme an, dass meine organisierte und vorausschauend lebende Zeltnachbarin bereits eine akkurate Theorie zur Wettervorhersage aufgestellt hat. „Doch, Steff, das ist doch der Rhythmus, eine Woche knallheiß, dann bewölkt und windig und dann kommt Regen."

„Neiiiin!", bemerke ich endlich.

„Japp, dürfte genau zu unserer Prüfung da sein. Na, dann gute Nacht, Marie, Prost Mahlzeit!", befürchtet Lisa.

„Langsam mache ich mir auch in die Hose", gestehe ich ein, während ich tief einatme und in den Himmel schaue. Bitte, bitte, kein Regen, sende ich ein Stoßgebet zum Himmel. Es wird ohnehin ein Tanz auf dem Drahtseil, alle siebzehn gelernten Themenbereiche in den Prüfungsdrive einzubauen.

Am Tag meiner praktischen Prüfung krieche ich noch in der Dunkelheit aus dem Zelt und schaue in den Himmel. Den ganzen Morgen laufe ich aufgeregt durchs Camp und suche wie ein Eichhörnchen seine versteckten Nüsse alle möglichen Sachen.

Das Wetter ist leider genau so, wie Lisa es vorhergesagt hat. Die letzten Tage waren heiß und jetzt zieht es zu. Es ist absolut bewölkt, kalt und ungewöhnlich windig, was mich nur noch nervöser macht. Wir wissen alle, dass sich die Tiere bei diesem Wetter so gut wie immer verziehen und genauso unsichtbar sind wie die Sonne. Die Spuren sind vom Winde verweht und kaum erkennbar und außerdem könnte es jeden Moment anfangen zu regnen. „Dann wird die Prüfung abgebrochen und einfach wiederholt", versucht Sean mich zu beruhigen, aber ich finde das so beruhigend wie ein Sturm auf dem Wasser, wenn du als Maus in einer Nussschale sitzt. Ich bete, dass es trocken bleibt und ich wenigstens ein paar Tiere sehen werde.

Mehr kann ich jetzt auch nicht tun. Das hat Mama immer gesagt. Du kannst dich ausführlich vorbereiten und beten, mehr nicht. Und dann bleibt dir nichts, als zu vertrauen, nicht, dass es nach deinem Willen geht, sondern dass Gott das Richtige tut. Hat bisher immer geklappt und ich hoffe, dass dieses Mal auch alles gut gehen wird.

Ich bin froh, dass ich meine organisierte Lisa habe, die mit mir bereits gestern zwei schwarze Boxen für den Landie gepackt hat, in denen sämtliche für die Prüfung benötigte Gegenstände ihren Platz gefunden haben: Erste-Hilfe-Set, Wasser, Bücher, eine Tischdecke, Decken für die Gäste, Stifte und vieles mehr.

Jetzt müssen wir nur noch den Wagen putzen. In dem Moment rücken Jake und Chris mit den Jungs als Putzpatrouille um die Ecke an. „Ihr zwei putzt von innen, Chris und ich holen den Schlauch und übernehmen außen, und du holst das Amaturenspray und polierst", weisen die Männer die Jungs an. Ich habe sie in diesem Moment besonders lieb. Sie sind Gold wert und eine so große Hilfe bei meiner Nervosität. „Läuft bei uns", kommentiert Lisa zufrieden und strahlt mich mit einem schiefen Mundwinkel an. Es ist elf Uhr morgens und um drei könnte ich vielleicht bereits meine Prüfung haben. Aber die Prüfer sind noch nicht da. Kein Grund, nervös zu sein.

Eine Stunde später erreicht ein Prüfer das Camp.

Er ist etwa Anfang vierzig und erscheint erst einmal sehr nett und recht locker. Aber ich bin vorsichtig, ich weiß, das können die anspruchsvollsten Lehrer sein. Er erklärt uns ruhig den Ablauf und nimmt uns ein wenig die Angst, denn er erlaubt uns, Fehler zu machen, und erklärt uns, dass das nicht das Ende bedeuten müsse. „Ich weiß, es kann schwierig sein, alle 17 Themen zu integrieren, wenn man beispielsweise gar keine Reptilien sieht", beruhigt er uns. „Ihr müsst das nicht komplett künstlich aufziehen. Ich erwarte natürlich ein umfassendes Wissen von dem, was ihr in den letzten zwei Monaten gelernt haben sollt", lenkt er ein, „aber ich weiß auch, dass ihr nervös seid und noch nicht lange hier im Busch. Du bist zuerst dran?", adressiert er mich. Ich nicke nervös. „Wir haben noch zwei weitere Zuschauer, die heute dabei sind, also schau, wie viel Platz du für deine Gäste auf dem Wagen hast."

„Na, hurra!", denke ich. „Nicht noch eine große Veränderung jetzt und vor allem brauche ich meine Homies auf dem Drive."

Mein Kopf hat den Panikknopf gedrückt. Nach der Besprechung zieht Lisa mich beiseite. „Ganz ruhig, Steff, hab schon alles im Kopf durchgecheckt, wer wo sitzt. Passt." Ein Stein fällt mir vom Herzen. „Ich hätte mich ohne dich schon längst verzweifelt im Flussbett eingegraben, Lisa. Danke."

Lisa und ich haben alles heimlich geplant. Haben die Karte aus dem Auto vor ein paar Tagen abfotografiert und uns Routen füreinander ausgesucht. Jake hat versprochen, wichtige Fragen zu stellen, und Tadjara wird mir seelischen Beistand leisten. Katie drückt mich noch einmal fest und ich weiß, sie wird mir ebenfalls eine Unterstützung im Auto sein. Jetzt will ich auch, dass die drei Stunden beginnen. Karteikarten werden nicht mehr angerührt. Ich checke die Kühlbox noch dreimal und koche das Wasser fünfmal heiß auf.

# Auf den Wagen, fertig, los!

Es ist fünf vor drei, als ich den Wagen an den Sandkreisel vorfahre, an dem ich meine Gäste und meinen Prüfer abhole. Jetzt bin ich bereit, habe beste Laune und mache die vorbereitende Ansage über das Verhalten im Wagen, das Radio und die Dauer unseres Ausfluges. Ich wiederhole die am Abend zuvor beim Abendessen abgefragten Interessen meiner Gäste und versuche, sie in der Kälte bei Laune zu halten. Zum Glück haben Lisa und ich an Decken gedacht. Alle sitzen aneinandergeschmiegt im Wagen, bis auf den Prüfer natürlich, der mit Block und Stift ganz hinten sitzt, sodass er auch jeden Hubbel, über den ich fahre, gleich bemerkt. Ich lasse die Pforten unseres Camps hinter uns und nehme gleich die erste Abbiegung rechts, denn ich möchte etwas zu meinem Lieblingsbaum, dem Boscia Albitrunca, erzählen und das ist, soweit ich weiß, der einzige hier im Reservat.

Eine sichere Station, denn ich kann mit Begeisterung über diesen Baum reden, den ich wirklich ganz besonders finde. Seine Blätter sind extrem vitaminreich und nahrhaft. Sie haben einen hohen Anteil an Vitamin A und Proteinen. In Zeiten der Dürre schneiden die Hirten die Äste herunter und machen sie zugänglich für ihre Herde. Außerdem kann der Stamm dieses Baumes als natürliches Wasserreservoir fungieren, aus seiner Rinde lässt sich Brei machen und aus seinen Wurzeln wurde in Kriegszeiten bereits ein Kaffeeersatz gemacht. Ich weiß nicht, warum, aber ich stelle mir immer den biblischen König David vor, wie er diesen Baum als schattigen Platz genutzt hat und von allen seinen Vorteilen Gebrauch gemacht hat. Mit diesem Bild im Kopf merke ich mir all die Nutzen des Baumes. Er wird auch „Baum des Lebens" genannt, eben weil er so viel bereitstellt.

Normalerweise finden wir auf diesem Weg hier öfter Zebras und Gnus, doch heute lassen sich noch nicht einmal die sonst so eindeutigen Hufspuren im Boden ausmachen. Aufgrund des starken Windes ist heute so gut wie gar nichts zu erkennen, weshalb ich erst einmal langsam weiterfahre. Stets achte ich auf die herabhängenden Äste und fahre so langsam wie noch nie, um meinem Prüfer das Hüpfen über Hubbel in letzter Reihe zu ersparen. Ich gucke rechts und links und suche nach Vögeln oder Säugetieren und dabei habe ich ganz vergessen, dass ich die nächste Abbiegung links nach Beacon Road nehmen wollte.

Aber dann entdecke ich plötzlich ein Grautokopaar auf einem Ast und halte sofort an. Das Brutverhalten des Paars ist ein Paradebeispiel von Vertrauen. So erzähle ich meinen Gästen, dass das Vogelweibchen sich zum Brüten in einen Hohlraum im Baumstamm einsperren lässt. Lediglich ein Briefkastenschlitz bleibt als Verbindung zur Außenwelt, durch welchen das Vogelmännchen seine Braut und später die Jungen füttert. Ganz und gar muss sie sich in dieser Phase auf ihn verlassen können. Klar, theoretisch könnte sie ausbrechen und wegfliegen, das aber ist in der Praxis keine Option, denn während sie brütet, mausert sie ihr Federkleid einmal komplett, inklusive Flugfedern. Somit macht sie sich hundertprozentig angreifbar und abhängig. Ihr bleibt nichts anderes übrig, als auf ihren Versorger zu vertrauen, damit sie einige Wochen später als reichere Kreatur mit ihren Sprösslingen aus ihrem Nest heraushüpfen kann. Was mag sie wohl denken, wenn er von außen alles zumauert? Was für ein Akt des Vertrauens.

*Hast du das Vertrauen, dir die Federn stutzen zu lassen?*

Zu verlockend war es, diese Geschichte meinen Gästen darzubieten, jetzt aber sollte ich meinen Weg wiederfinden. Chris sitzt neben mir und ich merke, dass auch er meine falsche Abbiegung gerade bemerkt hat. Er beginnt, unruhig hin und her zu rutschen. Ich nicke und hoffe, er versteht mein Signal, dass ich weiß, dass ich gerade meine Route unwillentlich geändert habe. Ich nehme einfach die nächste links. „Wenn du weiterfährst, kommst du an den Zaun", flüstert Chris mir zu und ich gebe ihm ein leises „Danke, ich fahr jetzt sofort links rein, da ist noch 'ne kleine Straße" und hoffe, dass ich meine Orientierung und Ruhe nicht verliere.

Auf der kleinen Straße kommt mir Sean mit der restlichen Gruppe gerade entgegen, die einen ganz normalen Spaßdrive unternehmen. Übertrieben freudig und locker winke ich ihnen hinterm Steuer zu, als wäre ich auf einer Shoppingtour. Innerlich aber bin ich jetzt tatsächlich nervös, denn ich hoffe, diese Straße wird mir keine Schwierigkeiten bereiten. Ich weiß nämlich gerade nicht mehr, wie sie verläuft. Seans Auto fährt vorbei und ich versuche, ganz ruhig weiterzumachen. Lisa tippt mir auf die Schulter. „Kudu, 11 Uhr." Ein prächtiger Kudubulle ist im Gebüsch zu erkennen. Ich fahre etwas näher heran und mache dann den Motor aus. Kudus sind in der Regel hier im Reservat recht scheu. Und leider auch dieser: Als wir näher herankommen, galoppiert der Bulle weg. Normalerweise sollen wir nicht verweilen, wenn ein Tier schon abgehauen ist, und weiter darüber berichten, wenn man es gar nicht mehr sieht. Aber ganz ehrlich, in der Not frisst der Teufel Fliegen. Wenn schon das Wetter nicht auf meiner Seite ist und das wahrscheinlich eines der wenigen Tiere sein wird, die ich heute überhaupt meinen Gästen präsentieren kann, ergreife ich die Chance. „Ein prächtiger Bulle, habt ihr ihn gesehen?", frage ich meine Gäste und meine Freunde unterstützen mich natürlich mit einem klaren „Ja, wow!".

„Kudus sind nach der Elenantilope die zweitgrößte Antilopenart in Südafrika. Mit seinen Hörnern ist der Kudu über 1,80 m groß und er nutzt diese auch hin und wieder, um höher liegende Äste zum Äsen herunterzubrechen. Manchmal findet man im Busch zwei Schädelskelette, die ineinander fest verankert sind. Einige afrikanische Völker nutzen dieses Bild, um ihren Kindern die Sinnlosigkeit des Streitens nahezubringen. Denn Kudus können sich beim Kämpfen so ineinander verhaken, dass sie nicht mehr aus dieser Position herauskommen, und so sterben zwei so prächtige Tiere nur um des Streitens willen."

Meine Gäste geben ein unterstützendes „Ah, interessant!" von sich. Ich fahre fort: „Wenn sie sich bedroht fühlen und fliehen, heben sie ihren Schwanz, sodass die weiße Unterseite dessen zu sehen ist. Kann sich jemand vorstellen, wozu das hilfreich sein kann?" „Vielleicht hilft es den Jungen?", fragt Lisa unterstützend. „Richtig", bestätige ich. „So können die Jungtiere bei Gefahr sicher folgen. Aber es kann den Räuber auch verwirren. Wenn der Kudu den Schwanz plötzlich wieder herunterzieht, kann ein Löwe schon mal verwirrt sein und sein Objekt suchen, dem er gerade eben noch so klar folgen konnte", erzähle ich und Lisa hört interessiert zu und stellt noch ein paar Fragen, die ich gut beantworten kann.

Wir fahren weiter. Gott sei Dank habe ich diese Straße genommen, denn ich sehe eine Giraffe in fünfzig Metern Entfernung an den Ästen knabbern. Es ist ein Bulle, wie ich an den weniger behaarten Hörnern auf dem Kopf erkennen kann. Er muss schon das ein oder andere Mal mit anderen Bullen gerungen haben und hat wahrscheinlich auch schon ein paar Jahre auf dem Buckel. Aber auch er ist scheu und geht leider ein paar Schritte weiter in den Busch, als wir uns nähern. Ich stelle den Motor ab und wir rollen noch ein paar Meter geräuschlos weiter. Die Positionierung ist nicht optimal, als ich beginne, von Giraffen zu erzählen. „Für so manch anderes Tier ist die Giraffe ein Leuchtturm. Sie hat ein gutes Sehvermögen und kann Gefahr durch ihre Größe früh wahrnehmen. Jede Giraffe hat ein einzigartiges Fellmuster. Wie viele von euch sicherlich schon gesehen haben, spreizt die Giraffe ihre Vorderbeine beim Trinken extrem und ist in dieser Position sehr angreifbar."

„Deshalb trinken sie nicht so oft, oder?", fragt Katie mich. „Genau, nur alle zwei, drei Tage. Und eigentlich müssten sie einen Blutrausch im Kopf kriegen, wenn sie trinken, denn sie pumpen 60 Liter Blut pro Minute durch ihr Herz. Aber durch ein ausgeklügeltes System an Klappen und Kapillaren, das die Blutzufuhr verengt und erweitert, wird verhindert, dass alles in den Kopf strömt, wenn sie sich bückt", erkläre ich.

Ich entschuldige mich bei meinen Gästen für die schlechte Sicht und setze nun zurück, sodass sie einen besseren Blick auf das Tier haben. Kein schlechter Schachzug, denn jetzt stehen wir auch direkt vor einem perfekten Exemplar einer Knopfdorn-Akazie und ich gebe mein Wissen über diesen interessanten Baum preis, der nämlich auch der Lieblingsbaum der Giraffe ist.

„Akazien sind aufgrund ihre Nahrhaftigkeit sehr wichtig für Giraffen", sage ich nicht zu laut, um die Giraffe nicht noch weiter zu verscheuchen. „Sie wachsen meistens auf sehr fruchtbarem Boden. Der Knopfdorn heißt so, weil er überall kleine noppenförmige Knöpfchen hat, die, wenn man sie pulverisiert, übrigens ein hervorragendes Antihistaminikum sein können. Der Baum hat typischerweise auch Dornen, um sich vor Übergrasung durch Herbivoren zu schützen. Aber die Giraffen wiederum haben extralange Wimpern, die ihre Augen vor den Dornen beschützen. Ihre Zunge ist bis zu 45c m lang, klebrig und dunkel. So haben sie sich perfekt daran angepasst, sich von den Blättern der dornigen Akazien zu

ernähren. Durch den klebrigen Speichel erfasst die lange Zunge die Blätter besser und so verletzen sie sich nicht an den Dornen. Und wer etliche Stunden äsend in der Savanne verbringt, der braucht auch einen natürlichen Melanin-Sonnenschutz in der Zunge. Haben alle nun einen guten Blick auf die Giraffe erhascht?", stelle ich sicher und erhalte ein allseitiges Nicken meiner noch immer in die Decken eingekuschelten Gäste.

Ich fahre weiter und halte mich nun etwas mehr links, denn ich will trotzdem noch nach Beacon Rock. Und puh, ich komme auch dorthin. Verdammt, es ist heute so kalt und windig, dass selbst die sonst so zuverlässig dort abhängenden Klippschliefer nicht auf dem Felsen chillen wollen. Ich halte trotzdem und lasse meine Gäste mit ihren Ferngläsern die Felsen absuchen, aber sie sind nicht zu finden. Mist, ich muss jetzt etwas anderes finden. Ich blicke mich nervös um. Nun habe ich doch extra angehalten und jetzt erzähle ich nichts? Da, zu meiner Rechten hängt das Nest eines Scharlachwebers. Gut. Dazu kann ich etwas erzählen. Es ist nämlich ein ziemlich witziger Vogel. An ihm könnten sich die Menschen mal ein Beispiel nehmen. „Das Männchen gibt sich unheimlich viel Mühe, um das Weibchen zu beeindrucken. Hier wird der Frauenwelt noch so richtig was gebastelt", lasse ich meine Gäste wissen. „Der Weber zeigt sein schönes Gefieder in Aktion, indem er eifrig kleine Nester aus Zweigen konstruiert und sie dem Weibchen vorführt. Gefällt es ihr nicht, zerstört sie es einfach, und das Männchen kann von vorn beginnen." In der Tat sind nicht nur die Scharlachweber ausgeklügelte Architekten, auch andere Webervögel verstehen sich hervorragend auf raffinierten Nestbau. Die kleinen runden Häuschen sehen wie Weihnachtskugeln an einem Christbaum aus und machen im Wind an den dünnen Ästen hängend den Anschein, als würden sie gleich herunterfallen. Welche naive Dame würde sich überhaupt da hineintrauen, habe ich mich schon des Öfteren gefragt, aber ich liege vollkommen falsch. Sosehr sich die Kugeln auch im Wind wiegen und kreisen, sie fallen nicht herunter. Außerdem haben die Weber sie in Dornenbäume gesetzt, sodass sie vor Angriffen sicherer sind. Der Architekt hat sich schon etwas dabei gedacht, vielleicht sollte man ihm einfach mal vertrauen.

Schon lasse ich meine Gäste auch zum ersten Mal aussteigen, denn neben dem Webernest befindet sich auch ein Termitenhügel, den ich gleich ausführlich erklären kann. Außerdem steht davor noch ein Gelbholzbaum. Damit kann ich auch etwas anfangen. Wirre Worte sprudeln vor Aufregung viel zu schnell aus meiner Kehle. Jake stellt mir interessiert eine Frage nach der anderen und ich rede mich regelrecht in eine euphorische Ekstase über diese kleinen Termiten.

Und dann fragt Jake mich nach den Löchern im Boden. „Ameisenlöwen", fange ich an zu erklären und beruhige mich ein bisschen in meinem Sprechtempo. „Das sind wirklich witzige Tierchen. Hier stimmt das Sprichwort ‚Wer anderen eine Grube gräbt, fällt selbst hinein' in der Tat nicht, denn der Ameisenlöwe lauert schon längst in seiner Grube im Filter des selbst gegrabenen Trichters auf das nächste Opfer, das oft viel größer ist als er selbst mit noch nicht mal einem Zentimeter." „Und warum fällt er nicht selbst in seine Grube?", hakt Jake geschickt nach. „Seine Härchen am Körper helfen ihm bei der Verankerung im Sand", erläutere ich. „Er kann sich locker wieder nach oben ziehen damit. Und je mehr seine Beute zappelt, desto schneller begräbt sie sich mit dem herabfallenden Sand. Dann beißt der Ameisenlöwe nur noch mit seinen Zangen zu und injiziert das Gift. Fertig ist die Mahlzeit."

„Wie lange brauchen sie für so ein Loch?", will Lisa wissen. „Eine halbe bis Dreiviertelstunde. Wir sehen diese Löcher oft in den Spuren anderer Tiere, so wissen wir schon mal, dass die Spur mindestens eine halbe Stunde alt ist. Das macht das Spurenlesen manchmal einfacher", füge ich hinzu.

Suchend schaue ich in den Himmel. Etwas schwebt in weiter Entfernung über uns hinweg. Lisa hat es auch entdeckt. „Das müsste ein Schreiseeadler sein", vermutet sie und ich stimme ihr zu. „Schaut mal nach oben", fordere ich meine Gäste auf. „Ich finde, er hat den Ruf Afrikas", teile ich ihnen mit. „Allein für diesen Ruf würde ich immer wieder herkommen."

„Leider etwas weit weg", sagt einer. „Ganz schön nah dran", entgegne ich mit Überzeugung. „Greifvögel können Mäuse aus drei Kilometern Entfernung sehen. Ich bin mir sicher, die Maus irgendwo hier, die wir nicht sehen, ist von dem Adler dort oben gerade auf Zoom gestellt. Sein Sehvermögen hat eine viel höhere Auflösung als unseres. Schreiseeadler verfügen über eine hohe Konzentration an Rezeptorzellen auf der Netzhaut. Ihr Gesichtsfeld ist ebenfalls um ein Vielfaches erweitert verglichen mit unserem, weil sie in ihrer Netzhaut über zwei Sehgruben verfügen, eine, die nach vorn, und eine, die seitwärtsgerichtet ist. Einige Raubvögel erfassen sogar Wellenlängen im infraroten und ultravioletten Licht, die wir Menschen nicht erfassen können. Und weil jedes Lebewesen, insbesondere Säugetiere, diese Infrarotwellen ausstrahlt, werden sie für einige Raubvögel dadurch sichtbar. So sind die Raubvögel in der Lage, ihre Beute sogar im hohen Gras zu erfassen, ohne sie tatsächlich zu sehen. Ich bin mir sicher, die Vögel da oben haben uns schon etliche Zeit vorher erspäht."

Ich kann nachvollziehen, dass der Vogel einigen viel zu fern vorkommt, sodass manche Menschen sich nicht einmal die Mühe machen, ihn mit dem Fernglas zu suchen. Man kann durchs Leben gehen, ohne einmal die Vögel am Himmel genau zu betrachten. Aber lohnend ist es allemal, sie zu beobachten und etwas über sie zu erfahren. Ich glaube fest, dass Gott uns auf Zoom gestellt hat, auch wenn er uns so fern vorkommt. Er behält uns stets im Auge, auch wenn wir ihn durch die Wolken manchmal überhaupt nicht sehen. Aber wenn er findet, dass es Zeit ist, einzugreifen, wird er es tun. So lange behütet er uns mit wachsamen Augen.

Als meine Gäste wieder auf den Wagen steigen, wirft Jake mir ein ermutigendes Lächeln zu. „Weiter so, Steff, läuft bei dir", zwinkert er mir zu und das hilft mir, denn ich habe irgendwie kein Gefühl dafür, wie ich mich hier eigentlich gerade mache. Jake ist mir in der Vorbereitung auf die Prüfung schon eine große Hilfe gewesen und ich bin so dankbar, dass er heute auf dem Wagen sitzt. Ich schaue wieder nervös in den Himmel. Sieht nicht stabil aus. Aber wenigstens vergeht die Zeit, es ist schon bald Zeit für die Pause und ich suche einen Felsen, damit ich den Tisch, die Kekse und Tee und Kaffee aufbauen kann. Davon brauchen wir heute viel, die Gäste sind schon etwas durchgefroren. Als ich einen geeigneten Platz finde, frage ich meine Gäste, was sie gerne trinken möchten. Ich merke, dass es den anderen in den Fingern kribbelt und sie mir helfen wollen, den Tisch, die Tischdecke, die Thermosflasche und den Inhalt der Kühlbox aufzutischen.

So war es in den vergangenen zwei Monaten immer. Wir haben uns gegenseitig beim Ausschenken geholfen. Aber heute dürfen sie nicht. Und gefühlt dauert es auch eine Ewigkeit, bis ich aufgebaut und eingeschenkt habe. Aber meine Gäste scheinen sich zu vergnügen, unterhalten sich angeregt und versuchen zu entscheiden, wer die letzte Käseschnecke verdient hat. Sie lachen entspannt und das beruhigt mich. Zeigt, dass es nicht allzu schlimm sein kann. Ich frage meine Gäste allerlei künstliche Fragen, deren Antworten ich längst weiß, aber Lisa, Katie, Chris, Jake, Shira und Tadjara spielen mein Spiel hervorragend mit und sie geben sich locker und zufrieden. Ich liebe sie in diesem Moment ganz bewusst, sie sind so wertvoll und halten mir bedingungslos den Rücken frei.

Ich entdecke Flechten an den Bäumen und beschließe, gleich über diese zu sprechen. Zur gleichen Zeit sehe ich, wie Jake versucht, mir etwas auf dem Boden zu zeigen. Er stampft für mich extra auffällig, aber ich checke es irgendwie gerade nicht. „Ahhh", geht es mir dann auf, wir stehen auf einem Granitfelsen. Super, Geologie-Check, kann ich auch gleich drüber reden.

Ich erkläre, wie die Beschaffenheit des Bodens mit den auf ihm wachsenden Pflanzen auch die Distribution der Herbivoren hier bestimmt. Die Antilopen suchen Gräser und schmackhafte Bäume und das wiederum zieht ihre Räuber an, die sich ebenso in diesem Umfeld ansiedeln. Alles hier hängt zusammen. Und dann sehe ich direkt vor mir einen haarigen Myrrhe-Baum, der immer köstlich duftet. Fabelhaft, so kann ich die Sinne der Gäste gleich involvieren. Ich rufe meine noch den Kaffee schlürfenden Gäste zusammen und lasse sie Blätter von dem Baum rupfen und in der Hand zerreiben. „Wenn ihr mal ein romantisches Date im Busch habt, aber vielleicht am Tag zuvor zu viel Knoblauch gegessen habt, dann würde es für einen gelungenen Abend helfen, diese Blätter hier zu kauen. Ist quasi wie eine natürliche Mundspülung."

„Super, merk ich mir fürs nächste Date im Busch", zwinkert Lisa mir zu.

„Aber Vorsicht", füge ich hinzu. „Am besten verbringt ihr die romantische Nacht nicht unter diesem Baum. Das könnte haarig werden. Eine bestimmte Raupenart liebt diesen Baum und das könnte unbequem werden, denn sie krabbeln oft zu Tausenden darauf und lassen sich dann herabfallen", warne ich und dann bitte ich meine Gäste, wieder in den Wagen zu hopsen, während ich die Sachen zusammenräume. Wir fahren weiter Richtung Norden und ich merke, dass ich nun irgendwann wieder links abbiegen muss, um mich langsam auf den Heimweg zu machen. Es fängt bereits leicht zu dämmern an. Wir begegnen noch ein paar Vögeln, über die ich allerlei Fakten und Verhaltensweisen preisgebe.

Jake fragt mich noch nach den Löchern seitlich in der Erde und ich bin dankbar, denn ich liebe die bunten Eisvögel, von denen sie stammen. Ihr Gesang ist wunderschön. Sie sitzen in der Regel auf Ästen und bleiben nie lange auf dem Boden sitzen, weil sie nicht schnell wieder ins Fliegen kommen und sich dadurch angreifbar machen würden. Daher stürzen sie sich lieber von einem Ast direkt ins Wasser, wenn sie ein Bad für ihre bunten Federn nehmen. Die Löcher in der Sandbank sind ihre Nester. Mit ihrem langen Schnabel können sie wunderbar graben. Sie schmeißen die Erde heraus, während sie kräftig mit den farbenfrohen Flügeln schlagen, und sie sind wahre Experten im Graben. Die Löcher sind nämlich bis zu 60 cm tief; der Riesen-Eisvogel gräbt sogar eine Tiefe bis zu 1,80 m.

Am Ende des Tunnels werden die Eier platziert. Der Nesteingang wird mit Fäkalien ausgelegt, um mögliche Feinde abzuschrecken. Daher baden die Eisvogeleltern oft erst einmal, wenn sie sich aus dem Nest stehlen. Die Eisvögel sind monogam und die Männchen legen sich auch ordentlich ins Zeug, um eine schöne Frau zu erhaschen. Sie bewegen sich tänzelnd auf den Ästen hin und her und zeigen das Farbenspiel ihrer schillernden Federn. Und natürlich bringen sie ihrer Geliebten auch ein Festmahl, und zwar regelmäßig. Daran können sich unsere Männer doch mal ein Beispiel nehmen.

Ich lasse meine Gäste noch einmal bei einem umgestoßenen Marulabaum aussteigen und kann gleich erklären, wie sich das Ökosystem meistens wieder von einem solchen Eingriff erholt. Zu Unrecht wird nämlich häufig behauptet, Elefanten zerstörten durch ihre Nahrungsaufnahme konsequent die Umwelt. Es ist wahr, dass ein ausgewachsener Bulle bis zu 5% seines Körpergewichts, also bis zu 300 Kilogramm, am Tag verzehren kann und bis zu 160

Liter trinkt. Damit kann er tatsächlich erheblichen Einfluss auf eine sensible Umgebung nehmen, doch sorgen Elefanten mit ihrer Nahrungssuche auch für ein gesundes Ökosystem. Indem sie Bäume umstoßen, erleichtern sie den Nahrungszugang für kleinere Herbivoren und schaffen gleichzeitig neue Lebensräume für Nagetiere, Reptilien und Vögel, insbesondere, wenn Gras um den Baum zu wuchern beginnt. Die Nährstoffe des Baumes werden vom Boden wieder aufgenommen und verwertet. Mit dem Ausscheiden von bis zu 150 Kilogramm Kot am Tag düngen und besamen sie außerdem geschäftig ihre Umgebung. Oftmals kommen Früchte grob verdaut wieder heraus, da Elefanten einen wenig effizienten Verdauungstrakt besitzen. Besonders lieben sie die Früchte des Marulabaumes.

Das Wetter scheint zu halten, stelle ich bei einem schnellen Blick in den Himmel fest. Ungefähr 40 Minuten noch. Bitte lass es halten! Weiter geht die kalte Fahrt, auf der wir nun der Rotschopftrappe begegnen, deren Ruf hier so häufig zu hören ist. Ich bin froh, dass Jake diesen Vogel im Gebüsch für mich entdeckt. „Was ist das?", fragt er gespielt ahnungslos. „Oh, ein superinteressanter Vogel!", rufe ich begeistert aus und fange an, von seinem Balztanz zu erzählen. Ich imitiere seinen Ruf, der mit einem Klicken beginnt, und werde genau in diesem Moment von dem Vogel abgelöst, der mir offensichtlich zeigt, wie man das richtig macht. „Und wenn er die Mädels beeindrucken will", fahre ich fort, „dann steigt er steil auf, hält in der Luft an, bevor er sich im Sturzflug nach unten begibt und sich dabei noch dreht. Und die Ladys sitzen begeistert mit überschlagenen Krallen im Gras und lassen sich umwerben." Genau diese Show beobachten wir einen Moment später. Genial, das stimmt meine Gäste sichtbar fröhlich.

Wenige Minuten später kommen wir an einem ganz besonderen Baum vorbei, dessen Geschichte mir unmittelbar unter die Haut ging, als Steve uns von ihr erzählte: dem Ziziphus Mucronata, dem Büffeldorn. Ich habe auf dieser Fahrt schon ein bisschen verzweifelt nach meinem Büffeldorn gesucht, denn seit zwei Tagen haben jetzt wirklich auch alle Bäume Blätter bekommen und sehen vollkommen anders aus. Aber ich fahre ganz dicht und langsam an einem vorbei, sodass ich mir ganz sicher bin. „O.k., Leute, ich weiß, es wird dunkel, es ist sehr kalt und wahrscheinlich habt ihr Hunger, aber das ist ein ganz besonderer Baum und, ich denke, der letzte, den ich euch heute vorstellen werde", verspreche ich. Meine Gäste spielen weiter mit, lächeln mir ermutigend zu und hören gespannt hin, wenn ich erzähle. Ich breche einen kleinen Ast ab und gebe ihn durch die Reihen. „Seht ihr die Zickzack-Form der Äste?"

Meine Gäste nicken. „Sieht ganz besonders aus", fügt Jake hinzu.

„Dieser Ast ist ein passender Vergleich zum Leben, denn wie wir wissen, verläuft es nicht immer gerade und schon gar nicht nach Plan. Und jede Verzweigung am Ast bringt uns an eine andere Kreuzung des Lebens, so wie jede Entscheidung es tut, die wir treffen", erkläre ich. „Und wenn ihr nun genau hinseht, dann erkennt ihr, dass es zwei unterschiedliche Dornen an den Ästen gibt."

„Oh, tatsächlich. Einer zeigt nach vorn, der andere nach unten", stellt Lisa für mich fest. „Genau", stimme ich zu. „Damit erinnert uns dieser besondere Baum daran, in die Zukunft zu schauen, egal, was passiert ist. Aber er ist auch eine Erinnerung daran, dass wir eine Vergangenheit haben und dass wir nicht vergessen dürfen, wo wir herkommen. Manche afrikanischen Völker tragen einen Zweig dieses Baumes mit sich, wenn jemand während einer Reise weit weg von zu Hause gestorben ist. Sie glauben, dass der Stachel, der nach unten zeigt, die Seele dieser Person nach Hause tragen wird und der obere Dorn sie in die Ewigkeit befördert. Auf ihrem Weg von dem Ort, wo die Person verstorben ist, nach Hause geben sie vor, zu zweit unterwegs zu sein. Sie kaufen stets von allem zweierlei. Sie bestellen zwei Mahlzeiten, buchen zwei Betten und kaufen zwei Bustickets zu dem Ort. Selbst wenn sie den Körper der Person nicht mit nach Hause nehmen, so nehmen sie mit diesem Ast doch ihre Seele mit. Und dann kehren sie heim und legen den Ast auf das für die Person ausgesuchte Grab."

Ich versinke immer mit der Geschichte, denn sie berührt mich. Daran, welch schnelle und unerwartete Wendungen das Leben nehmen kann. One life. Live it. Das Leben will gelebt werden. Es will aktiv mit Entscheidungen eingeladen werden. „Ja, ein sehr besonderer Baum", holt Lisa mich räuspernd aus meinen Gedanken zurück und schaut mich intensiv an, denn ich habe mich wohl kurz an den Blättern festgeguckt. Ich schaue meine Gäste an. „Alles klar, Leute?"

Die Gäste nicken zufrieden. Fast geschafft. „Dann bringe ich uns jetzt wieder langsam ins Camp zurück", verspreche ich und hoffe, dass ich halten kann, was ich da gerade gesagt habe, denn ich weiß zwar die Richtung, aber nicht die genaue Abzweigung. Abwarten.

Ich werde schon sehen. Jetzt wird es langsam dunkel und wirklich Zeit, dass ich den Weg nach Hause finde. Ich bin mir, ehrlich gesagt, gerade nicht ganz sicher, welche Abbiegung mich wieder ins Camp führt, und lasse Chris meine Unsicherheit beim Einsteigen ins Auto wissen, aber er weiß es ebenso wenig. „Hab dich, Steff", beruhigt Lisa mich mit einer kurzen Berührung auf der Schulter. „Ich weiß, wo wir sind. Versuche, dir zu helfen, wenn wir fahren."

Wir steigen wieder ein und ich weiß, ich fahre in die richtige Richtung nach Süden, aber nehme eine Abbiegung zu früh nach links. Ich sehe, wie wir auf das Camp der Tierschutzorganisation im Reservat zukommen, und gerate kurz in Panik. „Steff", höre ich Lisa von hinten. „Sag einfach, was die für eine Arbeit machen. Erzähl kurz was dazu, tu so, als sei es Absicht", steckt Lisa mir hastig, weil sie merkt, was los ist. „Ich bin hier neulich mit Jerry durchgefahren und weiß, wie wir zurückkommen." Ich bin so dankbar in diesem Moment, dass Lisa geistesgegenwärtig ist, denn sie gibt mir Ruhe. Ich tue, was sie sagt, fahre an unserem gemeinsamen Wassertank vorbei und komme zum Glück wieder auf die Straße, die ich kenne. Da liegt auch die Tonne, an der ich mich immer orientiere. Puh. Jetzt weiß ich wieder, wo ich bin. Ich merke, wie auch Chris sich neben mir entspannt. Jetzt ist auch Schluss mit Reden, Zeit, meine Gäste schnell vor dem Einbruch absoluter Dunkelheit zurück ins Camp zu bringen.

Als wir wieder am Kreisel ankommen, drehe ich mich noch einmal zu ihnen um, verabschiede sie fröhlich, sage ihnen, wann das Abendessen serviert wird, und fahre mit meinem Prüfer in die Garage. Nachdem ich den Wagen rückwärts eingeparkt habe, stelle ich den Motor ab und warte, bis mein Prüfer aussteigt. „Wir machen das Feedback gleich hier, wenn du magst", schlägt er mir vor. Mein Herz pocht, der entscheidende Moment ist gekommen. „Was denkst du, wie es gelaufen ist?" ist seine nächste Frage an mich.

Aus dem Referendariat weiß ich, dass ich umfangreich reflektieren muss, also nenne ich positive und negative Vorkommnisse, bin selbstkritisch und gebe ein kurzes Resümee der vergangenen Stunden. Ich gestehe ein, dass ich wahrscheinlich etwas zu schnell und teilweise durcheinandergeredet habe, dass ich aber mein Wissen demonstrieren wollte. Ich kritisiere auch, dass meine Positionierung teilweise suboptimal war und dass ich versäumt habe, mit den Gästen spannende Spuren zu betrachten, aber hier haben auch die schlechten Wetterverhältnisse mit hereingespielt. Zudem habe ich Impalabulle statt Impalabock gesagt, Mist. Und dann geht mir der Atem aus und ich gucke mit glühenden Wangen und großen Augen meinen Prüfer an. „Ja", stimmt er mir zu. „Aber meinst du, es hat gereicht, um zu bestehen?", fragt er mich herausfordernd.

Ich weiß, es war nicht perfekt, aber ich glaube, jetzt sollte ich selbstbewusst sein, denn ich habe die Themen, soweit ich weiß, fast alle abgedeckt und habe viel Wissen vermittelt und das Gefühl gehabt, meine Gäste hatten Spaß. „Ja", antworte ich, vielleicht nicht ganz überzeugend. „Du hast sehr viel Begeisterung und das ist extrem wichtig", lächelt er mir zu. Ich atme und wage den Ansatz eines Grinsens. „Herzlichen Glückwunsch", er hält mir die Hand entgegen. Ich schüttele sie, bedanke mich aufgeregt und mache blitzartig kehrt, renne jubelnd ins Camp und springe Jake und Lisa in die Arme.

# Flippy sorgt für Abwechslung

Am nächsten Morgen hat Lisa Prüfung und sie meistert es mit Bravour. Mit fesselnder Begeisterung redet sie über alles, was ihr über den Weg kommt, und sie findet den perfekten Kaffeepausenplatz, der ihr sogar die Gelegenheit gibt, über Reptilien zu sprechen. Sie zeigt und erklärt uns frische Elefanten- und Löwenspuren und die Sprache ist überhaupt kein Problem mehr. Im Gegenteil. In ihrer üblich ironischen Manier reißt sie Witze und lässt uns alle glücklich ins Camp zurückkehren. Wir umarmen uns wie Affen, die sich aneinander festklammern. „Wir haben es tatsächlich geschafft", quietscht sie in mein Fleeceshirt. Heute Abend haben wir was zu feiern, denn auch Katie hat bestanden. Wir sind so glücklich, es ist kaum zu fassen.

Am Nachmittag des nächsten Tages steigen wir auf den Landie, um entspannt noch einmal unsere geliebten Elefanten zu finden, die sich nicht weit vom Camp befinden. Wir klettern mit Sean auf ein paar Felsen und warten. Wenige Minuten nach unserer Ankunft erscheint eine Herde von circa zwanzig Elefanten und zieht langsam an uns vorbei, während wir auf den Felsen selbst wie versteinert dem Buschkino zuschauen. Neugierig erheben sie ihre Rüssel und nehmen unseren Geruch auf. Elefanten haben bis zu 3 Kilogramm Geruchszellen in ihren Rüsseln und damit einen exzellenten Geruchssinn. Sean legt seinen Zeigefinger an den Mund, um uns zu erinnern, jetzt ganz leise zu sein. Unsere Münder stehen vor Ehrfurcht offen, als sie sich ganz dicht an unserem Felsen vorbeischlängeln. Ein für mich bedeutungsvoller Moment, denn es wird wahrscheinlich das letzte Mal sein, dass ich diese Herde vor meiner Abreise so nah erleben kann. „Es ist, als würden sie Abschied nehmen", flüstere ich meinen Mädels so leise wie möglich zu. Jake sitzt neben uns und hat es ebenfalls gehört. Er wiederholt meine Aussage mit einem Fragezeichen am Ende und rollt dramatisch mit den Augen. Er mag vielleicht ohne emotionale Kompetenz sein, aber gewiss nicht ohne Drama. Wir ignorieren ihn, dieser Moment gehört uns.

Wir hocken auf einem Felsen, zwischen uns und dem größten Landsäugetier nichts als ein paar Zweige und eine kleine Anhöhe.

Wir dürfen einen heimlichen Einblick in das Familienleben der Tiere erhaschen, die wir fast ausgerottet haben. Gut, dass es Vergebung gibt. Ein feuchter Rüssel erhebt sich, ertastet die Luft seiner Umgebung, inspiziert unsere Herzen. Mein Herz ist von dem Grau vor mir ein letztes Mal vollkommen eingenommen. Jede Bewegung dieser anmutigen Tiere nehme ich wie in Zeitlupe wahr. Ein junges Elefantenkalb probiert seinen Rüssel aus und ahmt seine Mutter nach, indem es versucht, seinen kleinen Rüssel um die Blätter der

Büsche zu schlingen. Vergeblich, es will ihm einfach nicht gelingen. Das Kleine probiert es noch einmal.

Es hat sich so auf seine Aufgabe konzentriert, dass es ein paar Meter zurückgefallen ist. Eine Kuh trompetet, dreht sich um und fordert es auf, eiligst nachzukommen. Die Herde hält an und wartet. Da rennt das Kleine mit tollpatschigen Schritten und einem wild hin- und herschwingenden Rüssel hektisch wieder zu seiner Herde. Die Kuh hält schützend ihren Rüssel auf den Rücken des kleinen Kalbs. Hier wird niemand vergessen, sie sind eine Herde und bleiben zusammen. Keiner geht allein. Ein afrikanisches Sprichwort sagt: Willst du schnell gehen, so geh allein. Willst du weit gehen, geh mit anderen.

In meiner Beobachtungstrance hüllt mich sanft noch einmal der Duft ein, der gleichzeitig vertraut und viel zu lange vergessen war. Es riecht nach unendlicher Geborgenheit und ich spüre nichts als Frieden in diesem Moment. Das hier ist das unverkennbare Parfüm des Paradieses. Wie gesegnet ich bin. Voller Dankbarkeit schaue ich auf zum Himmel, während ein Gefühl des Zuhauseseins mich überkommt. Jetzt, wo ich bald abreisen muss, bin ich endlich angekommen. Aber genau dieses Gefühl, so nehme ich es mir vor, will ich mitnehmen.

Wir beobachten weiter, wie die vielen kleinen Kälber immer zwischen den Füßen der großen Kühe tapsen. Unbeholfen schwingen die kleinen Rüssel hin und her. Elefantenkälber brauchen bis zu drei Monate, um die Feinmotorik des unzählige Muskeln enthaltenden Rüssels zu beherrschen. Bis dahin sehen sie herzerwärmend tapsig aus, wenn sie ihn ungeschickt herumschleudern, als wäre er versehentlich angenäht worden.

Diese großen afrikaförmigen Ohren haben mein Herz erobert. Sie nehmen ein kleines Stück davon mit, als sie langsam im Busch verschwinden.

„Die Herde ist auf dem Weg ins Camp. Wir können ihnen locker folgen", beschließt Sean, als wir wieder von den Felsen steigen und zum Wagen zurückmarschieren. In der Tat, die Herde spaziert entspannt Richtung Camp und wir folgen gespannt dahinter. Wir lassen den Landie, sofern es geht, ohne Motor rollen, um keinen unnötigen Lärm zu machen. Abhängig von der Verfügbarkeit von Nahrung können Elefanten bis zu 80 Kilometer pro Tag zurücklegen. In diesem Reservat ist das nicht möglich, aber auch aufgrund der guten Versorgung mit Nahrung nicht notwendig. Während wir ihnen leise folgen, beobachten wir weiterhin die Elefantenfamilie mit den vielen Mamis und Kälbern, wie sie gemächlich ihren Weg vor uns ins Camp machen. Weil die Kühe über ein ausgeklügeltes Nannysystem verfügen, lässt sich nicht immer gleich sehen, welches Kalb zu welcher Kuh gehört. In ihrem Mutternetzwerk lehren verschiedene Kühe alle Kälber das Leben und Überleben. Alle paar Sekunden berührt der Rüssel einer Kuh ein kleines Kalb, eine Rückversicherung ihrer Zugewandtheit und Fürsorge. Du bist in Sicherheit, ich bin immer in deiner Nähe. Ich halte dir den Rücken frei, komme, was wolle. Was für ein wohltuendes Versprechen. Sei mutig und stark. Fürchte dich nicht. Bis es neun Jahre alt ist, ist es in der Regel nie weiter als fünfzig Meter von Mama entfernt.

Elefanten hegen soziale Strukturen, die den unseren gleichen oder sie gar übertreffen. Mit ihrer ständigen Kommunikation und ihren liebevollen Berührungen zur Überprüfung des Wohlbefindens in der Gruppe haben sie sich eine Fähigkeit bewahrt, die uns teilweise abhandengekommen ist. Sie ziehen in enger Gemeinschaft den ganzen Tag umher, wobei es der Matriarchin darum geht, die Herdenmitglieder zu lehren, wie das Leben funktioniert. Genau wie wir brauchen Elefanten Orientierung und Führung. Sie sind, genau wie wir, dazu geschaffen, um in Gemeinschaft und Abhängigkeit voneinander zu existieren, für das Wohlergehen des anderen zu sorgen und sich gegenseitig zu beschützen. Sie führen einander zum Wasser. Sie helfen sich aus dem Schlamm, wenn einer nicht mehr herauskommt, verteidigen einander, wenn Gefahr in unmittelbarer Nähe ist, sie weisen einander zurecht, wenn einer aus der Reihe tanzt. Und sie spielen zu gern und berühren sich liebevoll, um ihr Bündnis zu stärken. Ebenso wie sie sind wir nicht dafür geschaffen, dieses Leben alleine zu bestreiten. Erstaunlich, wie die Tierwelt uns unser eigenes Verhalten reflektieren lässt. Diese Begegnungen, die ich erfahren durfte, waren wie eine übernatürliche Offenbarung, die den Wert der Schöpfung ganz nahe an mein Herz legt.

Langsam und leise rollen wir hinter der Herde in die Tore Karongwes ein, die selbstverständlicher in unser Camp einziehen, als wir es tun. Recht haben sie, sie waren zuerst hier. Die Herde ist in Begleitung eines großen Bullen, der als Flippy bekannt ist. Während die Kühe es sich an dem schlammigen Teich im Camp gemütlich machen, um einen Drink zu nehmen, marschiert Flippy verdächtig zielstrebig weiter ins Campzentrum voran.

Jerry sieht von seinem Büro aus nur noch einen dicken Elefantenhintern, als er längst ahnt, was nun kommt. „Oh nein, ich habe die Wasserrohre erst gestern repariert", ruft er nicht ohne Verzweiflung, als er aus dem Büro gelaufen kommt und dem riesigen Bullen mit den kräftigen Stoßzähnen folgt, um sich von seiner Vorahnung zu überzeugen. Elefanten sind wählerische Trinker, am liebsten haben sie das klarste, kühlste, frischeste Wasser. Da steht Flippy auch schon bereit zur Arbeit an den schweren Steinen, die Jerry am Tag zuvor so mühsam über die Wasserleitung platziert hat. Jetzt aber legt Flippy sich ins Zeug, um diese aus dem Weg zu räumen. Und es ist ihm ein Leichtes. In Gegenwart eines großen Publikums von Schülern und Instruktoren wird Stein für Stein säuberlich an die Seite geräumt, bis das Rohr frei zugänglich ist. Jerry versucht noch, auf ihn einzureden, und wir sind ihm dicht mit dem Auto gefolgt, aber es hat keinen Sinn. Flippy lässt sich nicht beirren. Ein, zwei geschickte Rüsselgriffe und – knack! Da fließt es auch schon. Das leckerste Wasser aus der Gegend gibt es hier und er holt es sich. Glückwunsch, Flippy, du hast Jerrys Arbeit gleich zunichtegemacht. Wir können und sollten diesen mächtigen Bullen mit seinen prächtig langen Stoßzähnen lieber nicht aufhalten, denn er hat schon andere Dinge geknackt und umgestoßen als nur eine Wasserleitung. Nicht umsonst heißt er

Flippy, denn zu gerne dreht er Tische und andere Dinge um, wenn ihm der Kopf danach steht.

Zwar genießen wir die Show, aber gleichzeitig haben wir auch ein wenig Mitleid mit Jerry, der mit Schaufel und Reparaturutensilien aus dem Camp anrückt. „Du musst wohl warten, bis der gute Herr hier fertig getrunken hat, Jerry", ruft Sean ihm zu und Jerrys Gesicht verrät, er ist definitiv nicht amüsiert.

Flippy hingegen wedelt mit seinen prächtigen Ohren, von denen jedes locker 20 Kilogramm wiegt. Das Wasser scheint ihm sichtlich zu schmecken. Mit dem gleichmäßigen Ohrenwedeln kühlt er zusätzlich zum köstlichen Wassercocktail seine Körpertemperatur herunter. Innerhalb von zwanzig Minuten kann ein Elefant sein gesamtes Blut durch die dünnen Ohren pumpen, was etwa bis zu 12 Liter pro Minute ergibt. An kälteren Tagen halten sie die Ohren lieber näher am Körper, damit die Wärme in den Kapillaren erhalten bleibt.

Flippy lässt sich nicht stören, aber wir lassen ihn doch lieber in Ruhe trinken, falls es unerwartete Gemütsschwankungen geben sollte. Er wusste doch ganz genau, dass ihm erst gestern der Weg zum Wasser verbaut wurde, aber er konnte sich auch noch daran erinnern, dass das Wasser eine wohltuende Quelle der Kraft für ihn war, die ihn wie kein anderes Wasser erquickt hat. Flippy ließ sich nicht davon abhalten, zu seiner Quelle der Kraft zu kommen, egal, was ihm hätte passieren können. Zielstrebig und beharrlich ging er seinen Weg, wohl wissend, dass er die freudenbringende Quelle erreichen würde. Respekt, Flippy.

 *Suchst du mit Beharrlichkeit die Quelle deiner Kraft?*

# Auf Wiedersehen, Sehnsuchtsort

Die letzten Tage in Karongwe sind die schönsten und gleichzeitig die schwermütigsten. Eine herannahende Bedrückung schleicht mit dem Einbruch der Dunkelheit an diesem Tag um mein Herz wie ein Wolf durch den Wald. Wir sind dankbar, unsere Prüfungen bestanden zu haben, aber die meisten von gehen spürbar mit dem Gefühl der Abreise schwanger.

All die Wochen im Busch sind wie im Flug vergangen. Und dennoch, es fühlt sich an wie eine halbe Ewigkeit. Es waren Momente, die sich in mein Herz gebrannt haben. Als Jake, Lisa und ich uns verabschieden, versucht Jake zur Abwechslung keine dummen Witze zu machen. Er legt einfach nur den Arm um uns. „Ich zwinge mich, nicht darüber nachzudenken, aber ihr werdet mir so sehr fehlen", gibt er ehrlich zu. Die Traurigkeit rutscht leider langsam, aber unaufhaltsam an uns herunter, wie eine vom Starkregen abgetragene Landmasse bröckelt. Oder wie ein Deich plötzlich bricht, egal, wie viele Sandsäcke du aufgetürmt hast.

Irgendwie habe ich bis jetzt noch gehofft, dass es klappen würde, länger zu bleiben und meine Südamerikapläne aufzuschieben. In der naiven Hoffnung, einen Platz im Aufbaukurs, dem Trails-Guide-Kurs, zu kriegen, hatte ich vor ein paar Tagen eine Mail an die Ecotraining-Verwaltung geschrieben. Ich hatte das Gefühl, meine Zeit hier sei noch nicht zu Ende. Vielleicht wird sie irgendwann einmal weitergehen, aber für jetzt ist es tatsächlich vorbei und ich muss lernen, das zu akzeptieren.

Wir Mädels haben uns versprochen, dass wir die letzten Tage genießen, und haben eine offizielle Zeit zum Heulen eingeplant. Leider funktionieren Herzen nicht immer nach Plan. Ich schleiche mich hinter dem Klassenraum den Weg zwischen den Bäumen zum Flussbett hinunter und klettere auf einen Felsen. Der Deich bricht endgültig und ich kann meinen Tränen freien Lauf lassen. Ich will nicht fort aus dieser Welt. Ich will nicht fort von der Heimat der Elefanten und Giraffen, will nicht weg von den Menschen, die mit mir jeden Abend am Feuer sitzen und ihre Welt und Perspektive teilen. Und vor allem will ich nicht weg von Lisa. Wir haben unsere Herzen geteilt.

Tränen laufen meine Wangen hinunter und die Erinnerungen durch meinen Kopf. Die hier verbrachte Zeit fühlt sich an wie eine halbe Ewigkeit und trotzdem vergingen die letzten Wochen so rasch wie die Schläge eines Metronoms. Ich habe mit maximal aufgedrehten Sinnen gelebt und dabei so viel lernen dürfen.

Im Moment halte ich krampfhaft an dieser Welt fest. Ich befürchte, all das wieder zu verlieren, wenn ich gehen muss. Dabei verliere ich mich gerade im Prozess des Festhaltens. Manchmal müssen wir loslassen, was wir uns am meisten wünschen, damit sich etwas verändern kann. Wir verhindern, dass neue Türen sich öffnen, neue Pfade betreten werden können. Ich verschließe mich vor der Wahrheit, dass ich eigentlich dringend etwas Abstand brauche, um all die Saat aufgehen zu lassen. Was bringt mir ein Schatz, wenn ich ihn vergrabe?

Und mitten in all den aus Dankbarkeit geweinten Tränen schicke ich ein Lächeln in den Himmel.

*Hier, Herr, habe ich gesucht und gefunden. Ich habe das Gefühl, in diesem Paradies ganz nah an deinem Herzen gewesen zu sein. Eine Welt, in der die Erde nach Vergebung riecht und der Wind von deiner Güte flüstert. Eine Welt, in der die Stimme des Löwen deine Macht in die Dunkelheit der Nacht ruft und die Antilopen vor Freude an dir mit prellenden Sprüngen durch das goldene Savannengras gleiten. Deine Liebe fließt so offenbar in jedem Sonnenauf- und -untergang und sie erreicht mich schneller, als der Gepard durch den Busch sprintet. Seelenruhig und sicher verwurzelt wie die Bäume um mich verweile ich in deiner Gegenwart. Genau wie sie umhüllst auch du mich, mein Heiland, wickelst mich ein mit Geborgenheit auf fremder Erde, die sich anfühlt wie ein Zuhause. Dir hier nahe sein zu dürfen, ist mein Glück.*

Ich bin überwältigt von dem Geschenk der letzten Monate. Niemals hätte ich mir eine so atemberaubende Welt auch nur erträumen können. Auf wunderbare Weise wurde ich hierhergeführt. Gut, dass der, der schon einen Plan für uns hatte, bevor er uns ins Leben rief, genau weiß, was wir brauchen. Ich habe so viel mehr empfangen, als ich erbeten habe.

Wörter treiben in einem Strudel in meinem Kopf wie Baumstämme an der Wasseroberfläche. Ich muss sie irgendwie herausfischen. Ich möchte diese Erlebnisse auf irgendeine Art und Weise festhalten. Also fange ich an, meine Gedanken in Worte zu fassen, lasse die Emotionen raus aus meinem Kopf und rauf aufs Papier. Ich fühle, wie die Schwere der Leichtigkeit weicht. Und so entstehen Wort für Wort ein paar Zeilen und Gedichte, die mir helfen, meinem Herzen Luft zu machen.

*What now, Africa, that I'm in love with you?*
*Where do I go and what do I do?*

*I don't think I can be, if I'm not where you are*
*Seems like even a heartbeat away is too far*

*For sure will I take home keener senses*
*Look at life now through different lenses*
*Of your rhythms here I'll try to keep track*
*And dance to it as memory carries it back*

Der schnaubende Warnruf einer Impala-Antilope holt mich aus meinen Gedanken. Panisch und mit hohen Sprüngen zieht eine Herde in wenigen Metern Entfernung an meiner linken Seite vorbei. Vielleicht sollte ich auch nicht ganz so leichtsinnig in der Sonne hier braten wie ein Ei in der Pfanne … Aber dieser kleine Augenblick war wichtig. Ich mache mich ein wenig erleichtert auf den Weg zurück ins Camp.

*Woran hältst du krampfhaft fest, weil du Angst hast, beim Loslassen etwas zu verlieren?*

Ich sehe Lisa an, dass das eingestanzte Loch in ihrer Kette um den Hals brennt. Und auch bei mir brennt etwas. Mein Herz. Ich erkenne, dass ich mit einem Feuer angesteckt worden bin, das ich weitertragen muss – und dazu muss ich diesen Ort auch wieder verlassen.

Die Verabschiedung lassen wir schnell über uns ergehen. Unzählige Umarmungen, noch ein paar versteckte Tränen und dann springen alle in unterschiedliche Autos.

Und dann geht die Bustür zu, gleichsam wie das sich parallel schließende Kapitel. Auf gehen die Tore zur Realität, was so befremdlich ist, dass ich wie gelähmt an der Fensterscheibe hänge. Wir hinterlassen Karongwe leer, aber mein Herz ist voll. Lisas und mein optimistisches Vorhaben klappt fast, wir weinen nur ganz wenig, wir realisieren nicht ganz, was wir gerade verabschieden.

Der harte Aufprall kommt für uns beide später. Irgendwie bringen die entschieden blätternden Buchstaben der Anzeigetafel am Flughafen unsere Destination und unser Leben durcheinander. Lisa landet in Frankfurt wie eine Impala, die widerwillig in den Schlamm rutscht, und ich stehe mitten in der Nacht wie ein verpeiltes Perlhuhn im Großstadtdschungel von Buenos Aires.

Der Geruch der Stadt ist ein beklemmendes Parfüm. Wie viel lieber würde ich jetzt durch die morgendliche Savanne streifen! Mein Herz sinkt immer tiefer, als unbedeutende Details mich an die Zeit im Busch erinnern. Es ist nahezu lächerlich. Wegen Afrika ist die Cola light im Supermarkt, die ich beim Volleyballspiel im Flussbett genüsslich getrunken habe, keine erfrischende, sondern eine ziemlich traurige Angelegenheit geworden. Ich wünsche mir, dass dieses nicht an die Leine zu bindende Gefühl nicht weiter ausreißt, sondern an mir vorbeizieht wie ein rennender Windhund. Aber der Schmerz benimmt sich wie eine Nacktschnecke, die langsam im Inneren meines Körpers entlangwandert. Vielleicht sollte ich eine Suchanzeige aufgeben: Habe mein Herz im südafrikanischen Busch verloren. Bitte schickt mir einen riesengroßen Adler mit einer Portion Verkleinerungstropfen, damit ich wieder zurückfliegen kann.

Die Sehnsucht nach Afrika haftet wie süßer Honig beharrlich an mir. Mama sagt uns immer, dass wir vorsichtig sein sollen, mit wem wir Erinnerungen schaffen, denn sie weichen gegebenenfalls ein Leben lang nicht mehr von uns. Tausende Kilometer und ein Ozean ist Afrika von mir entfernt. Und doch können manchmal Dinge, die so unendlich weit entfernt scheinen, ganz nah sein und für Verwirrung sorgen, vor allem, wenn wir diese weit entfernten

Dinge lieben. Ich muss aus der Stadt raus. Die Natur Argentiniens soll wunderschön sein und ich muss sie finden.

Ich atme erst wieder auf, als ich in Esquel aus dem Bus steige. Frische Bergluft, schneebedeckte Berge, Vogelgesang, Hunde, die einem fröhlich folgen, klarer blauer Himmel und Sonnenschein. Nach zwanzig Stunden Busfahrt ziehe ich schnell meine Wandersachen an und marschiere los. Hier habe ich nun Zeit, über die vergangenen zwei Monate zu reflektieren, mein Buschheimweh zu verarbeiten. Insgeheim plane ich schon meine Rückkehr zu den Elefanten. Ich glaube, man wird mir Afrika jetzt immer irgendwie anmerken können.

Doch ganz langsam wird mir klar, dass ich die Welt mit anderen Augen sehe. Mit dem gelernten Wissen und der Neugier begegne ich hier neuen und bekannten Vögeln, sehe plötzlich überall Spuren im Boden und entdecke viele neue Facetten der Schöpfung. Erst hier, an einem ganz anderen entlegenen Ort der Erde, nimmt die Veränderung Form an. Sehnsucht wandelt sich in Wärme um und über den Abschiedsschmerz legt sich ein bunt schimmernder Frieden, der mich befreit. Ich muss lernen, zu vertrauen, denn ich sehe nicht über mich hinweg. Wäre ich auf Biegen und Brechen geblieben, hätte ich das verpasst, was ich gerade am meisten gebraucht hatte: Ruhe und Abstand.

Beim Wandern durch Patagoniens Nationalpark Torres del Paine fällt mir die Kinnlade regelmäßig herunter und ich komme aus dem Staunen nicht mehr heraus. Gerade wenn man denkt, jetzt kann es doch nicht mehr schöner werden, gibt es hinter dem nächsten Hügel noch grüneres Gras, smaragdfarbene Seen, eisblauen Himmel, geschmeidig gemalte Zuckerwattewolken und ein anmutiges Guanako, das obendrein die Kulisse vollendet, während der Kondor edel durch die Schlucht segelt und ich meinen Mittagssnack auf einem einsamen Felsen genieße. Dankbarkeit erfüllt mich. Alles andere ist hier nicht möglich, weil mir de facto hier nichts fehlt. Ich bin so glücklich, als ich das auf dem Felsen dort oben realisiere, dass ich es ein paarmal laut ausspreche: Mir fehlt nichts. Manche Dinge wollen laut ausgesprochen werden, auch wenn niemand außer einem selbst es wohl hört. Aber sie brauchen Lautstärke, weil sie befürchten, dass man ihnen sonst nicht genug Aufmerksamkeit schenkt.

Ich bin weit weg von meinem Sehnsuchtsort gereist, aber habe die Gelegenheit, unterwegs am Bahnhof der Gnade auszusteigen.

Was zunächst als Umweg erscheint, ist der einzige Weg, der mich weiterbringt. In der südamerikanischen Natur finde ich wieder ein Zuhause, denn jeder Schritt inmitten der Schönheit der Schöpfung ist ein Spaziergang an der Seite Gottes, bei dem mir nun langsam ein Teil meines Herzens nach Südamerika folgt.

Als ich auf 4300 Höhenmetern vor der Laguna Verde in Bolivien sitze, die Flamingos vor mir ihre Mahlzeit filtern, die fluffigen Lamas friedlich vor mir grasen, die Sonne die bunten Farben um mich herum noch verstärkt und der Wind mich sanft in seine Brise einhüllt, da höre ich die Kammern meines Herzens einen Pakt schließen. Ich möchte nicht separiert von diesen natürlichen Wundern der Schöpfung in meinem Leben sein, nicht mit ihr als Nebensache. Mehr denn je habe ich das Bedürfnis, dass die letzte Wildnis beschützt werden muss. Als ich losfuhr, fühlte ich mich abgetrennt von allem, was mich aufatmen lässt. Und jetzt bin ich wieder ganz nah dran. Und ich habe begriffen, dass das pure Gnade ist. Die Veränderung hat längst begonnen.

# Da ist was im Busch

Ganz am Ende meiner Reise, bevor ich in den Großstadtdschungel Hamburgs zurückkehre, fahre ich mit einer Reisegruppe in den Dschungel von Peru in den Parque Manu. Zum gleichmäßigen Rhythmus des Regens, der auf die großen, sattgrünen Bananenblätter prasselt, schaukele ich in meiner bunten Hängematte. Das Leben explodiert mit Farben, alles blüht und glüht in den kräftigsten Tönen. Die gelb-blauen Arapapageien fliegen laut krächzend über uns her, die Zikaden spielen ihr Lied, das hier ganz anders klingt als in Italien oder Afrika. Ein Eisvogel fliegt tief übers Wasser, um sich seine Nahrung zu ergattern, die Affen springen in den Palmen über uns laut streitend von Ast zu Ast und die Wölfe des Flusses spielen vergnügt miteinander im Wasser. Die zitronen- und türkisfarbenen Schmetterlinge erlaben sich an den Blüten im Baum vor mir und durch das Unterholz hüpft ein Aqui und sucht nach Nahrung.

Meine Haut ist übersät mit Mückenstichen. Kurz vor dem Camp in Selati hatte ich noch Angst vor Malaria, aber in den zwei Monaten hatte ich nur einen einzigen Mückenstich. Hier im Dschungel überfallen mich viel mehr Kriech- und Krabbeltiere und Mücken. Ständig schreie ich übertrieben schrill auf, weil sich wieder eine Ameise oder ein anderer fieser Käfer zu mir in die Hängematte gesellt hat und beißend seinen Platz fordert. Die Dschungelreisegruppe lacht mich gepflegt aus, sodass ich mein schmerzverzerrtes Gesicht leider auch nicht bewahren kann. Der Guide sägt mit seiner Machete ein paar Dschungelpflanzen ab und reibt die helfende Wurzel auf meine Haut.

Auf meiner ganzen Reise habe ich kein Malaria bekommen, aber ein viel intensiveres Fieber, das mich nicht mehr loslässt. Um herauszufinden, worin unsere Leidenschaft besteht, müssen wir Abenteuer wagen. Es gibt so viel mehr als das, worauf wir uns in unserer Gesellschaft manchmal selbst beschränken.

Für den Moment bin wieder in einem anderen Paradies. Und ich weiß ganz sicher, dass diese wundervolle Schöpfung viel mehr Teil meines Lebens sein soll. Ich höre mein Herz aus Südafrika rufen, ganz deutlich bis hierher. Wie konnte ich ahnen, dass dieser Funke ein riesengroßes Buschfeuer entflammen würde? Es ist etwas in der Natur. Es ist etwas im Busch. Etwas, das mein Leben verändert hat.

Die Wildnis ist mir eine Schule gewesen, in der ich selbst wieder zur Schülerin wurde, neu Lesen und Sehen gelernt habe, tief eingetaucht bin in die Schönheit um mich herum und sie von außen nach innen habe durchdringen lassen. Eine neue Leidenschaft oder vielmehr eine bisher unentdeckte hat sich in meinem Herzen verankert. Ich habe durch das Schlüsselloch einen Blick ins Paradies erhaschen dürfen und verstehe die Liebe Gottes zu uns jetzt ein bisschen mehr.

Noch im Flieger, kurz vor meinem letzten Schritt, bevor ich wieder Heimatboden berühre, realisiere ich noch einmal ganz bewusst, dass ich nicht mehr dieselbe bin, seitdem ich in den Sternenhimmel auf der anderen Seite der Welt gesehen habe. Ich weiß, was Vaughn meinte, als er sagte, dass wir alle die Wildnis in uns vergraben. Und wenn die Wildnis für unsere Träume, unsere Sehnsucht nach dem Leben, steht, dann weiß ich auch, warum wir sie oft unter der Oberfläche verstecken. Sie macht uns Angst, weil wir wissen, dass sie uns aus der Komfortzone holen kann. Weil sie alles verändern kann. Weil sie alles anzweifeln kann, was uns die Gesellschaft ein Leben lang für den richtigen Weg verkauft hat, weil sie genau dieses Denkmuster

aufbrechen kann. Du kannst in die Schuhe der Gesellschaft schlüpfen und damit sicheren Schrittes ihre asphaltierten Straßen beschreiten, oder du gehst barfuß den staubigen Pfad, bei dem du von Zeit zu Zeit in ein paar Dornen trittst, auf dem du aber so viel mehr spürst, mit jedem einzelnen Schritt.

Als ich schließlich aus der Eingangshalle des Hamburger Flughafens trete, werde ich mit offenen Armen empfangen. Das zweite Herz, mein Zuhause, klopft aufgeregt in meiner Brust. Es warten Luftballons in allen Farben, eine riesengroße, laute Familie und meine besten Freunde auf mich. Überglücklich nehmen Opa, Oma und ich uns wieder in die Arme. Ich könnte nicht herzlicher empfangen werden. Trotzdem fängt mein Kopf an, panisch Nachrichten an mein Herz zu posten, als ich in der mir nun fremden Welt ankomme, die plötzlich wieder mein Zuhause sein soll. #noesmilugar – das ist nicht mein Ort, geht es los, und ich fühle mich verloren.

Ist es wohl normal, dass man nach einer solchen Reise mit dem großen Monster der Entfremdung ringen muss? Es wird wohl noch eine Weile dauern, bis ich nicht mehr herumlaufe wie ein Fisch auf dem Trockenen. Ich befinde mich an der Küste zwischen Ebbe und Flut und meine Sehnsucht nach Afrika scheint nicht zu verebben. Meine Gedanken verfangen sich wie Fische im Netz, bleiben immer wieder bei Südafrika hängen.

Man sagt, eine Reise ist nicht zu Ende, solange man noch immer über sie nachdenkt.

„Und, Afrika war definitiv für dich am schönsten, oder?", fragt Mama mich auf dem Weg nach Hause, obwohl sie ganz sicher die Antwort kennt. Also fragt sie gleich weiter. „Und was hat es denn jetzt so besonders gemacht?", stellt sie mir die Frage, die auch ich mir am häufigsten gestellt habe. Es ist wahr, die Welt ist überall wunderschön.

Aber viel schwieriger als der Abschied von jedem anderen Ort war es, Südafrika zu verlassen. Am Tag der Abreise in den Bus einzusteigen war so zäh, als gingen wir noch einmal durch den Schlick, der die Impala-Antilope beinahe das Leben gekostet hatte. Die Ursprünglichkeit des Kontinents ist wie eine permanente Spannung in der Luft zu spüren. Die Ehrfurcht vor dem Leben der Wildnis erwacht an diesem Ort wie aus viel zu langem Schlaf und überführt dich der Dringlichkeit zur Bewahrung der Schöpfung.

„Es ist, als dürftest du wieder in dem Paradies leben, aus dem du vertrieben worden bist", starte ich einen Erklärungsversuch dessen, was ich selbst für ein Wunder halte und nicht durchdringen kann. „Man realisiert unser Vergehen an der Natur, an den Tieren, an der Erde. Es ist vielleicht einer der letzten Orte, an dem ein Auge in Auge mit der Tierwelt auf diese

Weise möglich ist. In den Augen eines Elefanten spiegelt sich die Erinnerung vieler Generationen. Und wenn du jeden Tag Seite an Seite mit diesen Tieren laufen darfst und sie merken, dass du ihre Präsenz akzeptierst, dann respektieren sie auch deine Gegenwart. Es ist das Wunder einer wiedergewonnenen Koexistenz zwischen Mensch und Tier, was so überwältigend wirkt. Ein Ort, an dem die vorzeitliche Interaktion zwischen Tier und Mensch wieder erlebt werden kann." Mama wartet eine Weile, bis sie antwortet.

„Hm", macht sie. „Es muss atemberaubend sein ..."

Irgendwann, habe ich mir geschworen, nehme ich Mama und Papa und meine Geschwister mit auf Safari durch Südafrika. Ich werde dankbar für meine Familie, die mich so versteht und liebt. Es ist ein Geschenk, sie als mein Zuhause zu wissen, zu dem ich immer wieder zurückkommen kann. Ohne dieses Zuhause wäre dieses halbe Jahr nicht so glattgelaufen. Existiert und funktioniert das Reisen nicht nur, weil man ein Zuhause hat, weil man mit der Schönheitsinfusion von auswärts wieder voll aufgeladen heimkehren kann?

Allmählich komme ich wieder in meiner Heimat an, während die Zeit im Busch milde über mich hinwegzieht. Mir wird bewusst, dass ich ganz schön viel zurückgebracht habe. Ich bin ein reicherer Mensch und mein Blick auf die Welt ist nicht mehr derselbe. Sicher bin ich längst noch nicht da, wo ich innerlich hinkommen möchte, aber ich bin bestimmt nicht mehr da, wo ich einmal war. Ich bin so viel weiter. Ich durfte erleben, dass wahre Wildnis noch besteht, ein Ort, an dem es uns nicht möglich ist, alles zu kontrollieren. Ein Ort, der uns durch seine Energie entwaffnet. Wenn man es zulässt, lernt man, an diesem Ort zu weinen, ohne etwas verloren zu haben, verbunden zu sein, ohne Empfang zu haben.

Solche Orte, die die Schönheit Gottes reflektieren, sind überall zu finden, wenn man sie sucht. Sie hauchen uns Leben ein. Sie machen das Leben lebenswert. Ein Teil von uns ist für Wildnis geschaffen und das tiefe Bedürfnis, diese zu erleben, schlummert sehnsuchtsvoll in uns. Ich kann mir nicht mehr vorstellen, Afrika auf diese Weise nicht zu kennen. Ich wünsche mir, dass der Geruch dieses magischen Ortes und der Staub seiner Erde mir noch lange anhaften werden. Eines ist gewiss: Nicht zum letzten Mal wird mein nächster Halt die Wildnis sein.

Als ich zurückkehrte in die Stadt,
blickt' ich nachdenklich in die Elbe.
Eindringlich schaute sie zurück
und dachte laut: „Du bist nicht mehr dieselbe."
Da wusste ich: Seit ich fortging,
trug ich eine neue Bürde,
weil man die Sehnsucht
nach meinem Afrika
mir für immer ansehen würde.

# Epilog

Es ist Anfang Februar, als ich durch tiefen Schnee weit in den Wald stapfe. Die untergehende Sonne beleuchtet die Bäume mit ihrem goldenen Glanz, der Schnee glitzert auf dem Unterholz und die Meisen und Spatzen hüpfen auf den Ästen, trotzen singend der Kälte. Sie springen so aufgeregt auf dem Ast herum, als freuten sie sich, dass ich zurückgekehrt bin, um ihr Lied zu lernen. Ich schaue mich um, atme tief und lasse die Ruhe des Waldes auf mich wirken, so wie ich es auch im Busch getan habe. Der Wald flüstert mir sanft zu. Die Spuren im Schnee erzählen mir ihre Geschichte. Das Knacken der Äste bringt mich zum Lächeln.

„Hier ist die Schönheit", sagt das Herz und die Augen blinzeln beglückt in die herabfallenden Schneeflocken. Das ist es wieder, Konfetti in meinem Kopf. Der Geruch des Waldes lullt mich ein, ich genieße den Duft von Holz, Blättern und Zapfen. Ich höre noch andere Vogelstimmen und es beschämt mich jetzt gar, dass ich sie nicht identifizieren kann. Wie habe ich so lange durch den Wald gehen können, ohne sie bewusst wahrzunehmen? Ich erkenne wenige Bäume meiner Heimat an ihrer Rinde und die Vögel meiner Umgebung nicht an ihrem Gesang, dabei sind sie schon immer hier gewesen, bereit, mich zu bereichern. Den U-Bahn-Fahrplan hingegen kenne ich auswendig.

Es ist Zeit, zu lieben, was Gott liebt, nämlich die Gesamtheit seiner Schöpfung. Die Natur ist ein Klassenraum des Lebens, frei von bedrückenden Wänden. Sie ist ein Ort, an dem wir in Schönheit eintauchen dürfen, ein Ort, an dem wir Gottes Gegenwart auf eine ganz besondere Weise wahrnehmen können. Der senegalesische Ökologe Baba Dioum hat einmal gesagt: „Wir werden nur schützen, was wir lieben, wir werden nur lieben, was wir kennen, und wir werden nur kennen, was man uns beigebracht hat."

Mir ist neu bewusst geworden, wie unabdingbar es ist, die letzte Wildnis aktiv zu bewahren, und das nicht nur um ihretwillen. Der größte Verlust unserer Zeit ist der Verlust der Schöpfung durch unsere Zerstörung dieser. Die Zeit in unmittelbarer Nähe und Intimität mit ihr führte mir ihre Kostbarkeit neu vor Augen. Ich glaube fest, dass eine unserer Bestimmungen darin liegt, die fabelhaften Wunder dieser Erde zu bestaunen, denn sie singen ein Lied von der Liebe Gottes.

Ich weiß, ein Teil von mir bleibt für immer in Afrika. Die Sache zwischen Afrika und mir wird niemals abgeschlossen sein. Und ich weiß, was ich mir ein Leben lang bewahren möchte: die Wildnis in meinem Herzen.

Die Zeit in Südafrika war für mich ein unverdientes Geschenk der Gnade. Durch dieses besondere Kapitel in meinem Leben habe ich gelernt, wie wichtig es ist, den eigenen Träumen auf die Spur zu kommen und seinen Glauben für diese zu aktivieren. Träume heißen nicht Träume, weil sie unerreichbar bleiben sollen. Im Gegenteil, sie öffnen uns Tore zu anderen Welten, zu denen uns das Bewusstsein aufgrund gelernter Grenzen in unserer Realität den Zugang verweigert. Aber sie gehören nicht in die Kategorie der Utopie, denn ein Traum kann genauso zu einer Realität werden wie die Welt, in der wir gerade leben. Man stellt erst hinterher fest, dass es viel einfacher ist, seine Träume zu leben, als die Vorstellung von der Verwirklichung dieser es zunächst erscheinen ließ. An was halten wir fest, das uns den Zutritt zu unserem Traum versperrt?

Gott hat diese Reise so lange vorbereitet, dass ich vor Jahren nicht im Leisesten hätte erahnen können, welche Wunder mir bevorstehen. Und dafür musste ich einiges scheinbar aufgeben. Die Schritte haben mir Angst bereitet. Aber die Überwindung unserer größten Ängste birgt gleichzeitig unser größtes Wachstum. Ich bin überzeugt, dass Gott in jeden von uns Träume hineingelegt hat. Das kann für jeden etwas anderes bedeuten. Für mich war es ganz unverhofft diese Zeit im afrikanischen Busch. Vor einer Illusion aber möchte ich (vor allem mich selbst immer wieder) warnen. Weil unsere Seele stetig dürstet, wird sie auch nie in der bloßen Realisierung des nächsten Traums Erfüllung finden. Am Anfang und Ende der Reise muss der Schöpfer selbst stehen – der Eine, der dich besser kennt als du selbst, sonst brennt der Zug deines Herzens auf dieser Reise vergeblich ein Feuer nach dem andren ab. Ja, am Ziel jeder Reise dürfen wir an dem Ort ankommen, an dem unser Herz ein Zuhause findet. Bei Gott.

# Danksagung

Ein ganz herzliches Dankeschön an das gesamte Team von Gerth Medien, das mir sehr viele hilfreiche Anregungen gegeben und mich wunderbar begleitet hat. Mein besonderer Dank gilt meinen Lektorinnen, die mir stets zur Seite standen. Lieben Dank, insbesondere dir, Désirée, für deinen unermüdlichen und sorgfältigen Blick fürs Detail und deine einfühlsame Beratung.

Ich danke meiner unendlich liebevollen Familie, die mich immer bedingungslos in allem unterstützt hat – insbesondere meine Großeltern, meine Eltern und meine Geschwister.

Mama, danke, dass du mich trägst, berätst und so liebst, wie ich bin. Ich bin beeindruckt, wie du stets so weitsichtig mit uns warst und mich mit ganz viel Geduld im Gebet getragen hast. Papa, danke, dass du mir Gottes Charakter und seine Schönheit immer wieder nahegebracht hast. Danke, dass du mich verstehst. Ruben, Dani, Maus – ohne euch wäre ich nicht, wer ich heute bin, und so viel ärmer – ich liebe euch.

Ich bin unendlich dankbar auch für all meine treuen, unersetzlichen Freunde, deren Ausdauer und Liebe ich oft ganz unverdient erlebt habe. Es ist unfassbar, wie ihr mich stärkt, an mich glaubt, wenn ich es nicht tue, und mir so loyal den Rücken freihaltet.

Ich danke meinem Gott, meinem Heiland Jesus Christus. Er versetzt meine Berge und überschüttet mich mit seiner Liebe. Ich kann nur staunen.

Der Verlag weist ausdrücklich darauf hin, dass im Text enthaltene externe Links nur bis zum Zeitpunkt der Buchveröffentlichung eingesehen werden konnten. Auf spätere Veränderungen hat der Verlag keinerlei Einfluss. Eine Haftung des Verlags für externe Links ist stets ausgeschlossen.

© 2020 by Gerth Medien, Dillerberg 1, 35614 Asslar
in der SCM Verlagsgruppe GmbH

Wenn nicht anders angegeben, wurden die Bibelstellen
der folgenden Übersetzung entnommen:

Hoffnung für alle®, Copyright © 1983, 1996, 2002, 2015 by Biblica Inc.®.
Verwendet mit freundlicher Genehmigung von Fontis – Brunnen Basel.
Alle weiteren Rechte weltweit vorbehalten.

1. Auflage 2020
Bestell-Nr. 817612
ISBN 978-3-95734-612-4

Covergestaltung: Mareike Schaaf
unter Verwendung von Shutterstock

Fotonachweis Innenteil:
S. 48, 127, 131, 134, 148: Matthias Kern, matthiaskern.net
S. 8, 12, 44, 102, 106, 148, 164, 206, 219, 220: Unsplash.org
S. 30, 150, 184, 214: Shutterstock.com
Alle weiteren Fotos im Buch stammen von der Autorin.

Satz: Daniel Eschner, spoon design
Druck und Verarbeitung: Friedrich Pustet, Regensburg
Printed in Germany

www.gerth.de